Lars P. Feld | Wolf H. Reuter

Schuldenwende

Der gefährliche Irrweg der Finanzpolitik

Lars P. Feld | Wolf H. Reuter

SCHULDENWENDE

Der gefährliche Irrweg der Finanzpolitik

HERDER

FREIBURG · BASEL · WIEN

MIX
Papier | Fördert gute Waldnutzung
FSC® C014496

Hermann-Herder-Str. 4, 79104 Freiburg

www.herder.de

Bei Fragen zur Produktsicherheit wenden Sie sich an
produktsicherheit@herder.de

Satz: Daniel Förster, Belgern
Herstellung: GGP Media GmbH, Pößneck

Printed in Germany

ISBN (Print): 978-3-451-07311-3
ISBN (EPUB): 978-3-451-84068-5
ISBN (EPDF): 978-3-451-84069-2

INHALT

VORWORT

Mit der Grundgesetzänderung aus dem März 2025 steuert Deutschland auf eine dynamische Schuldenentwicklung zu, ohne dass die Bundesregierung zugleich die für ein dynamischeres Wirtschaftswachstum notwendigen Strukturreformen durchzuführen bereit ist – zumindest zu dem Zeitpunkt, als dieses Buch fertiggestellt wurde. Am Ende des Jahres 2025 befindet sich das reale Bruttoinlandsprodukt (BIP) der deutschen Volkswirtschaft auf einem Niveau, das in etwa demjenigen der Jahre 2018 und 2019 entspricht. In den über sechs Jahren dazwischen hat Deutschland es trotz der zunächst guten Bewältigung der wirtschaftlichen Auswirkungen der Coronapandemie nicht geschafft, wieder zu einem anhaltenden Wachstum zurückzufinden. Und so mehren sich die schlechten Nachrichten über ausbleibende Investitionen und Unternehmensgründungen, den Rückgang der Industrieproduktion, den entsprechenden Arbeitsplatzabbau in der Industrie, die zunehmenden Insolvenzen und Abwanderungen ins Ausland.

Im politischen Umfeld wird regelmäßig die Schuldenbremse für die Wachstumsschwäche verantwortlich gemacht. Vor allem ihre vermeintlich negativen Auswirkungen auf die Investitionstätigkeit von Bund, Ländern und Gemeinden stehen dabei im Zentrum der Argumentation. Die Lockerung der Schuldenbremse aus dem März 2025 sieht nun ein Sondervermögen für Infrastruktur und Klimaschutz in Höhe von 500 Milliarden Euro für zwölf Jahre vor. Zudem sollen sich die Länder zukünftig in gleicher Höhe wie der Bund, nämlich strukturell in Höhe von 0,35 Prozent des BIP, verschulden können. Darüber hinaus gilt eine Bereichsausnahme für die Verteidigungsausgaben: Soweit diese ein Prozent des BIP übersteigen, unterliegen sie nicht der Schuldenbremse.

Dieses Buch analysiert diese Schuldenwende Deutschlands. Die Analyse startet in Teil I mit den Grundlagen der deutschen Staatsfinanzen, geht dann auf die Sinnhaftigkeit von Staatsverschuldung ein und darauf, wann sie gefährlich werden kann. Insbesondere die Rolle der Staatsschulden zur Finanzierung von öffentlichen Investitionen wird angesprochen. Die drei Motive für die Lockerung der Schuldenbremse – mehr Mittel für die Landesverteidigung, für die staatliche Investitionstätigkeit und für die Länder – werden in Teil II nacheinander einer Prüfung unterzogen. Die Schuldenbremse erscheint dabei als willkommener Sündenbock und als Mittel zur Kaschierung einer unzureichenden Reformfähigkeit bei der Bewältigung struktureller Probleme. Teil III befasst sich mit den Folgen des Schuldenpakets. Er nimmt insbesondere die Diskussion um den sogenannten Verschiebebahnhof, also die Nutzung der neu gewonnenen Verschuldungsspielräume für Konsum- und Transferausgaben statt für Verteidigungs- und Infrastrukturausgaben, in den Blick und zeigt, wie sich dies auf das Wirtschaftswachstum und die Entwicklung der Staatsschuldenquote auswirken dürfte. Zudem werden die Rückwirkungen auf die anderen Mitgliedstaaten der Europäischen Union betrachtet. In Teil IV folgen zehn notwendige Weichenstellungen für eine zukunftsfähige Finanz- und Wirtschaftspolitik.

Dieses Buch hat eine lange Vorgeschichte. Die Autoren lernten sich auf einer wissenschaftlichen Tagung kennen, auf der Wolf H. Reuter ein Forschungspapier zur Wirkung der europäischen Fiskalregeln vorstellte. Sie trafen sich wieder im Sachverständigenrat zur Begutachtung der gesamtwirtschaftlichen Entwicklung und arbeiteten dort intensiv und produktiv über mehrere Jahre zusammen – in aller Regel zu den finanzpolitischen Themen, die dieses Buch zum Inhalt hat. In der Zeit der Ampelkoalition konnte diese Zusammenarbeit im Bundesministerium der Finanzen fortgeführt werden. Neben der eigenen Forschung, die sich über viele Jahre erstreckt und diesem Buch wissenschaftliche Substanz gibt, können die Autoren daher auf viel praktische Erfahrung über ihre Beratungstätigkeit und die finanzpolitischen Entscheidungen der vorherigen Legislaturperiode zurückgreifen.

Die Autoren sind vielen Menschen zu Dank verpflichtet. Dank gebührt den unterschiedlichen Koautoren, mit denen Lars P. Feld und Wolf H. Reuter zu Themen der öffentlichen Verschuldung zusammengearbeitet haben, genauso wie den früheren Kolleginnen und Kollegen im Sachverständigenrat zur Begutachtung der gesamtwirtschaftlichen Entwicklung insbesondere Peter Bofinger, Désirée I. Christofzik, Christoph M. Schmidt, Isabel Schnabel, Volker Wieland, Mustafa Yeter, den Kollegen im Kronberger Kreis, neben Volker Wieland Clemens Fuest, Justus Haucap, Berthold Wigger und der leider viel zu früh verstorbenen Heike Schweitzer, und den Kolleginnen und Kollegen im Wissenschaftlichen Beirat beim Bundesministerium der Finanzen sowie im Unabhängigen Beirat beim Stabilitätsrat, allen vorweg Thiess Büttner und Hans-Günter Henneke. Beide Autoren danken zudem Christian Lindner und Steffen Saebisch für die produktive und intensive kollegiale Zusammenarbeit im Bundesministerium der Finanzen. Lars P. Feld ist besonders dankbar für die jahrelange Unterstützung der Forschungsgemeinschaft um Bruno Frey, vor allem Friedrich Schneider, Hannelore Weck-Hannemann und Christoph Schaltegger, der zum Thema Schweizer Schuldenbremse einer der kompetentesten Ansprechpartner ist.

Einer Vielzahl von Mitarbeiterinnen und Mitarbeitern des Walter Eucken Instituts und der Universität Freiburg ist zu danken, insbesondere denjenigen, die unmittelbare Unterstützung zur Fertigstellung dieses Buches geleistet haben: Julia Braun, Lilith Burgstaller, Franziska Dinter, Arrita Domi, Anna Esslinger, Heidrun Ganz, Joshua Hassib, Anna Meister, Daniel Nientiedt, Maximilian Thomas und Philipp Weber. Ohne ihre Hilfe wäre dieses Buch nicht zu einem glücklichen Ende gekommen. Sie haben sich insbesondere ebenso wie Désirée I. Christofzik und Mustafa Yeter abschließend intensiv mit dem Manuskript auseinandergesetzt und dieses dabei wesentlich verbessert. In den vergangenen Jahren waren die Diskussionen mit Yannick Bury und Otto Fricke, beide Mitglieder im Haushaltsausschuss des Deutschen Bundestages in der 20. Legislaturperiode, Yannick Bury auch in der aktuellen 21. Legislaturperiode, besonders inspirierend.

Großer Dank gilt dem Verlag Herder, unseren Lektoren Sara Weydner und Patrick Oelze, die erheblich zur Verbesserung und Lesbarkeit dieses Textes beigetragen haben, sowie Manuel Herder, der geduldig auf die Fertigstellung des Buches gewartet hat. Für die finanzielle Unterstützung danken wir dem Kuratorium Freiburger Schule, insbesondere seiner Vorsitzenden Margot Selz, und dem Forum Ordnungspolitik, ohne die die Forschungstätigkeit des Walter Eucken Instituts nicht möglich wäre. Dem Land Baden-Württemberg sei für die Grundfinanzierung des Instituts und dessen fortlaufende Unterstützung gedankt.

Schließlich danken wir unseren Familien herzlich für die kontinuierliche Unterstützung: Lars P. Feld seinen Söhnen Immanuel, Leon und Bennet, vor allem seiner Frau Dr. Susanne Feld. Wolf H. Reuter dankt seiner Frau Anda-Cristina sowie seinen Töchtern Vivienne und Natalie.

Die in diesem Buch vertretenen Auffassungen stellen keine institutionellen Stellungnahmen dar. Sie geben ausschließlich die persönlichen wissenschaftlichen Einschätzungen der Autoren wieder und stehen in keinem Zusammenhang mit früheren, aktuellen oder zukünftigen Tätigkeiten der Autoren sowie mit den Positionen der Institutionen, für die sie tätig waren, sind oder sein werden. Soweit geldpolitische Aspekte angesprochen werden, dienen sie der ökonomischen Einordnung und stellen keine geldpolitischen Bewertungen oder Empfehlungen dar. Den Analysen liegt der Datenstand vom Dezember 2025 zugrunde. Sollte dieses Buch Fehler oder Mängel enthalten, gehen diese alleine zulasten der beiden Autoren.

Freiburg, im Dezember 2025
Lars P. Feld und Wolf H. Reuter

EINLEITUNG

SCHULDENWENDE

Am 4. März 2025 treten Friedrich Merz, Markus Söder, Lars Klingbeil und Saskia Esken vor die Presse. Sie befinden sich gerade in den Sondierungsgesprächen für eine neue Regierungskoalition. Bei der Wahl sind CDU/CSU und SPD weit unter ihren Ansprüchen geblieben. In den Verhandlungen sieht die geschwächte Union offenbar keine Chance, ambitionierte Reformen oder umfangreiche Einsparungen im Bundeshaushalt durchzusetzen. Bereits in der Ampelkoalition, die von 2021 bis 2024 unter Olaf Scholz regierte, drängte nur noch das liberal geführte Finanzministerium auf zusätzliche umfangreiche Einsparungen und grundlegende Reformen in der Wirtschafts- und Sozialpolitik. Die Union versucht es nun mit einem haushaltspolitischen Befreiungsschlag, der weit entfernt ist von dem, was sie in ihren Grundsatz- und Wahlprogrammen angekündigt hatte.

Die vier Parteivorsitzenden verkünden eine grundlegende Änderung des finanzpolitischen Kurses Deutschlands – eine Schuldenwende. Sie wollen weit mehr Schulden machen, als bisher erlaubt war – für Verteidigung, für Investitionen, für die Länder. Dazu ändern sie hastig und ohne öffentlich sichtbare, detaillierte Vorbereitung die Schuldenbremse im Grundgesetz. Die Änderung kommt einer Abschaffung der im Jahr 2009 unter Bundeskanzlerin Angela Merkel eingeführten Schuldenbremse nahe, zumindest aber beeinträchtigt sie ihre Bindungswirkung erheblich. Damit verliert das Instrument seine bisherige Funktion, nämlich, stabile und nachhaltige öffentliche Finanzen sicherzustellen. Es ist das Ende eines Instruments, das die Politik zu Reformen und Priorisierung zwingt. Die Politik geht mit der Finanzierung über Schulden den kurzfristig weitaus leichteren Weg, als über eine Haushaltskonsolidierung und Reformen die langfristigen Wachstumsaussichten, die Wettbewerbsfähigkeit und die Widerstandsfähigkeit Deutschlands zu sichern.

Kurzer Rückblick

Im Rahmen des Konjunkturpakets II, mit dem auf die Auswirkungen der Weltfinanzkrise reagiert wurde, hatte Bundeskanzlerin Angela Merkel im Januar 2009 in einer Regierungserklärung die Einführung einer Schuldenbremse angekündigt, die Bund und Länder auf nahezu ausgeglichene Haushalte festlegt und damit die Staatsschuldenquote reduzieren sollte. Vorausgegangen waren seit 2006 Beratungen in der Föderalismuskommission II, die aus Vertretern der Bundesregierung, des Bundestages, der Landesregierungen und der Landtage bestand. Sie hatte das Ziel, Vorschläge zu erarbeiten, welche die Eigenverantwortung von Bund, Ländern und Gemeinden sowie deren aufgabenadäquate Finanzausstattung stärken sollten. Ein Thema war angesichts extremer Haushaltsnotlagen einiger Länder die Vorbeugung von Haushaltskrisen. Während der Beratungen brach die Finanzkrise aus. Weltweit wurden große schuldenfinanzierte Konjunkturprogramme aufgelegt. Dadurch rückten die Risiken einer umfangreichen Schuldenfinanzierung stärker in den Fokus, und es galt, das Vertrauen der Finanzmärkte in die Stabilität der öffentlichen Finanzen zu erhalten.

In den Jahren bis 2010 stieg die deutsche Staatsschuldenquote – also der Schuldenstand im Verhältnis zur jährlichen Wirtschaftsleistung (dem Bruttoinlandsprodukt, BIP) – nicht zuletzt im Zuge der Finanzkrise auf über 80 Prozent. Nicht nur die Finanzkrise sorgte jedoch für diesen Anstieg. Bereits vorher, genauer seit Mitte der 1970er Jahre, war die Staatsschuldenquote in Deutschland im Trend angestiegen. Insbesondere wurde nach starken Schuldenanstiegen in Krisenzeiten in den darauffolgenden Jahren kaum konsolidiert. Nach der Finanzkrise und mit Einführung der Schuldenbremse änderte sich dieses Muster. In den Jahren darauf sank die Staatsschuldenquote von über 80 Prozent der Wirtschaftsleistung im Jahr 2010 innerhalb von nur neun Jahren auf rund 59 Prozent im Jahr 2019. Diese Entwicklung fand nicht gleichzeitig in anderen Staaten welt- oder europaweit statt, sie lief vielmehr entgegen der Entwicklung in vielen anderen Staaten. Die Verschuldung vieler Staaten stieg in diesem Zeitraum weiter an; ebenso in den Mitgliedstaaten der Europäischen Union (EU). Deutschland hatte 2009 noch die achthöchste Staatsschuldenquote in der EU, im Jahr 2019 lag es an 13. Stelle.

Finanzpolitische Ausgangslage

Es gibt weltweit viele Regeln, welche die Verschuldungs- und Ausgabenmöglichkeiten von Regierungen beschränken. Der Internationale Währungsfonds (IWF) zählt mehr als 100 Staaten, deren Finanzpolitik in der einen oder anderen Form einer Fiskalregel unterliegt. Die Schuldenbremse ist also keineswegs ein deutscher Sonderweg. Nur wenige der Fiskalregeln waren jedoch erfolgreich bei der Erfüllung ihrer Aufgaben. Die Faktoren, welche die starke Wirkung der Schuldenbremse begünstigten, sind erstens ihr hoher rechtlicher Status als Regelung im Grundgesetz. Zweitens ist der Mechanismus in der öffentlichen Debatte sehr präsent und von der Bevölkerung akzeptiert. Drittens ist die Schuldenbremse flexibel, wodurch auf Abschwünge und schwere Krisen umfassend reagiert werden kann. Anders als von ihren Kritikern vorgetragen, verhindert sie weder wichtige Ausgaben noch die ausreichende Finanzierung der Kernaufgaben des Staates. Sie verhindert jedoch, dass die Politik die Frage der Finanzierung von Ausgaben über Verschuldung in die Zukunft verschiebt. Sie sorgt zudem dafür, dass der Effizienz des Einsatzes staatlicher Mittel weit mehr Beachtung geschenkt wird, als wenn ein Ausweg über zusätzliche Verschuldung jederzeit verfügbar ist. Nicht zuletzt zwingt sie die Politik zu Reformen, da strukturelle Probleme nicht mit schuldenfinanzierten Staatsausgaben überdeckt werden können.

In einer Zeit, in der die öffentliche Verschuldung relativ zur Wirtschaftsleistung weltweit wieder ein Niveau zu erreichen droht, das zuletzt nach dem Zweiten Weltkrieg zu beobachten war, soll die deutsche Verschuldung nun nach den Plänen der neuen Bundesregierung steil ansteigen. Sie wählt den leichten Weg über höhere Verschuldung, statt dringend erforderliche, tiefgreifende Reformen und Einsparungen anzugehen. Deutschland hat aktuell eine Staatsquote von rund 50 Prozent der Wirtschaftsleistung, das heißt, die Ausgaben des Staates entsprechen bereits rund der Hälfte des BIP. Es müssten daher eigentlich genügend Mittel für prioritäre Aufgaben des Staates wie die Gewährleistung der Verteidigungsfähigkeit und die Instandhaltung der Infrastruktur zur Verfügung stehen. Ein erheblicher Teil der Steuereinnahmen entfällt jedoch stattdessen auf Sozialleistungen, Subventionen und an vielen Stellen ineffiziente Verwaltungsstrukturen. Dabei wird sich die Situation in den kommenden Jahren noch zuspitzen. Durch die absehbar voranschreitende Alterung der Gesellschaft werden die Ausgaben für Rente, Pflege und Gesundheit weiter stark zunehmen. Grundsätzliche Reformen wären hier dringend geboten. Werden diese Ausgaben über zusätzliche Verschuldung finanziert, wird kein Beitrag zur Bewältigung dieser großen Herausforderungen geliefert. Sie verschiebt diese lediglich in die Zukunft und macht sie damit noch schwieriger. Das Ausbleiben von Reformen wird für die jüngeren Generationen eine immense Belastung darstellen.

Zusätzlich zu den absehbaren demografiebedingten Ausgabensteigerungen wird der Anstieg der Verschuldung die Situation im Bundeshaushalt noch schwieriger machen. Auf die neuen Schulden müssen über viele Jahrzehnte Zinsen gezahlt werden. Immer größere Anteile der Steuereinnahmen müssen so für Zinsausgaben veranschlagt werden und stehen nicht mehr für andere Aufgaben zur Verfügung. Dies erhöht die Belastung aktueller und zukünftiger Steuerzahlerinnen und Steuerzahler noch weiter. Der Bundeshaushalt wird zudem verwundbarer gegenüber Schwankungen auf den Finanzmärkten, wenn etwa durch abrupte Veränderungen auf den Anleihemärkten das Zinsniveau kurzfristig massiv ansteigt. Ein höheres Schuldenniveau führt rasch zu weit größeren Problemen im Haushalt, als wenn eine geringe Schuldenlast sichergestellt wird.

Nun könnte man dem entgegenhalten, dass niedriges Wachstum, eine marode Infrastruktur und fehlende Verteidigungskapazitäten eine noch größere Belastung für kommende Generationen darstellten. Daraus könnte man schließen, dass die dafür in Kauf genommene höhere Verschuldung gut begründet wäre. Das gilt aber nur, wenn die zusätzliche Verschuldung tatsächlich zu mehr Wachstum führt sowie tatsächlich die Infrastruktur und die Verteidigungsfähigkeit verbessert. Und das gilt selbst dann nur, wenn andere Ausgaben, die aktuell durch Steuereinnahmen finanziert werden, so wichtig sind und daher nicht angepasst werden dürften, dass wachstumsfreundliche Rahmenbedingungen, Infrastruktur und Verteidigung zwingend auf Kosten der kommenden Generationen über Schulden finanziert werden müssen. Der Staat erzielt mit seinen Ausgaben keine Rendite, wie es Unternehmen tun, sondern legt die Rahmenbedingungen für private Investitionen fest. Eine indirekte Rendite stellt sich über eine höhere zukünftige Wirtschaftsleistung ein, mit der die Verschuldung bedient werden kann. Daher sollte eine solide Finanzpolitik darauf gerichtet sein, das Potenzial für langfristiges Wirtschaftswachstum zu erhöhen.

Die Notwendigkeit von Reformen

Deutschland braucht mehr Wachstum, eine verbesserte Infrastruktur und muss schnell und umfangreich verteidigungsfähig werden. Dafür müssen in erster Linie die richtigen Instrumente gefunden und Reformen durchgeführt und nicht zusätzliche finanzielle Mittel verausgabt werden. Reformen sind in vielen Bereichen notwendig. Kleinteilige Regulierungen und Bürokratie fesseln Unternehmen und sollten abgebaut werden. Das Beschaffungswesen, insbesondere in der Verteidigung, ist ineffizient und teuer; hier sollten neue Wege gegangen werden. Die öffentliche Verwaltung ist an vielen Stellen langsam, ineffizient und behindert sich selbst; sie sollte agiler und digital werden. Planungs- und Genehmigungsverfahren sollten beschleunigt und die Kapazitäten in Behörden sowie in den Branchen ausgebaut werden, die öffentliche Investitionen umsetzen, etwa im Bauwesen oder in den Informations- und Kommunikationstechnologien.

Des Weiteren ist die Steuer- und Abgabenlast in Deutschland im internationalen Vergleich sowohl für Unternehmen wie für Arbeitnehmer zu hoch und sollte sinken. Das Steuer- und Transfersystem setzt insbesondere am Arbeitsmarkt negative Arbeitsanreize, weil das zusätzliche Einkommen, das bei einer Beschäftigung erzielt werden kann, kaum über den Sozialtransfers liegt, die ein privater Haushalt bezieht. Das System braucht eine grundlegende Neuausrichtung. Das Renten-, Gesundheits- und Pflegesystem ist in der aktuellen Form nicht tragfähig und sollte durch grundlegende Reformen an den demografischen Wandel angepasst werden. Die Klima- und Energiepolitik ist mit dem internationalen Sonderweg, fast ausschließlich auf hoch subventionierte erneuerbare Energien zu setzen, in einer Sackgasse und sollte sich neu an den Realitäten ausrichten. Diese Liste an notwendigen tiefgreifenden Reformen lässt sich weiter fortsetzen. Zusammen mit den Reformen gehören alle Ausgaben im Bundeshaushalt auf den Prüfstand. Die Politik sollte die genannten Reformen in Angriff nehmen, besser früher als später.

Bereits in der vergangenen Legislaturperiode war erkennbar, dass Reformen dringend erforderlich sind. Die Möglichkeiten, die Ausgaben des Bundes ohne tiefgreifende Einschnitte zum größten Teil aus den laufenden Einnahmen zu finanzieren, kamen an ein Ende. Es wurden immer neue, teilweise verfassungsrechtlich und ökonomisch fragwürdige Vorschläge zur Finanzierung in den Raum gestellt, die an der Schuldenbremse vorbeigehen sollten. Das damalige Bundesministerium der Finanzen (BMF) forderte hingegen vor allem Reformen und Einsparungen ein. Zum einen bestand das Bundesfinanzministerium darauf, dass die Wirtschaftspolitik auf die zuvor angedeuteten, grundlegenden Reformen ausgerichtet sein müsse. Nur so könnte den strukturellen Herausforderungen der Volkswirtschaft begegnet werden. Zum anderen verhinderte es, notwendige Einsparungen im Haushalt über zusätzliche Verschuldung auf die nächsten Generationen zu verschieben, und bestand auf einen Haushalt innerhalb der damals noch gültigen Schuldenbremse. An diesen Grundsatzentscheidungen der Wirtschafts- und Finanzpolitik zerbrach die Ampelkoalition aus SPD, Grünen und FDP schließlich.

Verschuldung und Grundgesetzänderung 2025

Staatsschulden sind nicht grundsätzlich abzulehnen. Es gibt eine Reihe von Gründen, warum eine Schuldenfinanzierung sinnvoll ist. In außergewöhnlichen Krisensituationen muss der Staat aus dem Vollen schöpfen und stabilisierend eingreifen können. Die Betonung liegt hier jedoch auf »außergewöhnlich« und »Krise«. Hiermit sind nicht Situationen angesprochen, die alle zwei Jahre wiederkehren, wie es die Politik allzu oft suggeriert, wenn sie diese in der Öffentlichkeit zur Krise hochstilisiert. Die Finanzkrise oder die Coronapandemie waren solche außergewöhnlichen Krisen. Einer über viele Jahre anhaltenden Wachstumsschwäche muss hingegen mit anderen Maßnahmen begegnet werden.

Verschuldung kann zudem sinnvoll sein, wenn kurzfristig ein hoher Finanzierungsbedarf besteht. Dies gilt bei Naturkatastrophen oder im Kriegsfall, insbesondere auch dann, wenn dieser durch schnelle Aufrüstung verhindert werden soll. Punktuell kann es sinnvoll sein, kurzfristig massiv steigende Verteidigungsausgaben über zusätzliche Verschuldung zu finanzieren. Langfristig ist das jedoch wenig sinnvoll. Landesverteidigung ist eine ureigene Aufgabe des Bundes, die grundsätzlich aus Steuern finanziert werden muss. Da besondere Situationen naturgemäß nicht vorhersehbar sind, fasst das Grundgesetz diese als Ereignisse, »die sich der Kontrolle des Staates entziehen«. Dies mag selbst für bestimmte tiefgreifende Reformnotwendigkeiten gelten. So können Reformen Zeit benötigen, bis dadurch Einsparungen im Haushalt wirksam werden. Über Jahre verschleppte oder unterlassene Reformen entziehen sich der Kontrolle des Staates jedoch nicht, gerade wenn von wissenschaftlicher Seite immer wieder auf diese Notwendigkeiten hingewiesen wurde.

Solch detaillierte Abwägungen scheinen der im März 2025 eilig durchgeführten Grundgesetzänderung nicht vorangegangen zu sein. Obwohl es sich um eine Änderung der Verfassung mit weitreichenden Konsequenzen handelt, gab es zumindest öffentlich sichtbar keine detaillierten Vorarbeiten. Noch während die Änderungen durch das Parlament gingen, aber vor allem in den Wochen danach wurden selbst von den Urhebern und Unterstützern der Änderungen weitreichende Fragen aufgeworfen – Fragen wie etwa: Für welche Zwecke genau sollen zusätzliche Schulden erlaubt sein? Wie wird sichergestellt, dass Schulden nur für den vorgesehenen Zweck eingesetzt werden und nicht zur Finanzierung anderer Ausgaben? Wie wird verhindert, dass die Ausgaben im bereits geplanten Haushalt nicht abgesenkt werden und damit über die zusätzliche Verschuldung neue Spielräume für ganz andere Ausgaben geschaffen werden?

Die Änderung der Schuldenbremse wurde vordergründig mit der Notwendigkeit höherer Verteidigungs- und Investitionsausgaben begründet. Tatsächlich dürfte jedoch nicht zuletzt die Schaffung finanzieller Spielräume für konsumtive Ausgaben eine Rolle gespielt haben – etwa für höhere Subventionen und politisch motivierte Wahlgeschenke wie die Mütterrente, eine Ausweitung der Leistungen der Gesetzlichen Rentenversicherung über die Haltelinie von 48 Prozent, die Absenkung der Mehrwertsteuer auf Speisen oder die Subventionierung von Agrardiesel. Wie kann verhindert werden, dass lediglich der möglichst schnelle Mittelabfluss im Vordergrund steht und nicht der effiziente und strukturell sinnvolle Einsatz? Wie wird unterbunden, dass es durch die zusätzlichen Ausgaben lediglich zu einem konjunkturellen Strohfeuer und steigenden Preisen kommt? Wie sind die neuen Pläne mit den europäischen Fiskalregeln vereinbar? Es wäre sinnvoll gewesen, Antworten auf all diese Fragen *vor* einer weitreichenden Änderung des Grundgesetzes zu haben.

Die letzte Frage ist dabei von besonderer Bedeutung, denn bei alldem muss beachtet werden, dass Deutschland nicht isoliert ist. Deutschland ist Mitglied der Europäischen Währungsunion (EWU), Mitglied der EU und eine der sieben führenden Wirtschaftsnationen in der Welt (G7). Steil ansteigende Schulden in Deutschland haben weitreichende Auswirkungen auf andere Staaten. Weltweit wird sich Deutschland dadurch langfristig in die Staaten mit hoher Staatsverschuldung einreihen und riskiert damit seinen Ruf an den Finanzmärkten. Innerhalb der Eurozone und der EU könnte die deutsche Schuldenwende das Problem hoher Staatsschulden verschärfen.

Ausblick

Dieses Buch zeigt die Risiken genauer auf, die vom Beschluss der neuen Bundesregierung ausgehen. Es verdeutlicht, welches die eigentlich notwendigen Schritte wären und weshalb der Weg über zusätzliche Verschuldung zwar der kurzfristig leichtere, aber der falsche ist. Dazu wird im ersten Teil dargelegt, wofür der Bund aktuell seine Steuereinnahmen nutzt. Zudem wird diskutiert, in welchen Situationen und zu welchem Zweck zusätzliche Verschuldung für den Staat sinnvoll und weshalb dies in der aktuellen Situation nur eingeschränkt der Fall ist.

Dieses Buch argumentiert, dass die Herausforderungen in den wichtigen Bereichen Verteidigung, Infrastruktur und in den Länderhaushalten nur begrenzt mit zusätzlichen finanziellen Mitteln adressiert werden können. Eine Reihe der stattdessen notwendigen Maßnahmen wird im zweiten Teil des Buches dargestellt. Hier zeigen wir zudem auf, weshalb die Schuldenbremse und Fiskalregeln im Allgemeinen nur zu gern zum Sündenbock gemacht werden. Es zeigt sich, dass die Kritik an vielen Stellen zu kurz greift.

Welche Auswirkungen die Grundgesetzänderungen und die darauf basierte Finanzpolitik haben können, diskutiert der dritte Teil. Dies hat Folgen im In- und Ausland, für aktuelle und kommende Generationen, im Bundeshaushalt und auf den Finanzmärkten und wird die deutsche Finanzpolitik grundlegend verändern. Angesichts der Herausforderungen für die deutsche Volkswirtschaft und Finanzpolitik braucht es andere Weichenstellungen in zentralen Bereichen. Andere institutionelle Vorkehrungen in der Finanzpolitik und tiefgreifende Reformen sollten im Zentrum der Politik stehen. Welche dies sein können, diskutieren wir im vierten Teil und präsentieren konkrete Vorschläge.

Literatur und Datenquellen

Eine detaillierte Diskussion über die Gründe der Wirksamkeit der Schuldenbremse insbesondere im Vergleich mit Fiskalregeln anderer Staaten kann nachgelesen werden in: Lars P. Feld und Wolf Heinrich Reuter (2022), The German »Debt Brake«: Success Factors and Challenges, in: Barry Poulson, John Merrifield und Steve Hanke (Hrsg.), *Public Debt Sustainability: International Perspectives*, Lexington Books, Lanham et al. 2022, S. 117–135, auch als Freiburger Diskussionspapiere zur Ordnungsökonomik, No. 21/10, abrufbar.

Zur Entstehung der Schuldenbremse siehe: Lars P. Feld (2024), Zur Begründung der Schuldenbremse, *ifo Schnelldienst* 77 (2), S. 30–33, und schon kurz nach Verabschiedung der Schuldenbremse: Lars P. Feld (2010), Sinnhaftigkeit und Effektivität der deutschen Schuldenbremse, *Perspektiven der Wirtschaftspolitik* 11 (3), S. 226–245. Dokumente und Ergebnisse zur Föderalismuskommission II finden sich auf der Webseite des Deutschen Bundestages.

Einen Überblick über alle Fiskalregeln weltweit gibt das »Fiscal Rules Dataset (1985–2024)« des Fiscal Affairs Department des Internationalen Währungsfonds. Verwendete Daten zu den Schuldenstandsquoten in der EU stammen von der AMECO Datenbank der Europäischen Kommission (Maastricht Bruttoschuldenstand in Prozent des BIP).

TEIL I

GRUNDLAGEN: DEUTSCHE STAATSFINANZEN UND VERSCHULDUNG

KAPITEL 1

WOFÜR DIE EINNAHMEN IM STAATSHAUSHALT EINGESETZT WERDEN

Der deutsche Staat nimmt eine große Summe über Steuern und Abgaben ein. Es stellt sich die Frage, weshalb er Kernaufgaben wie Verteidigung und Infrastruktur daraus vermeintlich nicht vollständig finanzieren kann. Ein Blick in die Haushaltsdaten zeigt, wofür die Einnahmen eingesetzt werden. Dabei ist zunächst die Zeit bis vor der Grundgesetzänderung der aktuellen Regierung relevant. In späteren Kapiteln werden noch die darauffolgenden Änderungen diskutiert.

Der Bundeshaushalt 2024 bestand aus rund 5.900 sogenannten Titeln, welche die unterste Gliederungsebene des Haushalts mit konkreten Einnahme- und Ausgabenbeträgen darstellen. Dabei fällt auf, dass für den Bund weniger als zehn Einnahmetitel 90 Prozent der Steuereinnahmen abbilden und rund 40 Prozent der Ausgaben auf nur zehn Ausgabentitel entfallen. Es lohnt sich, diese Titel und die Summen näher zu betrachten.

Einnahmen von Bund, Ländern und Gemeinden

Im Jahr 2024 betrugen die Einnahmen ohne Kreditaufnahme von Bund, Ländern, Gemeinden und Sozialversicherungen insgesamt fast 2 Billionen Euro. Nach der gängigsten Berechnungsmethode, in der statistischen Abgrenzung der Volkswirtschaftlichen Gesamtrechnungen (VGR), machten die Steuereinnahmen 23 Prozent der jährlichen Wirtschaftsleistung, des BIP, aus. Hinzu kamen die Beiträge an die Sozialversicherungen, die noch einmal rund 18 Prozent des BIP umfassten. Umgerechnet auf die Bevölkerung, erhält der Staat rechnerisch jedes Jahr rund 23.000 Euro von jeder Einwohnerin und jedem Einwohner in Deutschland, wobei Unternehmen und ausländische Konsumenten diese Summe mittragen.

Zwischen der Finanzkrise und der Coronapandemie ist die Abgabenquote, also die Summe aus Steuereinnahmen und den Einnahmen aus den Sozialversicherungsbeiträgen in Prozent des BIP, angestiegen – von ihrem niedrigsten Wert seit kurz nach der Wiedervereinigung auf den höchsten Wert (siehe Abbildung 1). Als die Quote das letzte Mal Anfang der 2000er Jahre auf ähnlich hohem Niveau lag, reagierte die damalige Bundesregierung aus SPD und Grünen mit einer tiefgreifenden Reformagenda. Diese brachte zusammen mit dem darauffolgenden Aufschwung die Quote, insbesondere die Steuereinnahmen, nach unten, wenngleich das Niveau der Abgabenquote nach den Reformen weiterhin signifikant über den Werten aus den 1960er und 1970er Jahren lag. Eine hohe Abgabenquote kann insbesondere Ausdruck einer hohen Belastung der Arbeitseinkommen und der Gewinne der Unternehmen sein, die negative ökonomische Anreize, zu arbeiten, zu investieren und Risiken zu übernehmen, setzt.

Abbildung 1: Entwicklung der Abgabenquote, d. h. der Steuereinnahmen und der Einnahmen aus Sozialversicherungsbeiträgen des Staates (Summe in Prozent des BIP; nach Abgrenzung der VGR)

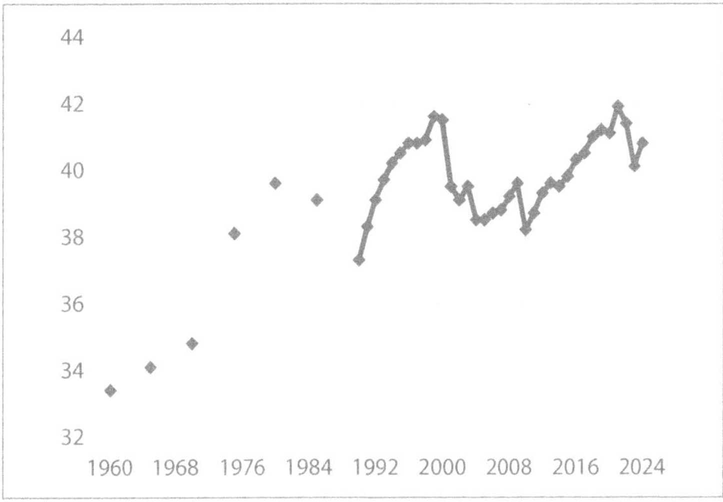

Quelle: Bundesministerium der Finanzen, eigene Darstellung

Der Unterschied im Niveau gegenüber den 1960er und 1970er Jahren ergibt sich fast ausschließlich aus den Sozialversicherungsbeiträgen. Die Steuereinnahmen in Prozent des BIP sind 1960 und 2024 etwa gleich hoch, rund 23 Prozent. Die Einnahmen aus Sozialversicherungsbeiträgen betrugen im Jahr 1960 jedoch nur rund 10 Prozent, im Jahr 2024 hingegen rund 18 Prozent des BIP. Anfang der 2000er konnte der vom Anstieg der Sozialversicherungsbeiträge getriebene Anstieg der Abgabenquote durch eine Senkung der Steuereinnahmen gedämpft werden. Das war nach der Finanzkrise nicht mehr der Fall; die Abgabenquote steigt seitdem an. Ohne tiefgreifende Reformen dürften die Einnahmen aus Sozialversicherungsbeiträgen perspektivisch noch weiter steigen. Verschiedene Sozialausgaben, allen voran die Ausgaben der Gesetzlichen Rentenversicherung, werden ohne Reformen wegen des demografischen Wandels stark zunehmen und gesetzlich festgelegte höhere Beitragssätze erforderlich machen.

Von 134 Staaten, für welche die OECD eine weltweit vergleichbare Abgabenquote zu Steuereinnahmen und Sozialversicherungsbeiträgen ausweist, hatten im Jahr 2022 nur neun Staaten eine höhere Abgabenquote als Deutschland. Die einzigen größeren Staaten mit höherer Quote sind Italien und Frankreich. Die Quote ist in Deutschland rund doppelt so hoch wie in China, einem der größten Staaten weltweit und dem wichtigsten Konkurrenten der EU im Systemwettbewerb. In der führenden Wirtschaftsnation der Welt, in den USA, sowie in der Schweiz ist sie nur rund zwei Drittel so hoch. Und sie ist in Israel und Japan noch immer nur etwa fünf Sechstel so hoch. Während die Verteidigungsausgaben in Prozent des BIP in Italien und Frankreich – also Staaten mit einer hohen Abgabenquote – kleiner sind als in Deutschland, sind sie etwa in Israel und USA – Staaten mit niedrigerer Abgabenquote – weit höher. Die öffentliche Infrastruktur ist in der Schweiz, Japan und Israel besser als in Deutschland. Ein einfacher Zusammenhang zwischen der Höhe der Einnahmen und den Verteidigungsausgaben oder der Qualität der Infrastruktur ist anhand dieser Statistiken nicht ersichtlich. Höhere Einnahmen des Staates führen nicht zwangsläufig zu besseren öffentlichen Leistungen.

Ein genauer Blick auf die Einnahmen des deutschen Staates zeigt, welche Stellschrauben es zur Verringerung der Abgabenquote gibt. Die Steuereinnahmen verteilen sich auf die unterschiedlichen staatlichen Ebenen (Bund, Länder, Gemeinden) und die Sozialversicherungen (siehe Abbildung 2). Dabei ma-

Abbildung 2: Schematische Darstellung der Aufteilung des Steueraufkommens

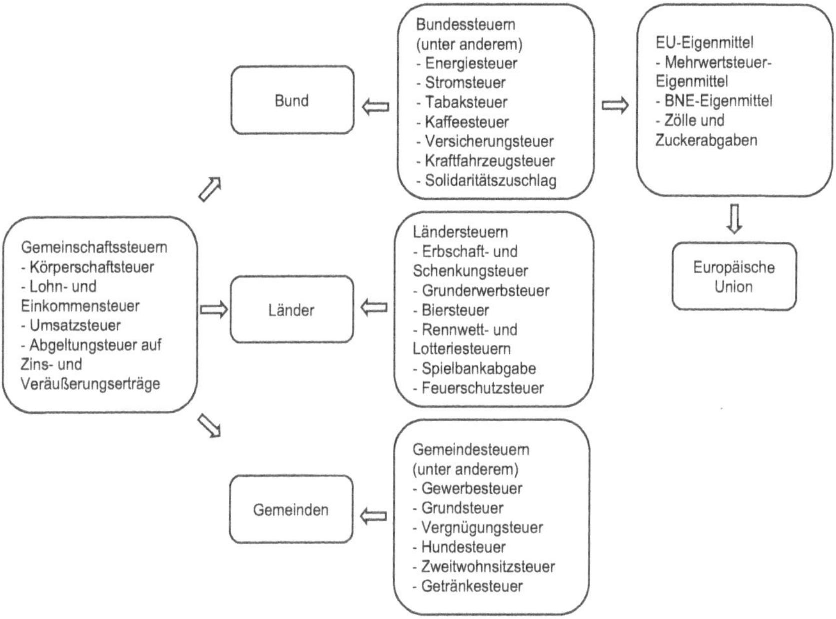

Quelle: Bundesministerium der Finanzen, eigene Darstellung

chen die Gemeinschaftssteuern, die zwischen Bund, Ländern und Gemeinden aufgeteilt werden und aus der Lohn- und Einkommensteuer, der Körperschaftsteuer, der Kapitalertragsteuer und der Umsatzsteuer bestehen, mit rund drei Vierteln den größten Teil aus. Die Diskussion um zusätzliche Verschuldung für Verteidigung und Investitionen konzentriert sich primär auf den Bundeshaushalt und erst in weiterer Folge hinsichtlich der Investitionen auf die Haushalte der Länder und Gemeinden. Dem Bund standen im Jahr 2024 netto rund 39,6 Prozent der gesamten Steuereinnahmen zur Verfügung, den Ländern etwas mehr, nämlich 41,7 Prozent, und den Gemeinden 15,4 Prozent (der Rest entfällt auf die EU). In der Vergangenheit war die Aufteilung nicht immer so. Im Jahr 2002 entfielen auf den Bund 43,5 Prozent, auf die Länder 40,4 Prozent und die Gemeinden 11,9 Prozent. Die Einnahmesituation der Länder und Gemeinden hat sich über die Zeit also relativ zum Bund verbessert.

Es sind weniger als zehn Einnahmetitel im Bundeshaushalt 2024, die 90 Prozent der gesamten Steuereinnahmen des Bundes ausmachten. Der Bundesanteil an den Einnahmen aus der Umsatzsteuer zusammen mit der Einfuhrumsatzsteuer betrugen 145 Milliarden Euro, was rund 33 Prozent der Steuereinnahmen des Bundes umfasste. Die Lohnsteuer machte für den Bund 106 Milliarden Euro beziehungsweise 24 Prozent aus. Damit sind diese beiden Steuern bereits für mehr als die Hälfte der Steuereinnahmen des Bundes verantwortlich.

Die nächstgrößere Steuer für den Bund ist die Energiesteuer, die mit 35 Milliarden Euro rund 8 Prozent beiträgt. Fasst man die Ertragsteuern zusammen (veranlagte Einkommensteuer, nicht veranlagte Steuern vom Ertrag, Abgeltungsteuer auf Zins- und Veräußerungserträge, Körperschaftsteuer, Gewerbesteuerumlage), machen diese 80 Milliarden beziehungsweise 18 Prozent der Steuereinnahmen des Bundes aus. Die übrigen Steuereinnahmen von insgesamt 69 Milliarden Euro verteilen sich unter anderem auf Versicherungs-, KfZ-, Tabak-, Strom-, Alkohol- und Luftverkehrsteuern sowie den Solidaritätszuschlag. Von den Steuereinnahmen des Bundes werden direkt Einnahmen an die EU und die Länder weitergegeben.

Verschuldung des Gesamtstaates

Die hohen Einnahmen des Bundes reichen in der Regel nicht aus, um seine Ausgaben zu decken, sodass in den meisten Jahren ein Defizit entsteht. Dieses wird durch Kreditaufnahme finanziert, die sich im Jahr 2024 im Kernhaushalt auf 33 Milliarden Euro belief. Lediglich zwischen 2014 und 2019 war die Nettokreditaufnahme des Bundes bei null. Ein Blick in die Historie zeigt zudem, dass die Haushalte von Bund, Länder und Gemeinden in ihrer Gesamtheit (einschließlich der Sozialversicherungen) seit 1970 überwiegend im Defizit waren.

Die jährlichen Defizite des deutschen Gesamtstaates fließen in die Staatsschulden ein. Typischerweise werden die Bruttoschulden (die gesamten Verbindlichkeiten des Staates) in Prozent des BIP als Staatsschuldenquote oder Schuldenstandsquote ausgewiesen (siehe Abbildung 3). Die deutsche Staatsschuldenquote stieg seit etwa Mitte der 1970er Jahre im Trend an. Seit der Wiedervereinigung beschleunigte sich diese Entwicklung. Konsolidierungsphasen bis zum Jahr 2009, die also vor Einführung der Schuldenbremse erkennbar sind, führten zu einer Stabilisierung der Schuldenstandsquote, nicht aber zu einer nachhaltigen Reduktion. Im Zuge der Finanzkrise stieg die Staatsschuldenquote auf ihr bisheriges Maximum von über 80 Prozent des BIP im Jahr 2010 an (rechte Skala). Seit dem Jahr 2011 galt die Schuldenbremse zunächst in einer Übergangsphase für den Bund, bis das Regelwerk ab 2016 voll wirksam wurde. Für die Länder hielt diese Übergangsphase bis 2019 an. Die Staatsschuldenquote sank daraufhin bis zum Jahr 2019 auf unter 60 Prozent des BIP, bevor sie im Zuge der Coronakrise wieder anstieg. Im Jahr 2024 betrug die Staatsschuldenquote rund 63 Prozent des BIP.

Abbildung 3: Entwicklung der Staatsschulden und -schuldenquote (Milliarden Euro bzw. Prozent des BIP)

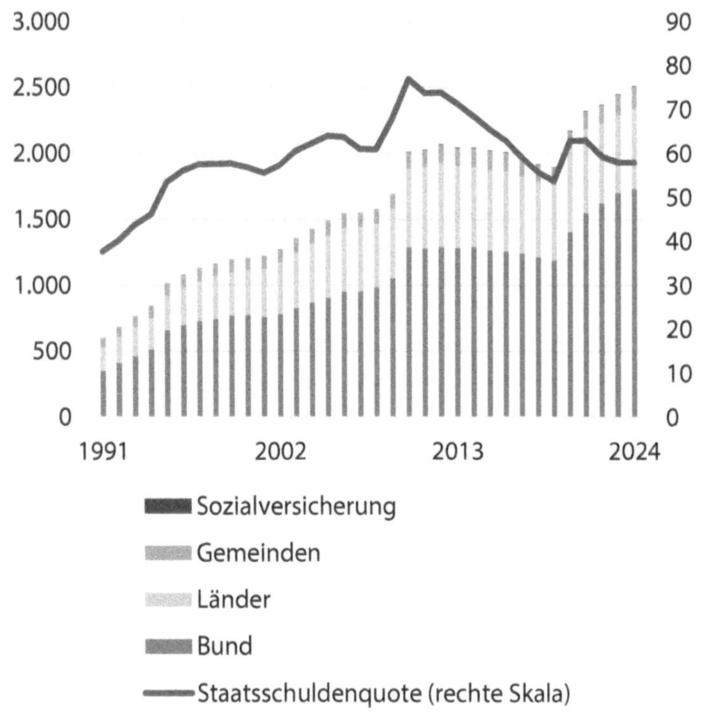

Quelle: Bundesministerium der Finanzen, eigene Darstellung

Hauptsächlich der Bund ist für die höhere Staatsverschuldung im Zeitablauf verantwortlich, gefolgt von den Ländern und Gemeinden (linke Skala in absoluten Zahlen). Die Verschuldung der Sozialversicherungen ist kaum zu erkennen. Sie sind durch eigene Regeln gehalten, vorübergehende Defizite in kurzer Zeit wieder auszugleichen. Die Verschuldung der Städte und Gemeinden ist im Aggregat in Prozent des BIP im Trend leicht rückläufig. Allerdings verbergen sich hinter den aggregierten Schulden der Gemeinden und der Länder große Unterschiede. Städte wie Gelsenkirchen oder Zweibrücken, die massiv verschuldet sind, treffen auf Städte wie Sindelfingen oder Offenburg mit geringerer Verschuldung. Unter den Ländern haben Bayern und Sachsen noch vor Baden-Württemberg die niedrigste öffentliche Verschuldung, während Berlin, Bremen und das Saarland am höchsten verschuldet sind.

Ausgaben des Bundes

Dem Bund stehen also Mittel aus Steuereinnahmen und aus der Kreditaufnahme zur Verfügung. Fast die Hälfte davon (rund 47 Prozent) wendet er für Transfers für soziale Sicherung, Familie und Jugend und den Arbeitsmarkt auf, vor allem für Zuschüsse zu den Sozialversicherungen und andere Sozialtransfers (siehe Abbildung 4). Der Bundeszuschuss zur Gesetzlichen Rentenversicherung allein machte im Jahr 2024 fast ein Viertel des Bundeshaushalts aus. Rund 12 Prozent wurden im Jahr 2024 für die Verteidigung ausgegeben, und der Schuldendienst nahm bereits 9 Prozent in Anspruch. Das Verkehrs- und Nachrichtenwesen, also insbesondere Bahn und Straßen, hatten einen Anteil von rund 8 Prozent. Für alle anderen Bereiche, seien es Innere Sicherheit, Bildung oder andere Aufgaben, bleibt nur noch rund ein Viertel des Bundeshaushalts übrig. Davon entfielen rund fünf Prozentpunkte auf politische Führung, also Ausgaben für die Exekutive, und zentrale Verwaltung.

Der Bundeshaushalt wird von wenigen sozialen Transferleistungen dominiert. Zehn Titel deckten im Jahr 2024 bereits rund 40 Prozent der Ausgaben des Bundes im Kernhaushalt ab: vier Titel, die den Großteil des Bundeszuschusses zur allgemeinen

Abbildung 4: Anteile an den Ausgaben des Kernhaushalts des Bundes 2024

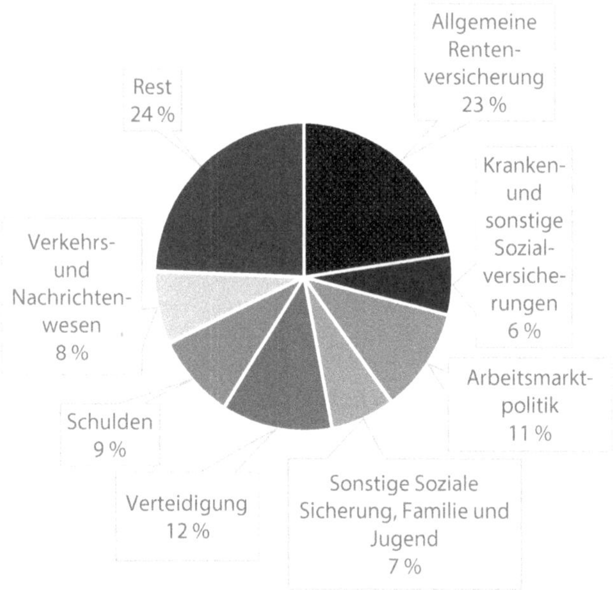

Quelle: Bundesministerium der Finanzen, eigene Berechnungen und Darstellung

Rentenversicherung erfassen (106 Milliarden Euro, rund 22 Prozent der Ausgaben des Bundeshaushalts), drei Titel zum Bürgergeld – genauer die Leistungen der Grundsicherung für Arbeitsuchende, die Beteiligung des Bundes an den Leistungen für Unterkunft und Heizung sowie Verwaltung – (rund 48 Milliarden Euro, rund 10 Prozent), der Zuschuss in den Gesundheitsfonds für die Krankenkassen (14,5 Milliarden Euro, rund 3 Prozent), die Grundsicherung im Alter und bei Erwerbsminderung (11 Milliarden Euro, rund 2 Prozent) und das Elterngeld (7 Milliarden Euro, rund 2 Prozent).

Abbildung 5: Ausgaben des Gesamtstaates im Zeitablauf (Milliarden Euro)

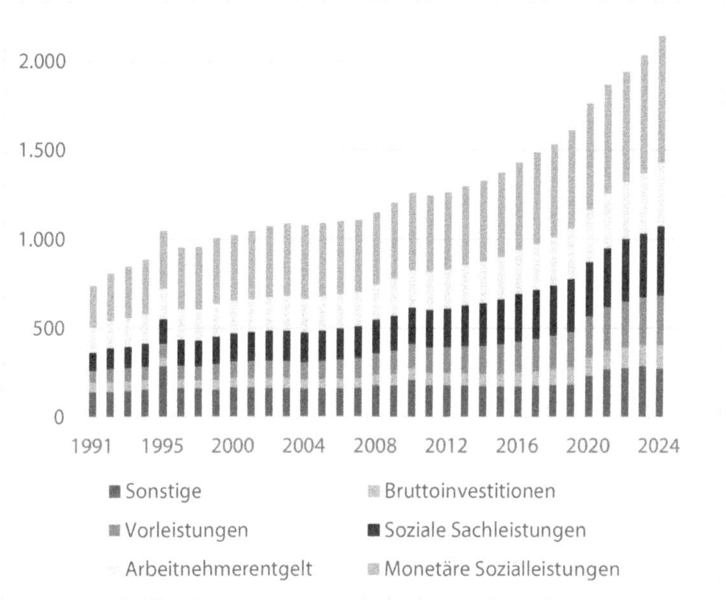

Quelle: Statistisches Bundesamt, eigene Darstellung

Die große Bedeutung, welche die Ausgaben für die soziale Sicherung für den Bundeshaushalt haben, ist dabei keine neue Entwicklung. So wurde bereits vor etwa zehn Jahren rund die Hälfte des gesamten Haushalts für soziale Sicherung und davon rund ein Viertel für die Rentenversicherung ausgegeben. Die Dominanz der Sozialausgaben gilt ebenfalls für den Gesamtstaat, wie Abbildung 5 illustriert. Die bei Weitem größte Dynamik zeigt sich bei den monetären Sozialleistungen wie Renten, Bürgergeld oder Kindergeld.

Anteile der anderen Ausgaben des Bundes, die sich von 2014 bis 2024 signifikant verändert haben, sind vor allem starke Anstiege bei der Verteidigung (von 10,9 Prozent auf 12,0 Prozent) und beim Verkehrs- und Nachrichtenwesen, also insbesondere Infrastrukturinvestitionen (von 5,5 Prozent auf 7,7 Prozent). Dies verdeutlicht, dass Veränderungen und damit Priorisierungen und Umschichtungen innerhalb des Haushalts möglich sind. Im nicht mehr verabschiedeten Haushaltsentwurf 2025 der Ampelkoalition, der die Schuldenbremse in ihrer ursprünglichen Form eingehalten hätte, wären die Anteile von Verteidigung und Investitionen noch weiter stark angestiegen – auf 14,0 Prozent be-

Abbildung 6: Anteile an den Gesamtausgaben des Bundes (einschließlich Klima- und Transformationsfonds und Sondervermögen Bundeswehr), 2019 und Haushaltsentwurf der Ampelkoalition für das Jahr 2025 (Prozent)

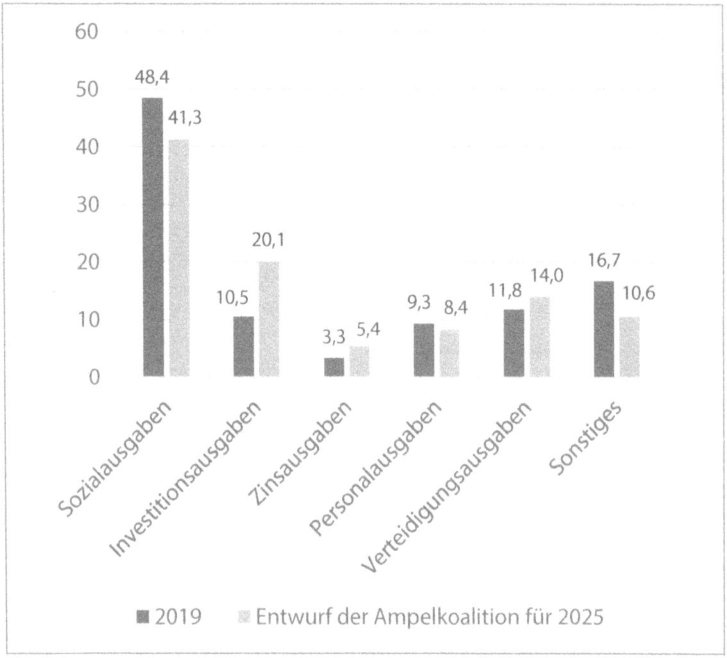

Quelle: Bundesministerium der Finanzen, eigene Darstellung

ziehungsweise 20,1 Prozent (einschließlich des Klima- und Transformationsfonds und des Sondervermögens Bundeswehr, siehe Abbildung 6). Die Anteile sind in den beschlossenen Haushalten der neuen Bundesregierung ebenfalls stark erhöht, allerdings anders als in den Entwürfen der Ampelkoalition in Verbindung mit einer starken Ausweitung der Verschuldung.

Werden keine grundlegenden Strukturreformen durchgeführt, dann werden die Ausgaben insbesondere für Rente, Gesundheit und Pflege in den kommenden Jahren stark ansteigen. Mit dem Eintritt der Babyboomergeneration ins Rentenalter steigt die Anzahl der Menschen im Rentenalter absolut und im Verhältnis zur Anzahl der Menschen im erwerbsfähigen Alter deutlich an. Während im Jahr 1990 noch rund fünf Personen im erwerbsfähigen Alter (15 bis 64 Jahre) auf eine Person im Rentenalter (65 Jahre und älter) kamen, waren es 2020 nur noch drei Personen. Im Jahr 2030 werden es nur noch rund 2,5 Personen sein und 2040 nur noch etwa zwei Personen. Das ist bereits heute eine große Herausforderung für den Arbeitsmarkt und das Wachstumspotenzial der deutschen Volkswirtschaft, die sich noch gravierend verschärfen wird. Zusätzliche schuldenfinanzierte Ausgaben adressieren diese strukturellen Trends nicht. Die Entwicklung wird ohne Reformen eine immense Herausforderung für die umlagebasierten sozialen Sicherungssysteme. Ihr Anteil am Bundeshaushalt dürfte deutlich ansteigen. Allein dieses Beispiel zeigt: Durch die Lockerung der Schuldenbremse wird der direkte Druck genommen, dieser Entwicklung entgegenzusteuern.

Eine weitere Baustelle auf der Ausgabenseite ist das Thema Subventionen: Über alle Ausgabenkategorien hinweg enthält der Bundeshaushalt 2024 laut Berechnungen des ifw Kiel rund 130 Milliarden Euro an Finanzhilfen. Das sind insbesondere die

Zahlungen im Bereich des Klimaschutzes und der Energiepolitik. Der größte Posten ist dabei die Förderung für Energieeffizienz und erneuerbare Energien im Gebäudebereich, etwa die energetische Sanierung. Im Vergleich zu früheren Jahren haben sich die Finanzhilfen im Verhältnis zum BIP stark erhöht, von etwa 1,5 Prozent im Jahr 2015 auf 3,0 Prozent im Jahr 2024. Bei den Subventionen dürften somit große Einsparpotenziale vorhanden sein, die für Umschichtungen genutzt werden könnten. Das Heben dieser Potenziale dürfte in vielen Fällen jedoch begleitende strukturelle Reformen voraussetzen, etwa die Stärkung des Emissionshandels als Leitinstrument der Klimapolitik.

Reformen dieser Art zeitigen allerdings nicht sofort Effekte, da die meisten großen Ausgabenblöcke im Bundeshaushalt Zahlungen für gesetzliche Leistungen sind: Der Anspruch auf bestimmte Leistungen des Staates ist gesetzlich festgelegt. Für die Aufstellung des Bundeshaushalts wird versucht, den Bedarf dieser Leistungen möglichst genau zu schätzen. Wenn nötig, werden die Ausgabenposten aber im Laufe des Jahres entsprechend erhöht, um die gesetzlichen Ansprüche jederzeit bedienen zu können. Diese Posten im Bundeshaushalt können dementsprechend nicht einfach in den jährlichen Haushaltsverhandlungen festgelegt oder gekürzt werden. Um deren Höhe zu beeinflussen, sind Gesetzesänderungen notwendig, welche die zukünftigen Ansprüche ändern. In vielen Fällen stellt sich eine Entlastungswirkung für den Haushalt erst nach einiger Zeit ein. Andere Ausgaben im Bundeshaushalt sind bereits über andere Verträge festgelegt. Insgesamt kann damit im Bundeshaushalt nur ein kleinerer Teil direkt von einem Jahr auf das nächste beeinflusst werden. Man spricht von einer Versteinerung des Bundeshaushalts. Umso wichtiger ist es, frühzeitig mit strukturellen Veränderungen zu beginnen und dabei alle staatlichen Ausgaben in den Blick zu nehmen.

Abbildung 7: Entwicklung der Staatsquote (Prozent des BIP)

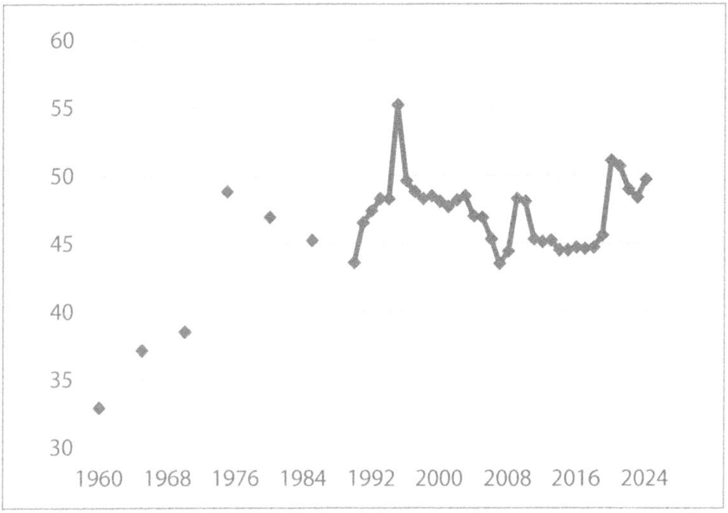

Quelle: Bundesministerium der Finanzen, eigene Darstellung

Dies ist umso wichtiger, wenn man sich klarmacht, dass die Summe aller staatlichen Ausgaben im Verhältnis zum BIP, die Staatsquote, im Jahr 2024 49,7 Prozent betrug und in den darauffolgenden Jahren auf über 50 Prozent ansteigen wird (siehe Abbildung 7). Über 50 Prozent lag sie historisch nur im Jahr 1995 (Grund war die Übernahme der Schulden der Treuhandanstalt und Wohnungswirtschaft der DDR nach der Wiedervereinigung) und in den Jahren der Coronapandemie 2020 und 2021, in denen das BIP stark einbrach und die staatlichen Ausgaben umfangreich erhöht wurden, um gegenzusteuern. Vor der Krise hatte sich die Staatsquote zwischen 2011 und 2019 eher um 45 Prozent eingependelt. Zwar ging die Staatsquote in den Jahren 2022 und 2023 zurück, aber nicht mehr auf das vorherige Niveau. Es steht zu befürchten, dass weit höhere Staatsquoten das neue Normal nun sogar außerhalb von Krisenjahren darstellen. Die Staatsquote zeigt zudem, welche Möglichkeiten für Umschichtungen im Bundeshaushalt bestehen. Würden theoretisch die gesamten Staatsausgaben auf den Anteil von vor der Coronapandemie zurückgeführt werden, stünden bei den aktuellen Einnahmen rund 5 Prozent des BIP anderweitig zur Verfügung. Das wäre ausreichend, um die Verteidigungs- und die Investitionsausgaben stark auszuweiten und zugleich sogar noch die Steuerbelastung zu senken.

Sondervermögen

Bis hierhin wurde in diesem Kapitel, wenn über Einnahmen und Ausgaben des Bundes gesprochen wurde, meist der Kernhaushalt des Bundes diskutiert. Dieser umfasst Ausgaben in Höhe von insgesamt 475 Milliarden Euro. Der Gesamthaushalt des Bundes enthielt im Jahr 2024 jedoch noch 28 Sondervermögen, die zusätzlich Ausgaben in Höhe von insgesamt 148 Milliarden Euro außerhalb des Kernhaushalts verwalteten (siehe Abbildung 8). Die Sondervermögen wurden aus ganz unterschiedlichen Gründen eingerichtet. Dabei soll meist eine Zweckbindung der Mittel über längere Zeiträume transparenter dargestellt werden. So können Sondervermögen etwa Rücklagen bilden, die in Folgejahren verwendet werden können. Manche Sondervermögen haben Einnahmen, andere haben Kreditermächtigungen, und wieder andere bekommen oder bekamen einen Zuschuss aus dem Kernhaushalt. Die für die öffentliche Diskussion bedeutendsten Sondervermögen sind der Klima- und Transformationsfonds (KTF) und das Sondervermögen Bundeswehr. Allein aus diesen beiden Sondervermögen wurden im Jahr 2024 Ausgaben von 65 Milliarden Euro außerhalb des Kernhaushalts getätigt. Mit

Abbildung 8: Sonder-, Zweck- und Treuhandvermögen des Bundes 2024 (Ausgaben in Milliarden Euro)

Weitere mit Ausgaben unter 1 Milliarde Euro:
- Ausgleichsfonds Teilhabe schwerbehinderter Menschen
- Deutscher Binnenschifffahrtsfonds
- Entschädigungseinrichtung der Wertpapierhandelsunternehmen
- Entschädigungsfonds
- ERP-Sondervermögen
- Fonds nach § 5 Mauergrundstücksgesetz
- Investitions- und Tilgungsfonds
- Klärschlamm-Entschädigungsfonds
- Zweckvermögen bei der Deutschen Postbank AG
- Zweckvermögen bei der Landwirtschaftlichen Rentenbank
- Revolvingfonds
- Sondervermögen Aufbauhilfe
- Sondervermögen Kinderbetreuungsausbau
- Treuhandvermögen für den Bergarbeiterwohnungsbau

Quelle: Bundesministerium der Finanzen, eigene Darstellung

der Grundgesetzänderung durch die neue Bundesregierung haben Sondervermögen, insbesondere durch die Einrichtung des Sondervermögens Infrastruktur und Klimaneutralität, eine noch größere Bedeutung bekommen.

Der Klima- und Transformationsfonds wurde im Jahr 2010 als »Energie- und Klimafonds« eingerichtet und im Jahr 2022 zum KTF weiterentwickelt. Er hat eigene Einnahmen; so fließen die Einnahmen aus der europäischen und der nationalen Versteigerung von Zertifikaten für den Ausstoß von Treibhausgasemissionen in das Sondervermögen. Zudem kann er aus dem Bundeshaushalt bezuschusst werden und verfügt über eine Rücklage. Die Höhe der Rücklage musste im Jahr 2023 deutlich korrigiert werden. Durch das Urteil des Bundesverfassungsgerichts mussten 60 Milliarden Euro aus der Rücklage und dementsprechend Ausgaben in den folgenden Jahren gestrichen werden. Dennoch verfügt der KTF über umfangreiche Mittel, die ursprünglich recht eng für Energie und Klimaschutz vorgesehen waren. Im Jahr 2022 wurde der Zweck auf eine allgemeine Transformation der deutschen Volkswirtschaft ausgeweitet, wodurch sich heute eine breitere Palette an Ausgaben im KTF befindet.

Das drittgrößte Sondervermögen im Jahr 2024 wurde für die Stärkung der Bundeswehr eingerichtet. Es wurde im Jahr 2022 nach Beginn des groß angelegten russischen Angriffskriegs gegen die Ukraine beschlossen und soll dazu eingesetzt werden, die Bündnis- und Verteidigungsfähigkeit Deutschlands zu stärken. Zur Deckung der Ausgaben des Sondervermögens können Kredite in Höhe von bis zu 100 Milliarden Euro aufgenommen werden, ohne dass sie von der Schuldenbremse erfasst werden. Dazu wurde im Jahr 2022 eine Grundgesetzänderung durchgeführt. Das Thema der Finanzierung der Verteidigung kam trotz des Sondervermögens in der öffentlichen Debatte der Jahre 2024 und 2025 wieder auf: Zum einen war der Mittelabfluss anfangs noch relativ schleppend, zum anderen war bereits früh absehbar, dass das Sondervermögen nicht ausreichen würde, um die Verteidigungsfähigkeit sicherzustellen.

Kleines Zwischenfazit

Der genaue Blick auf die öffentlichen Finanzen in Deutschland zeigt, dass insbesondere der Bundeshaushalt vor großen Herausforderungen steht. Die durch die Grundgesetzänderung kreierten zusätzlichen Verschuldungsmöglichkeiten verschieben den Konflikt um die Konsolidierung des Bundeshaushalts lediglich auf die Zukunft, eine Lösung sind sie jedoch nicht. Dafür sind weiterhin tiefgreifende Reformen notwendig. Bereits in den vergangenen Jahren waren Priorisierungen und Umschichtungen möglich.

Literatur und Datenquellen

Für den Bundeshaushalt eines Jahres gibt es einen Regierungsentwurf, der an das Parlament übersendet wird. Dann wird vom Parlament mit dem Bundesrat ein Haushaltsgesetz beschlossen, und im Nachhinein gibt es eine Abrechnung in Form der Haushaltsrechnung des Bundes. Übersichtlich grafisch dargestellt werden die Soll- und Ist-Zahlen eines Haushalts vom Bundesministerium der Finanzen auf bundeshaushalt.de. Wo nicht anders erwähnt, beziehen wir uns immer auf die tatsächlichen (Ist-)Zahlen aus der Haushaltsrechnung eines Jahres.

Das Bundesministerium der Finanzen stellt auf seiner Webseite längere Zeitreihen für eine Reihe finanzpolitischer Kennzahlen für den Bund und den Gesamtstaat zur Verfügung, die in diesem Kapitel verwendet werden. Die Daten sind auf der BMF-Webseite in der Rubrik »Statistiken und Dokumentationen« abrufbar. Zudem veröffentlicht das Statistische Bundesamt verschiedene Zeitreihen zum öffentlichen Haushalt, auf die Bezug genommen wird. Die Deutsche Bundesbank stellt ebenfalls Daten zu den öffentlichen Finanzen zur Verfügung, insbesondere lange Zeitreihen.

Die OECD erstellt weltweit vergleichbare Einnahmestatistiken des Staates. Das Projekt »Global Revenue Statistics« enthält dabei auch Abgabenquoten für 134 Staaten, auf die in diesem Kapitel Bezug genommen wird. Der dort nicht Abgabenquote, sondern Steuerquote genannte Indikator enthält jedoch zudem Sozialversicherungsbeiträge, weshalb sie eher mit der ebenfalls im Kapitel verwendeten Abgabenquote vergleichbar ist.

Das Kiel Institut für Weltwirtschaft (ifw Kiel) veröffentlichte regelmäßig einen Subventionsbericht, der die Steuervergünstigungen und Finanzhilfen des Staates genauer betrachtet. Wir nehmen in diesem Kapitel auf den Subventionsbericht 2024 Bezug.

Die Subventionen und Steuervergünstigungen berichtet der Bund in seinem Subventionsbericht, der alle zwei Jahre erscheint. Der aktuelle 30. Subventionsbericht vom 10. September 2025 kann auf der Webseite des Bundesministeriums der Finanzen heruntergeladen werden. Kritischer und in einer weiteren Abgrenzung setzt sich der Kieler Subventionsbericht seit mehr als 40 Jahren mit den Finanzhilfen und Steuersubventionen auseinander. Die Kieler Subventionsberichte finden sich auf der Webseite des Instituts für Weltwirtschaft Kiel. Ab dem Jahr 2026 erscheinen der Bundesausgabenmonitor und der Subventionsbericht nach Kieler Methodik als Freiburger Bundesausgabenmonitor und Freiburger Subventionsbericht des Walter Eucken Instituts.

KAPITEL 2

WANN STAATSVERSCHULDUNG SINNVOLL IST – UND WANN GEFÄHRLICH

Staatsverschuldung ist ein Thema, bei dem leicht die Orientierung verloren geht. Vor allem sind einfache Analogien, beispielsweise die Analogie zum sprichwörtlichen schwäbischen Haushalt, verfehlt. Es ist nur begrenzt sinnvoll, Staatsverschuldung direkt in Kategorien privater Verschuldung einzuordnen. Der Staat ist weder ein privater Haushalt noch ein privates Unternehmen.

Unterschiede zwischen staatlichen und privaten Schulden

Verschuldet sich ein Privathaushalt, so muss er in aller Regel Sicherheiten für den Kreditgeber hinterlegen. Dies gilt insbesondere bei Hypotheken oder Wohnungskrediten, für die eine Grundschuld im Grundbuch eingetragen wird. Bedient der Schuldner

Zins und Tilgung nicht fristgerecht, so hat der Kreditgeber, häufig eine Bank, die Möglichkeit, seinen Anspruch zu vollstrecken, indem er Zugriff auf dieses Vermögen erhält. Ähnliches gilt für andere Kredite an Privathaushalte, die eine Vollstreckung bis hin zur Lohnpfändung vorsehen können. Vermögende Privatanleger können zudem Kredite aufnehmen, um in Finanzprodukte zu investieren, haften dafür allerdings ebenfalls mit ihrem Vermögen.

Im Unterschied zu privaten Haushalten verschulden sich Unternehmen in weitaus größerem Umfang. Manche Unternehmen schaffen es ohne Probleme, fällige Kredite durch neue Kredite abzulösen, die Verschuldung sozusagen bis zur nächsten Fälligkeit zu überrollen. Dies gilt nicht für jedes Unternehmen jeder Größe und Lebensdauer. Hinter der Verschuldung insbesondere von kleinen oder mittelständischen Unternehmen stehen oft ebenfalls Vermögensbestände, die zur Vollstreckung eines Kreditanspruchs gegebenenfalls herhalten müssen. Zudem erhält ein Unternehmen oftmals einen Kredit für ein bestimmtes Investitionsprojekt; der dazugehörende Investitionsplan verspricht eine positive Rendite, also höhere Gewinne in der Zukunft abzuwerfen, und muss dahingehend den Kreditgeber überzeugen.

Für den Staat gelten diese Kategorien nicht. Weder hinterlegt ein Staat irgendwelche Vermögensgegenstände als Sicherheiten, noch erzielt er mit seinen Ausgaben eine Rendite im betriebswirtschaftlichen Sinne. Die Sicherheit, die ein Staat bietet, besteht im Vertrauen der Anleihegläubiger oder Kreditgeber, dass ein Staat in der Lage ist und der politische Wille besteht, seine Schulden durch zukünftige Steuereinnahmen zu bedienen. Es sind die Fähigkeit, die zur Rückzahlung der Schulden, Zahlung der Zinsen und Finanzierung der staatlichen Ausgaben erforderlichen Einnahmen im Zeitablauf zu generieren, sowie die politische Glaubwürdigkeit eines Staates, dies tatsächlich zu tun, die das Vertrauen potenzieller Gläubiger eines Staates bestimmen. Die Hinterlegung von Sicherheiten, wie sie während der EU-Schuldenkrise im Jahr 2010 im Fall Griechenlands als Garantien für Kredite des Europäischen Stabilitätsmechanismus (ESM) in populistischer Übertreibung gefordert wurden, spielen hingegen keine Rolle – genauso wenig wie das Renditemotiv.

Tragfähigkeit der Staatsverschuldung

Aus der Abhängigkeit vom Vertrauen der Anleihegläubiger und Kreditgeber folgt, dass die Möglichkeiten eines Staates, Schulden aufzunehmen – obwohl er keine Sicherheiten hinterlegen muss –, begrenzt sind. Vertrauen die Gläubiger nicht mehr darauf, dass der Staat zukünftig genug Einnahmen erzielen kann, um seine Schulden zu bedienen, werden sie ihm kein Geld mehr leihen. Gläubiger ziehen sich zudem aus Staatsanleihen zurück, gewähren dem Staat also keinen Kredit mehr, wenn sie den Eindruck gewinnen, dass der politische Wille zur Konsolidierung oder gar zur Bedienung der Schulden fehlt. Bevor die Gläubiger die Kreditvergabe an Staaten ganz einstellen, verlangen sie höhere Zinsen. Diese Zinsanstiege können so stark sein, dass es für den Staat nicht mehr möglich ist, die Zinsen zu bezahlen. Der Staat verliert dann den Zugang zu neuem Kapital auf den Märkten.

Ab welcher Höhe der Staatsverschuldung oder in welcher ökonomischen Situation das Vertrauen der Gläubiger verloren geht, lässt sich nicht exakt bestimmen. Dies ist für jeden Staat und je nach Rahmenbedingungen unterschiedlich. Es gibt jedoch eine Reihe von Anhaltspunkten, die Auskunft darüber geben können, ab wann die Wahrscheinlichkeit steigt, dass ein

Staat sich nur noch schwer oder nicht mehr zusätzlich verschulden kann. Dabei spricht man von der Tragfähigkeit der öffentlichen Verschuldung.

Ausgangspunkt ist die sogenannte intertemporale Budgetbeschränkung des Staates. Sie besagt, dass der heutige Wert, d. h. der Barwert, aller zukünftigen Überschüsse mindestens so hoch sein muss wie der heutige Schuldenstand plus die zukünftigen Defizite und anfallenden Zinsen. Vereinfacht heißt das, dass langfristig die Überschüsse die Defizite samt Zinsen decken müssen. Somit wird unmittelbar deutlich, dass Erwartungen eine große Rolle spielen: Gläubiger formulieren Erwartungen über Überschüsse, Zinsen, Wachstum und weitere Faktoren in der Zukunft, um die Tragfähigkeit der öffentlichen Verschuldung beurteilen zu können. Diese Einschätzung ändert sich laufend, etwa wenn politische Maßnahmen ergriffen werden oder sich die wirtschaftlichen Rahmenbedingungen ändern, und ist von Gläubiger zu Gläubiger unterschiedlich. Generell kann man aber sagen, dass für einen höheren Schuldenstand heute höhere zukünftige Überschüsse zur Kompensation notwendig sind. Je höher der Schuldenstand im Verhältnis zur Wirtschaftsleistung, umso schwieriger ist die intertemporale, das heißt die auf die Zukunft gerichtete, Budgetbeschränkung einzuhalten.

Ein weiterer Anhaltspunkt für die Tragfähigkeit öffentlicher Finanzen ist das Verhältnis vom Wachstum der Volkswirtschaft zu den langfristigen Zinsen, die ein Land auf seine Staatsverschuldung zahlen muss. Ist der Zinssatz niedriger als das Wachstum der Wirtschaftsleistung (also des Bruttoinlandsprodukts), kann bei einem ausgeglichenen oder sogar leicht defizitären Haushalt theoretisch jede Schuldenquote stabilisiert oder sogar gesenkt werden. Zwischen dem Jahr 2010 und der Coronapandemie war in Deutschland in fast allen Jahren das Wachstum höher als der Zinssatz. Allerdings steigen die Zinssätze seit Beginn der Coronapandemie, sodass sich das Verhältnis wieder umgedreht hat. Das war mit Blick auf die Vergangenheit häufig so: Auf Phasen einer negativen Differenz von Zinssatz und Wachstumsrate folgten wieder Phasen mit einer positiven Differenz. In den Jahren vor 2010 war das Wachstum niedriger als der Zinssatz, und das wird es wohl in Zukunft ebenfalls wieder sein. Solange der Staat nicht mit Überschüssen entgegenwirkt, steigt damit die Schuldenquote immer weiter. Der Überschuss muss umso größer ausfallen, je mehr der Zins über der Wachstumsrate liegt.

Viele internationale Organisationen veröffentlichen komplexere Analysen der sogenannten Schuldentragfähigkeit von Staaten. Auch Gläubiger und Banken führen solche Analysen durch. Die reformierten europäischen Fiskalregeln basieren ebenfalls auf Schuldentragfähigkeitsanalysen. Diese Analysen versuchen noch weitere Faktoren außer Wachstum und Zinsen miteinzubeziehen sowie komplexe Prognosen all dieser Variablen zu erstellen. Im Kern geht es darum, mithilfe ökonomischer Modelle festzustellen, wie sich die Schuldenquote wahrscheinlich entwickeln wird. Daraus kann dann abgeleitet werden, was ein Staat tun müsste, um die Schuldenquote zu stabilisieren oder gar zu senken.

Selbst wenn versucht wird zu berechnen, um wie viel ein Staat seinen Überschuss erhöhen müsste, um die Schuldenquote nicht unbegrenzt steigen zu lassen oder wieder zu einem weniger riskanten Niveau zurückzuführen, ist noch nicht gesagt, dass er dies politisch umsetzt. Dies ist für Gläubiger letztlich jedoch die entscheidende Frage. Gläubiger können zur Beantwortung dieser Frage etwa aus der Vergangenheit ableiten, wie stark die Politik auf Veränderungen der Schuldenquote reagiert hat. Hat sie in der Vergangenheit regelmäßig gegengesteuert, deutet dies darauf hin, dass die politische Kultur und die politischen Institutionen dies in Zukunft wahrscheinlicher machen. Für Deutschland ergibt sich in dieser Hinsicht – entgegen einer immer wieder vermuteten Tradition solider Staatsfinanzen – kein eindeutiges Bild. Jedenfalls zeigen empirische Analysen, dass es im langjährigen Durchschnitt keine statistisch signifikante Reaktion der Politik auf steigende Schuldenquoten gab. Wichtig bleibt dabei aber anzumerken, dass sich die Reaktion über die Zeit verändern kann. Insbesondere, wenn sich Institutionen, gesetzliche und wirtschaftliche Rahmenbedingungen ändern, kann die Politik anschließend anders auf steigende Schuldenquoten reagieren.

Was geschieht, wenn ein Staat das Vertrauen der Finanzmärkte verliert und die Zinssätze stark ansteigen, hängt von mehreren Faktoren ab. Ein wichtiger Aspekt ist, in welcher Währung sich der Staat verschuldet hat. Ist dies überwiegend in der eigenen Währung, über die er Kontrolle hat, so hat er mehr Handlungsoptionen. Für diesen Fall spricht die wirtschaftswissenschaftliche Literatur von der Möglichkeit der monetären Staatsfinanzierung, dass also etwa die Politik die Zentralbank dazu zwingt, die Staatsanleihen aufzukaufen und so die Regierung zahlungsfähig zu halten. Aber dieses Vorgehen ist mit Risiken verbunden und mit der Unabhängigkeit einer Zentralbank unvereinbar. Es besteht vor allem die Gefahr, dass die Zentralbank dann ihrer eigentlichen Aufgabe nicht mehr nachkommen kann, nämlich Preisstabilität sicherzustellen. Eine expansive monetäre Finanzierung staatlicher Defizite birgt hohe Inflationsrisiken. Bereits die Erwartung oder eine gestiegene Wahrscheinlichkeit, dass die Zentralbank einschreiten muss, kann die Inflation anheizen. Es gibt aber durchaus viele Staaten, denen die Zentralbank jedenfalls nicht als Finanzier zur Verfügung steht. So verschulden sich etwa viele Entwicklungsländer, beispielsweise in Afrika, nur in ausländischer Währung, meist in US-Dollar. Die Mitgliedstaaten der Eurozone verschulden sich ebenfalls in einer Währung (dem Euro), die sie nicht selbst herstellen können, weil jeder Mitgliedstaat für sich genommen keine vollständige Kontrolle über die Europäische Zentralbank hat.

Ein weiterer Faktor, der das Risiko beeinflusst, ob ein Staat das Vertrauen der Finanzmärkte verliert, ist der Anteil der Staatsanleihen, die von inländischen im Verhältnis zu ausländischen Anlegern gehalten werden. Inländische Anleger können durch Regulierungen dazu gezwungen werden, Staatsanleihen zu für den Staat günstigeren Konditionen zu kaufen. Japan hat beispielsweise bereits über mehrere Jahre weltweit die höchste Schuldenquote mit über 200 Prozent der Wirtschaftsleistung. Das ist vor allem deshalb möglich, weil der weitaus größte Teil japanischer Staatsanleihen im Inland gehalten wird.

Für die Tragfähigkeit der Staatsverschuldung spielt ebenfalls eine Rolle, ob ein Staat an den Finanzmärkten als sicherer Hafen für Anleger gilt. Staatsanleihen haben eine besondere Funktion für Finanzmarktakteure wie Banken, Pensionskassen oder Lebensversicherungen, weil diese regulatorisch verpflichtet sind oder zumindest regulatorische Anreize haben, Staatsanleihen zu halten. Darüber hinaus dienen Staatsanleihen als Grundlage für die Bepreisung von Finanzprodukten. Staaten mit traditionell solider Finanzpolitik, aber auch die Vereinigten Staaten mit ihrem Privileg, mit dem US-Dollar die Reservewährung bereitzustellen, ziehen daraus einen Zinsvorteil, der sich günstig auf die Tragfähigkeit der Staatsverschuldung auswirkt.

Insgesamt gibt es keine singuläre Formel oder Berechnung, die feststellt, wann und bis zu welchem Grad sich ein Staat verschulden kann. Es können lediglich unterschiedliche Faktoren betrachtet werden, die eine höhere oder eine niedrigere Wahrscheinlichkeit für eine Schuldenkrise bewirken. Gläubiger betrachten diese Faktoren genau. Schlussendlich ist entscheidend, wie sie die zukünftige Entwicklung von Staatsschulden, Staatseinnahmen, Wachstum, Zinsen etc. einschätzen. Bei der Bewertung der Höhe der Verschuldung ist es dabei nicht wichtig, wofür die Schulden in der Vergangenheit aufgenommen wurden. Die Anleihen sind nicht mit konkreten Projekten oder politischen Maßnahmen verknüpft. Einzelne Projekte und Maßnahmen können sich nur indirekt günstig oder ungünstig auf die Schuldentragfähigkeit auswirken. Die Wirkung hängt insbesondere davon ab, ob von ihnen eine positive Wirkung auf die langfristige Wirtschaftsleistung ausgeht. Dann steigen der Nenner der Staatsschuldenquote sowie die Basis für die Besteuerung ebenfalls, sodass ein bestimmtes Niveau der Staatsverschuldung sich auf ein höheres BIP und eine höhere Steuerbasis verteilt. Konterkariert die Politik dies an anderen Stellen, gewinnt sie keine neuen Verschuldungsspielräume. Jedenfalls ist die Wahrscheinlichkeit, dass ein Staat sich nicht mehr weiter verschulden kann, bei einem höheren Schuldenstand für sich genommen höher als bei einem niedrigeren. Es gilt für den Staat also, nur in gut begründeten Situationen auf Verschuldung statt auf die Finanzierung aus Steuern oder anderen Einnahmen zurückzugreifen.

Wo staatliches Handeln nötig wird

Jenseits der Finanzierungsfrage muss staatliches Handeln in einer freiheitlich-demokratischen Ordnung immer begründet sein. Die Staatstätigkeit dient nach ökonomischem Verständnis dazu, Marktversagen zu korrigieren. Marktversagen kann in vielerlei Gestalt auftreten. Ganz offensichtlich gilt dies für reine öffentliche Güter wie die Landesverteidigung, von deren Nutzen kein

Staatsbürger ausgeschlossen werden kann. Somit besteht ein Anreiz zum Trittbrettfahren und zugleich kein Anreiz, selbst zur Finanzierung der Kosten beizutragen. Gleichermaßen sind Infrastrukturleistungen des Staates durch Marktversagen begründet, weil Koordinations- und Informationsprobleme, beispielsweise zwischen unterschiedlichen privaten Betreibern von Autobahnen, oder Marktmacht aufgrund von Netzwerkeffekten, etwa im Hinblick auf das Bahnnetz, entstehen. Eine solche Begründung lässt sich zudem für verschiedene Tätigkeiten im Sozialbereich anführen, etwa wenn man Menschen dazu anhalten muss, heute schon etwas für ihre Altersvorsorge zu tun, weil sie heutige Bedürfnisse stärker gegenüber zukünftigen Bedürfnissen gewichten. Selbst Konjunkturschwankungen sind nicht selten das Resultat von Marktversagen, wie die Finanzkrise der Jahre 2008 und 2009 veranschaulicht.

Kommt der Staat diesen Aufgaben nach, so bietet er Unternehmen und privaten Haushalten wichtige Vorleistungen, die sich günstig auf deren Bereitschaft auswirken, zu arbeiten, zu investieren oder Risiken zu übernehmen. Gute staatliche Wirtschaftspolitik bietet dabei nicht nur günstige Rahmenbedingungen für Unternehmen, die Investitionen und Innovationen tätigen wollen. Sie ist zudem essenziell für die Bildungsentscheidungen der Menschen. Investitionen in ihr Humanvermögen zahlen sich für jeden Einzelnen vor allem in einer freiheitlichen, von verlässlichen Rahmenbedingungen gekennzeichneten staatlichen Ordnung aus.

Die staatliche Investition in ein bestimmtes Infrastrukturprojekt, etwa in eine Bundesstraße, bietet hingegen keine Rendite im üblichen betriebswirtschaftlichen Sinne, weil für die Nutzung der Infrastruktur keine Marktpreise von ihren Nutzern zu zahlen sind. Selbst staatliche Gebühren, wie die LKW-Maut oder Gebühren für Kitas und Kindergärten, zielen nicht auf Gewinne, sondern auf Kostendeckung ab. Staatliche Einrichtungen sind durchaus wirtschaftlich tätig, tun dies dann aber nicht zwingend, um Marktversagen zu korrigieren. Die eigentliche volkswirtschaftliche Rendite zeitigen Infrastrukturinvestitionen daher als Vorleistung für die private Investitionstätigkeit, soweit also private Unternehmen auf staatliche Infrastruktur angewiesen sind und ihre Investitionen von der Verfügbarkeit und Qualität dieser Infrastruktur abhängig machen. Messen lassen muss sich ein staatliches Infrastrukturprojekt somit an seinen Effekten auf das langfristige Wirtschaftswachstum.

Grundsätzliche Begründung für die Verschuldung von Staaten

Staatstätigkeit muss finanziert werden. Neben Steuern, Gebühren und Beiträgen kann sich der Staat dafür verschulden. Der klassische Grund für eine Verschuldung des Staates sind unabweisbare kurzfristige Finanzierungsbedarfe. Die naheliegende Frage ist: Warum werden diese nicht einfach über höhere Steuern finanziert? Hier setzt das ökonomische Effizienzkalkül an, das Staatstätigkeit schon bei der Korrektur von Marktversagen begründet.

Steuern verursachen eine Belastung, und zwar nicht einfach, indem sie finanzielle Mittel von den Bürgerinnen und Bürgern zum Staat umverteilen. Vielmehr verursacht die Besteuerung eine Zusatzlast für die Steuerzahler und für eine Volkswirtschaft insgesamt: Die Steuerzahler schränken die besteuerten Aktivitäten ein und ersetzen diese durch nicht besteuerte Tätigkeiten. Die Zusatzlast wächst dabei überproportional mit der Höhe der Steuer und ist bei schnellen oder abrupten Änderungen von Steuern noch weit höher.

Am einfachsten lässt sich dies durch spezielle Gütersteuern veranschaulichen. Die Sektsteuer (oder Schaumweinsteuer) wurde in Deutschland im Jahr 1902 zur Finanzierung der Kriegsflotte eingeführt. Eine Weinsteuer gibt es hierzulande seit dem Bernkasteler Winzeraufstand des Jahres 1926 aber nicht mehr. Beides sind relativ enge Substitute, nicht nur für diejenigen, die solche Getränke nur wegen der alkoholischen Wirkung zu sich nehmen. Durch diese Steuerunterschiede gibt es einen Anreiz für Konsumentinnen und Konsumenten, weniger Sekt oder Champagner und mehr Wein zu trinken. Ob es sich um Sekt oder Wein handelt, ergibt sich aus dem Schaumwein- und Zwischenerzeugnissteuergesetz (SchaumwZwStG). Demnach handelt es sich gemäß § 1 Absatz 2 SchaumwZwStG um Sekt, wenn sich dieser in Flaschen mit Schaumweinstopfen und Haltevorrichtung befindet oder wenn es sich um Getränke handelt, die bei +20 °C einen kohlendioxidbedingten Überdruck von 3 bar besitzen. Prosecco Frizzante gilt angesichts dieser Definition als Wein.

Die Zusatzlast der Besteuerung entsteht durch die Substitution von Sekt durch Wein, denn die Konsumentinnen und Konsumenten würden ohne die Steuer mehr Sekt trinken. Ihre erstbeste Konsumwahl wird somit durch die Steuer verzerrt. Je höher der Steuersatz ist, umso stärker fällt diese Verzerrung aus. Dabei steigt die Zusatzbelastung überproportional mit dem Steuersatz. So wird ab einer bestimmten Höhe des Steuersatzes selbst bei besonderen Anlässen nicht mehr auf die erstbeste Konsumwahl zurückgegriffen. Bei prohibitiv hohen Steuersätzen auf Schaumweine würde der Markt für dieses Produkt vollkommen zusammenbrechen.

In der steuerlichen Praxis gibt es keine Steuer, die keine Verzerrungen hervorruft. Eine Einkommensteuer oder eine umfassende Umsatzsteuer mit einheitlichem Satz, die beide im Vergleich zur Sektsteuer eine breite Bemessungsgrundlage aufweisen, belasten, je nach Ausgestaltung, zumindest die Arbeitstätigkeit, sodass ein Anreiz besteht, weniger zu arbeiten und mehr Freizeit zu genießen oder in die Schwarzarbeit abzuwandern. Bei einer Steuerbelastung für eine zusätzliche Arbeitsstunde von 100 Prozent und darüber lohnt es sich nicht, diese zusätzliche Stunde zu arbeiten, weil der Staat einem das zusätzliche Arbeitseinkommen (mehr als) vollständig wegnimmt. Die Zusatzbelastung steigt nicht zuletzt, wenn Steuern kurzfristig geändert werden. Je nach Steuersatz ist die erstbeste Wahl eine andere Arbeitstätigkeit. Der Wechsel zwischen diesen ist mit Aufwand in Form von Zeit und Kosten verbunden. Eine kurzfristige Änderung ist oftmals nur schwer möglich.

Hier kommt die Staatsverschuldung ins Spiel. Würde ein kurzfristig sehr hoher Finanzierungsbedarf vollständig über Steuern finanziert, so würde die Zusatzlast der Besteuerung aufgrund der genannten Verzerrungen überproportional ansteigen. Durch die Verschuldung des Staates lässt sich diese Zusatzlast – der Effizienzverlust aufgrund der Besteuerung – über die Zeit verteilen. Die hohen Finanzierungsbedarfe werden am Anfang über zusätzliche Verschuldung finanziert, und die Rückzahlung der Schulden erfolgt durch eine höhere Besteuerung über einen längeren Zeitraum. Dabei kann die Erhöhung der Besteuerung weit weniger drastisch ausfallen, als wenn die Bedarfe noch in der gleichen Periode über höhere Steuern finanziert werden müssten. Die steuerliche Belastung wird im Zeitverlauf geglättet. Man spricht daher vom Glättungsmotiv der Besteuerung. Natürlich ist eine Glättung nur möglich, wenn auf eine Phase außergewöhnlich hoher Bedarfe auch Phasen mit niedrigeren Bedarfen folgen.

Mit dieser grundsätzlichen Idee sind verschiedene andere Begründungen für eine Staatsverschuldung vereinbar. Ein akuter Bedarf höherer Verteidigungsausgaben kann angesichts des Glättungsmotivs durchaus durch eine höhere Verschuldung finanziert werden, wenn es sich um eine kurzfristig massive Ausgabenerhöhung handelt. Langfristig gilt das Glättungsmotiv hingegen nicht, sodass Verteidigungsausgaben durch Steuereinnahmen finanziert werden sollten.

Verschuldung zur Stabilisierung der Wirtschaft

Die Stabilisierung der Wirtschaft im Konjunkturverlauf liefert über das Glättungsmotiv hinaus weitere Vorteile der Verschuldung. In einer Rezession kann der Staat durch eine expansive Fiskalpolitik, also durch Ausgabenerhöhung oder Steuerentlastung, einen Nachfrageimpuls setzen und dadurch einen positiven konjunkturellen Effekt auslösen. Das BIP steigt durch diese Politik, bei einer Ausgabenerhöhung erst mal aus definitorischen Gründen, weil jeder Euro zusätzlicher Ausgaben das BIP im ersten Schritt um diesen einen Euro erhöht. Die Idee eines schuldenfinanzierten Fiskalimpulses folgt aus der Analyse von John Maynard Keynes in seiner *General Theory of Employment, Interest, and Money* und ist heute im Mainstream der Wirtschaftswissenschaften im Grundsatz akzeptiert.

Dies bedeutet nicht, dass über die Details dieses Ansatzes nicht gestritten würde. Erstens gilt dies hinsichtlich der quantitativen Auswirkungen einer expansiven Fiskalpolitik, die sogenannten Multiplikatoreffekte. Der Multiplikator expansiver Fiskalpolitik erfasst, um wie viel ein zusätzlicher Euro an Mehrausgaben, die der Staat tätigt, oder geringeren Steuereinnahmen, die er hinnimmt, das BIP erhöht. Gibt der Staat mehr aus, im einfachsten Fall zum Beispiel durch Konsumgutscheine, die in den USA recht beliebt sind, dann führt dies zu einem Mehrkonsum maximal bis zu dem Betrag, auf den die Gutscheine lauten. Der Empfänger, bei dem Konsumentinnen und Konsumenten diese Gutscheine einlösen können, also beispielsweise ein Einzelhändler, hat nun einen höheren Umsatz und gegebenenfalls einen höheren Gewinn, den er ebenfalls wieder für zusätzlichen Konsum oder zusätzliche Investitionen einsetzen kann. Auf der nächsten Stufe des Prozesses wird wieder zusätzliches Einkommen generiert. Und so weiter. Schließlich bleibt in der Wirtschaft durch die expansive Fiskalpolitik des Staates mehr als der zusätzlich vom Staat ausgegebene Euro hängen. So lautet zumindest das grundlegende Argument. Ähnliche Mechanismen lassen sich für Steuersenkungen darstellen.

Dabei wird hier sehr schnell deutlich, dass diesen Multiplikatoreffekten keine Zwangsläufigkeit innewohnt. Erstens kommt durch das höhere Nettoeinkommen aufgrund der Steuersenkung nicht notwendigerweise eine Ausgabensteigerung in gleichem Umfang zustande. Einen Teil dieser Einkommenssteigerung könnten die privaten Haushalte oder die Unternehmen sparen. Bei expansiven Ausgaben und Konsumgutscheinen ist es ebenfalls möglich, einen Teil des geplanten Konsums aus eigenen Mitteln durch den Konsum aus Gutscheinen zu ersetzen und etwas davon zu sparen.

Zweitens kann eine schuldenfinanzierte expansive Fiskalpolitik unter Umständen zusätzliche Wirkungen auf den Finanzmärkten nach sich ziehen. So könnten beispielsweise die Zinsen steigen und dadurch private Investitionen verdrängt werden. Ein Investitionsprojekt müsste bei einem höheren Zins auf den Finanzmärkten eine höhere Rendite erzielen. Projekte, deren Rendite niedriger ist, würden sich nicht lohnen. Solche Verdrängungseffekte durch expansive Fiskalpolitik treten zudem auf, wenn der Auslastungsgrad der Kapazitäten einer Volkswirtschaft relativ hoch ist. Ein Beispiel: Angenommen, alle im Bau ausgebildeten Personen sind bereits in Beschäftigung und setzen private Investitionsprojekte um. Der Auslastungsgrad im Bau wäre also sehr hoch. Investiert der Staat nun kreditfinanziert in ein Bauprojekt, so wird er einen höheren Preis bezahlen müssen als die privaten Projekte. Denn anderenfalls würden die Arbeitskräfte die privaten Projekte bearbeiten. Die Preise steigen also. Zahlt er einen höheren Preis, und die Arbeitskräfte bearbeiten das staatliche Projekt, so stehen diese nicht mehr für die privaten Projekte zur Verfügung. Insgesamt hat sich in diesem Extrembeispiel die Wirtschaftsleistung nicht erhöht, es wurden lediglich private Investitionen von staatlichen verdrängt, und die Preise sind gestiegen. Es kommt also darauf an, dass die Wirtschaft sich wirklich in einer nennenswerten Unterauslastung der Kapazitäten aufgrund der Rezession befindet, damit der fiskalpolitische Impuls die Wirtschaftsleistung steigern kann.

Von besonderer Bedeutung für die Wirkung expansiver Fiskalpolitik sind drittens die Erwartungen der Marktteilnehmer. Die Schulden von heute sind die Steuern von morgen – so oder so ähnlich könnten die Bürgerinnen und Bürger eine schuldenfinanzierte expansive Fiskalpolitik betrachten. Statt sich durch diesen Fiskalimpuls zu eigenen Mehrausgaben bewegen zu lassen, könnten sie vielmehr die damit erhaltenen Einkommenssteigerungen für die zukünftigen Steuerzahlungen zur Seite legen.

Erwartungen an den Finanzmärkten spielen schon in der kurzen Frist eine Rolle für die Effekte einer expansiven Fiskalpolitik. Ist ein Staat bereits hoch verschuldet, dann müssen die Anleger fürchten, dass die Konsolidierung schneller erfolgen muss, dass ein Staat versuchen könnte, seine Schulden über Inflation zu entwerten, oder dass es sogar zu einer Umschuldung bis zum Staatsbankrott kommen kann. Dies schlägt sich in den Risikoaufschlägen nieder, die der Staat zu zahlen hat. Das Zinsniveau würde dann deutlicher ansteigen, mehr private Investitionen verdrängen und die Tragfähigkeit der Staatsverschuldung negativ beeinflussen.

All dies zeigt, dass die Größe der Multiplikatoreffekte von vielen Bedingungen abhängt. So ist es nicht verwunderlich, dass empirische Untersuchungen zur Höhe der Multiplikatoreffekte zu sehr unterschiedlichen Ergebnissen kommen. Metaanalysen zeigen eine Bandbreite auf, die von Multiplikatoren deutlich über 1 – ein Euro Mehrausgaben des Staates schafft mehr als einen Euro zusätzliches BIP – bis zu sehr niedrigen oder gar zu negativen Multiplikatoren reicht. Dabei spielt das wirtschaftliche Umfeld eine Rolle, etwa ob es sich um einen vornehmlich aufseiten der gesamtwirtschaftlichen Nachfrage angesiedelten exogenen Schock, wie etwa die Finanzkrise, oder um Strukturprobleme handelt. Das Niveau der Staatsverschuldung, mit dem ein Staat in die Rezession startet, ist bedeutsam, weil die Wahrscheinlichkeit einer durch dann nochmals höhere Schulden ausgelösten Krise der Staatsfinanzen steigt. Bedeutsam ist zudem das Verhalten der Verantwortlichen für die Geldpolitik. Wenn eine Notenbank die Inflation durch eine restriktive Geldpolitik bekämpfen muss, hat das nicht selten starke konjunkturelle Auswirkungen. Es spielt eine Rolle, welches Instrument eingesetzt wird. Je nach wirtschaftlichem Umfeld können höhere staatliche Investitionsausgaben eine stärkere Multiplikatorwirkung haben und vice versa. Es hängt also stark von der jeweiligen Situation ab, in der eine Rezession eintritt.

Unumstritten ist die Wirkung sogenannter automatischer Stabilisatoren der Konjunkturentwicklung, beispielsweise des Steuersystems. Eine Rezession ist gleichbedeutend mit einer

Einkommenssenkung. Sinken die Einkommen, so sinken die Einnahmen aus der Einkommensteuer, in der Regel auch die Einkommen aus den Gewinn- und Umsatzsteuern. Auf der Ausgabenseite wirken Sozialversicherungen wie die Arbeitslosenversicherung stabilisierend: Mit der Rezession steigt typischerweise die Arbeitslosigkeit; Arbeitslose haben einen Anspruch auf Arbeitslosengeld. Diese automatischen Stabilisatoren haben den Vorteil, dass sie ohne Zeitverzögerung greifen, was man von diskretionären fiskalpolitischen Maßnahmen, also solchen, die der Staat erst bestimmen und entscheiden muss, nicht sagen kann. Ökonomen sind sich einig, dass die automatischen Stabilisatoren wirken können sollten, ohne dass der Staat den Mindereinnahmen oder Mehrausgaben durch Steuererhöhungen beziehungsweise Ausgabenkürzungen an anderer Stelle entgegentritt. Es sollte in so einer Situation also möglich sein, diese über zusätzliche Verschuldung zu finanzieren.

Darüber hinaus ist der Konsens hinsichtlich einer expansiven Fiskalpolitik unter Ökonomen begrenzt. Vielmehr herrscht fast immer Streit unter ihnen, ob eine, wann eine und welche Form der finanzpolitische(n) Reaktion erforderlich ist. Am ehesten kamen Ökonomen einem Konsens in der Finanz- und Wirtschaftskrise der Jahre 2008 und 2009 sowie in der Coronakrise des Jahres 2020 nahe. Schon 2021 war der Konsens verflogen, da immer mehr Ökonomen die Inflationseffekte der stark expansiven Fiskalpolitik hervorhoben.

Die bisherige Argumentation ist in vielerlei Hinsicht eine Mischung aus der Erklärung, inwiefern die Staatsverschuldung aus konjunkturellen Gründen steigt, und der normativen Frage, wann der Staat über eine höhere Verschuldung gegen eine Rezession ankämpfen sollte. Abbildung 9 stellt die Entwicklung der Staatsschuldenquote zusammen mit der Entwicklung des BIP

Abbildung 9: Vergleich der Staatsschuldenquote (Prozent des BIP) mit der Konjunkturentwicklung

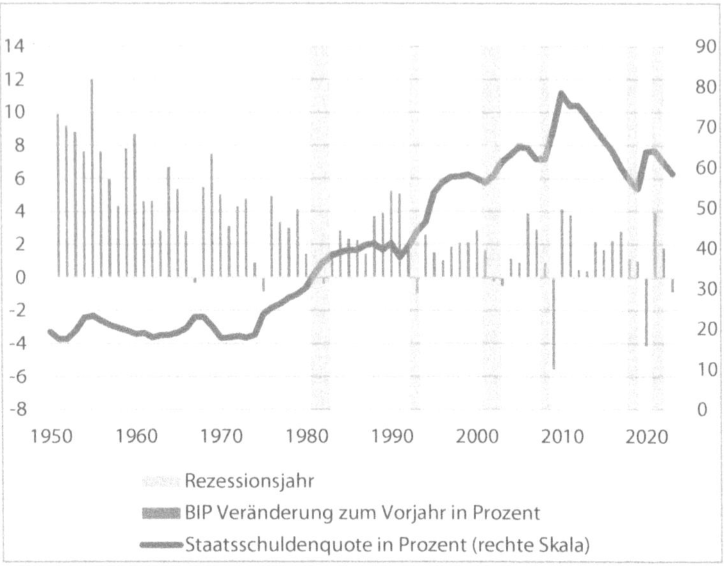

Quelle: Deutsche Bundesbank, Statistisches Bundesamt, Sachverständigenrat zur Begutachtung der gesamtwirtschaftlichen Entwicklung, eigene Berechnungen und Darstellung

im konjunkturellen Verlauf jeweils von 1950 bis 2023 dar. Die Rezessionen sind dabei gemäß der Methode des Sachverständigenrates Wirtschaft terminiert. Es zeigt sich, dass Rezessionen mit mal mehr, mal weniger starken Anstiegen der Staatsschuldenquoten einhergingen. Außerdem deuten diese Daten darauf hin, dass die Konsolidierung der Staatsfinanzen bis zum Jahr 2010 in den günstigeren Konjunkturphasen lediglich in einer Stabilisierung der Staatsschuldenquoten mündete, allenfalls in vereinzelten Jahren in Rückgängen. Erst mit der Einführung der Schuldenbremse 2009 kam es zu einer Trendumkehr in der Verschuldung.

Schuldenfinanzierung öffentlicher Investitionen

Die Investitionstätigkeit des Staates bietet einen weiteren Ansatz für die Finanzierung durch staatliche Verschuldung. Investitionen des Staates werden ökonomisch häufig als finanziell relativ umfangreiche Ausgabenprojekte verstanden, etwa im Bereich der Infrastruktur. Ein ganzes Schienennetz zu sanieren oder auszubauen, erfordert einen enormen Aufwand, und so wundert es nicht, dass manche Schätzungen des Investitionsbedarfs des Staates noch über dreistellige Milliardenbeträge hinausgehen. Diese werden wir in Kapitel 4 ausführlich diskutieren. Schon die Definition einer staatlichen Investition ist alles andere als einfach. Jedenfalls müssen Ersatz- und Erweiterungsinvestitionen unterschieden werden. Ersatzinvestitionen sind solche, die bestehende Einrichtungen des Staates, seine Gebäude oder die Infrastruktur regelmäßig ertüchtigen, sodass sie den ihnen zugedachten Funktionen nachkommen. Beispiele sind die Reparatur von Schuldächern, wenn es hineinregnet, oder die Beseitigung von Schlaglöchern in den Straßen. Erweiterungsinvestitionen vergrößern den Bestand an Infrastruktur, Gebäuden, Forschungseinrichtungen usw., etwa wenn eine vierspurige Autobahn zu einer sechsspurigen ausgebaut wird oder zusätzliche Autobahnstrecken gebaut werden.

Geht man davon aus, dass staatliche Investitionen anfangs sehr teuer sind, so greift unmittelbar das Glättungsmotiv der Verschuldung. Die zusätzlichen Ausgaben für Investitionen in der gleichen Periode über Steuern zu finanzieren, würde zu einer zu hohen Zusatzbelastung der Besteuerung führen. Diese Lasten sollten daher mithilfe der Verschuldung über die Zeit verteilt werden.

Im Fall staatlicher Investitionen kommt noch das Argument der intergenerationalen Gerechtigkeit hinzu. Weil staatliche Infrastruktur von zukünftigen Generationen von Steuerzahlern ebenfalls genutzt wird, sollten diese ihren Beitrag zu deren Finanzierung über Steuern leisten, indem ihnen über die Verschuldung Tilgung und Zins abverlangt werden. Dies gilt nicht nur für Bürgerinnen und Bürger als Konsumenten dieser Infrastruktur. Es gilt ebenso für Unternehmen, für die Infrastruktur eine Vorleistung für ihre private Investitionstätigkeit darstellt. Nicht die Rendite der öffentlichen Infrastruktur spricht für Schuldenfinanzierung, denn noch mal: Eine betriebswirtschaftliche Rendite existiert nicht.

Diese Argumentation ist ebenfalls nicht unbestritten. So schaffen heutige Generationen möglicherweise eine Infrastruktur, die zukünftige Generationen nicht wollen, aber angesichts der Schuldenfinanzierung dennoch mit ihren Steuern bezahlen müssen. Man denke etwa an einen teuren Ausbau der Infrastruktur zum Kohleabbau und -transport. Selbst wenn die Infrastruktur im Interesse der zukünftigen Generation ist, wäre zudem zuerst zu prüfen, ob alle anderen staatlichen Ausgaben ebenfalls in ihrem Interesse sind, denn zusätzliche Schulden können nicht genau einer Ausgabe zugeordnet werden, sondern finanzieren alle Ausgaben mit.

In einer reifen Volkswirtschaft wie der deutschen existiert zudem ein bestimmtes Niveau der Infrastruktur. Würden Ersatzinvestitionen rechtzeitig getätigt, würde dies, wie bei Abschreibungen privater Unternehmen, aus den laufenden Einnahmen zu finanzieren sein. Nur wenn die Infrastruktur vernachlässigt wurde, ist für deren Wiederherstellung eine Kraftanstrengung erforderlich. Hinzu kommen die Investitionen, die etwa bei technologischen oder demografischen Änderungen notwendig werden. So erfordert die zunehmende Digitalisierung mit den Anwendungsmöglichkeiten der künstlichen Intelligenz einen flächendeckenden Breitbandausbau. Die zunehmende Alterung der Bevölkerung erfordert eine darauf ausgerichtete Ertüchtigung des Gesundheitswesens. Dabei ist darauf zu achten, dass solche Bedarfe im Laufe der Zeit immer wieder auftreten können, sodass sich für jede Generation ein daraus resultierender neuer Investitionsbedarf ergeben kann. Das Kalkül einer höheren Verschuldung heute muss darauf ausgerichtet sein, zumindest genügend Spielraum für schuldenfinanzierte Ausgaben in der Zukunft zu erhalten.

Jedenfalls ist das Argument, der Staat solle seine Investitionen durch Verschuldung finanzieren – man spricht auch von der Goldenen Regel der Finanzpolitik –, so beliebt, dass es jahrzehntelang Eingang in die Verschuldungsregeln deutscher Verfassungen fand. Erst mit der Änderung des Grundgesetzes durch die Schuldenbremse fiel diese Investitionsorientierung weg, und die Beschränkung der Schuldenaufnahme galt nun unabhängig davon, wofür das Geld ausgegeben werden sollte.

Verschuldung als Abwägungsentscheidung

Es gibt gute Gründe für eine Schuldenaufnahme von Staaten. Jeder Euro zusätzlicher Verschuldung ist jedoch mit Kosten und Risiken verbunden. So müssen etwa Zinsen bezahlt werden, steigt das Risiko einer Staatsschuldenkrise, werden Spielräume zukünftiger Generationen eingeengt, und es können private Aktivitäten verdrängt werden. Es muss daher jede Schuldenaufnahme des Staates sorgfältig abgewogen werden. Diese Abwägung kann je nach Situation und Rahmenbedingungen unterschiedlich ausfallen. Ebenso ist offensichtlich, dass zusätzliche Verschuldung immer nur zeitlich begrenzt gerechtfertigt ist. Auf Phasen höherer Schuldenaufnahme müssen Phasen folgen, in denen die Schuldenaufnahme verringert wird. Staatsverschuldung ist damit kein Instrument zur Umgehung politischer Priorisierung, sondern ein eng begrenztes Ausnahmewerkzeug.

Literatur und Datenquellen

Eine grundlegende Übersicht über einige in diesem Kapitel angesprochene Themen bietet die Studie der Leopoldina: Carl-Ludwig Holtfrerich, Lars P. Feld, Werner Heun, Gerhard Illing, Gebhard Kirchgässner, Jürgen Kocka, Moritz Schularick, Wolfgang Streeck, Uwe Wagschal, Stefanie Walter und Carl Christian von Weizsäcker (2015), *Staatsschulden: Ursachen, Wirkungen und Grenzen*, Bericht der Nationalen Akademie der Wissenschaften Leopoldina, der Deutschen Akademie der Technikwissenschaften – Acatech und der Union der deutschen Akademien der Wissenschaften, Halle, Mainz und München.

Die Tragfähigkeit der öffentlichen Finanzen beschäftigt die Ökonomie seit dem klassischen Aufsatz von Evsey Domar (1944), The »Burden of the Debt« and the National Income, *American Economic Review* 34, S. 798–827. Olivier J. Blanchard, Jean-Claude Chouraqui, Robert P. Hagemann und Nicola Sartor (1990), The Sustainability of Fiscal Policy: New Answers to an Old Question, *OECD Economic Studies* 15, S. 7–36, liefern eine moderne Formulierung dieses Ansatzes. Zum aktuellen Stand der Forschung siehe den Handbuchartikel von Pablo D'Erasmo, Enrique G. Mendoza und Jing Zhang (2016), What is a Sustainable Public Debt?, in: John B. Taylor und Harald Uhlig (Hrsg.), *Handbook of Macroeconomics, Vol. 2,* Elsevier, Amsterdam, S. 2493–2597.

Anwendungen auf die europäische Diskussion finden sich in Sachverständigenrat zur Begutachtung der gesamtwirtschaftlichen Entwicklung (2017), *Für eine zukunftsorientierte Wirtschaftspolitik*, Jahresgutachten 2017/18, Kapitel 6, Statistisches Bundesamt, Wiesbaden, Anwendungen auf die deutsche Situation in

Heiko T. Burret, Lars P. Feld und Ekkehard A. Köhler (2013), Sustainability of Public Debt in Germany: Historical Considerations and Time Series Evidence, *Jahrbücher für Nationalökonomie und Statistik/Journal of Economics and Statistics* 233 (3), S. 291–335; Heiko T. Burret, Lars P. Feld und Ekkehard A. Köhler (2016), (Un-)Sustainability of Public Finances in German Laender: A Panel Time Series Approach, *Economic Modelling* 53, S. 254–265; Heiko T. Burret, Lars P. Feld und Ekkehard A. Köhler (2017), Fiscal Sustainability of the German Laender: Time Series Evidence, *Finanzarchiv/Public Finance Analysis (FA)* 73 (1), S. 103–132; Lars P. Feld, Ekkehard A. Köhler und Julia Wolfinger (2020), Modeling Fiscal Sustainability in Dynamic Macro-Panels with Heterogeneous Effects: Evidence from German Federal States, *International Tax and Public Finance* 27, S. 215–239.

Zur Frage der Tragfähigkeit in der Niedrigzinsphase siehe Olivier J. Blanchard (2019), Public Debt and Low Interest Rates, *American Economic Review* 109, S. 1197–1229, während der Sachverständigenrat zur Begutachtung der gesamtwirtschaftlichen Entwicklung (2019), *Den Strukturwandel meistern*, Jahresgutachten 2019/20, Kap. 5, Statistisches Bundesamt, Wiesbaden aufzeigt, dass sich mit einer Wahrscheinlichkeit von rund 50 Prozent eine solche Niedrigzins- in eine Hochzinsphase wenden kann.

Zur Bedeutung von Staatsanleihen als sicherer Hafen und der Auswirkung auf die Tragfähigkeit siehe Markus K. Brunnermeier, Sebastian Merkel und Yuliy Sannikov (2024), Safe Assets, *Journal of Political Economy* 132, S. 3603–3657, und Ricardo Reis (2022), Debt Revenue and the Sustainability of Public Debt, *Journal of Economic Perspectives* 36 (4), S. 103–124.

Viel diskutiert ist der Aufsatz von Carmen M. Reinhart und Kenneth S. Rogoff (2010), Growth in a Time of Debt, *American Economic Review* 100, S. 573–578, in dem ein Schwellenwert für die Staatsschuldenquote berechnet wird, ab dem Staatsschulden negative Wachstumswirkungen haben.

Zum Zusammenhang von Staatsschulden und Inflation siehe John H. Cochrane (2023), *The Fiscal Theory of the Price Level*, Princeton University Press, Princeton.

Begründungen der Staatstätigkeit finden sich in jedem Lehrbuch, etwa in Bruno S. Frey, Lars P. Feld, Melanie Häner, Christoph A. Schaltegger und Gebhard Kirchgässner (2024), *Demokratische Wirtschaftspolitik: Theorie und Anwendung*, 4. Auflage, Vahlen, München.

Das Glättungsargument der Verschuldung führt Robert J. Barro (1979), On the Determination of the Public Debt, *Journal of Political Economy* 87, S. 940–971, aus.

Zur konjunkturpolitischen Stabilisierung siehe das Lehrbuch von Lutz Arnold (2024), *Makroökonomik: Eine Einführung in die Theorie der Güter-, Arbeits- und Finanzmärkte*, 7. Auflage, Mohr Siebeck, Tübingen, sowie John B. Taylor und Harald Uhlig (Hrsg.), *Handbook of Macroeconomics, Vol. 2*, Elsevier, Amsterdam. Klassisch dazu und immer noch sehr lesenswert ist John Maynard Keynes (1936), *The General Theory of Employment, Interest and Money*, Palgrave MacMillan, London.

Zu den Schätzungen von fiskalpolitischen Multiplikatoren siehe den Übersichtsaufsatz von Valerie A. Ramey (2019), Ten Years after the Financial Crisis: What Have We Learned from the Renaissance in Fiscal Research?, *Journal of Economic Perspectives* 33 (2), S. 89–114.

Zu den öffentlichen Investitionen siehe Richard A. Musgrave (1959), *The Theory of Public Finance: A Study in Public Economy*, McGraw-Hill, New York, sowie die Übersichtsaufsätze von Ward Romp und Jakob De Haan (2007), Public Capital and Economic Growth: A Critical Survey, *Perspektiven der Wirtschaftspolitik* 8, S. 6–52, und Pedro R. D. Bom und Jenny E. Ligthart (2014), What Have We Learned from Three Decades of Research on the Productivity of Public Capital?, *Journal of Economic Surveys* 28, S. 889–916.

TEIL II

DEUTSCHLANDS FINANZPOLITISCHE AUSGANGSLAGE

KAPITEL 3

DIE STEIGERUNG DER VERTEIDIGUNGSFÄHIGKEIT

Als ein zentraler Grund, weshalb eine Grundgesetzänderung zur Lockerung der Schuldenbremse notwendig sei, wurde im März 2025 vom damals designierten Bundeskanzler Friedrich Merz angeführt, dass sich die internationale Sicherheitslage verändert habe. Eine weitere Verschärfung der geopolitischen Lage führe dazu, dass die Lockerung der Schuldenbremse nach der Bundestagswahl notwendig sei – obwohl von ihm nur wenige Tage zuvor im Wahlkampf noch das Gegenteil behauptet worden war. Deutschland müsse laut Friedrich Merz schnell verteidigungsfähig werden und solle langfristig die stärkste konventionelle Armee in Europa aufbauen. Es brauche angesichts der Bedrohung nun ein »Whatever it takes« für die Verteidigung – eine Anlehnung an das berühmte Versprechen einer uneingeschränkten Handlungsbereitschaft der Europäischen Zentralbank durch deren Präsidenten Mario Draghi im Jahr 2012.

Am 28. Februar 2025 war Präsident Wolodymyr Selenskyj zu Gast im Weißen Haus in Washington gewesen. Präsident Donald

Trump und sein Vizepräsident J. D. Vance stellten den ukrainischen Präsidenten vor laufenden Kameras in einer bisher noch nicht dagewesenen Art und Weise bloß. Das Treffen wurde nach dem Gespräch abgebrochen. Laut Friedrich Merz und seinen damaligen Sondierungspartnern war dies der Auslöser, weshalb eine grundsätzliche Kehrtwende in der deutschen Fiskalpolitik notwendig geworden sei. Der Eklat zeigte Europa und Deutschland in der Tat nochmals verstärkt, dass es sich zukünftig nicht mehr in gewohntem Ausmaß auf die Vereinigten Staaten verlassen kann. Allerdings war eigentlich schon lange vor dem Treffen im Weißen Haus klar, dass Deutschland seine Verteidigungsfähigkeit schnell und umfassend selbst sicherstellen muss. Dass dafür umfangreiche zusätzliche fiskalische Mittel notwendig sein würden, war ebenfalls lange bekannt – jedenfalls weit vor dem Wahltermin. Das Treffen im Weißen Haus reicht also eigentlich als Begründung für die radikale Kehrtwende in der Finanzpolitik nicht aus.

Verteidigungsfähigkeit in der Finanzplanung

Nach dem Beginn des groß angelegten russischen Angriffskriegs gegen die Ukraine im Jahr 2022 beschloss die damalige Ampelkoalition zusammen mit der CDU/CSU die Einrichtung eines neuen Sondervermögens. Dieses wurde neben der Schuldenbremse direkt ins Grundgesetz aufgenommen, ist also von dieser ausgenommen. Es bot 100 Milliarden Euro zusätzliche Verschuldungsmöglichkeiten zur Stärkung der Bundeswehr auf. In den ersten Jahren floss das Geld aus dem Sondervermögen nur zögerlich ab. Ende 2024 waren nur rund 25 Prozent verausgabt. Schnell wurde in den Haushaltsverhandlungen im Jahr 2024 jedoch offensichtlich, dass die 100 Milliarden Euro nicht ausreichen und bedeutend mehr Mittel in den kommenden Jahren notwendig sein würden. Deutschland und die EU müssen mehr tun, um umfassend verteidigungsfähig zu werden.

Der damalige Finanzminister Christian Lindner hatte immer wieder öffentlich angekündigt, dass mehr Mittel für die Verteidigung notwendig seien. Er betonte zudem, dass der Weg der Finanzierung dieser zusätzlichen Mittel im nächsten Bundestagswahlkampf thematisiert und bei der Wahl entschieden werden müsse. In den Finanzplänen des Bundeshaushalts wurden Platzhalter eingefügt, die öffentlich bekannt waren. Verschiedene Medien berichteten über den Posten der Globalen Minderausgaben, die am Ende des Finanzplans fast vollständig zur Aufstockung der Verteidigungsausgaben vorgesehen waren. Die Platzhalter sollten nach der Wahl entsprechend der Entscheidung der Wählerinnen und Wähler ersetzt werden: Sollen die weiteren Mittel für die Bundeswehr aus höheren Steuern und zusätzlichen Schulden oder aus Einsparungen in anderen Bereichen und höherem Wachstum aufgebracht werden?

Eigentlich konnte man das Wahlergebnis Anfang 2025 so interpretieren, dass die Wählerinnen und Wähler sich für den zweiten Weg, also denjenigen über Einsparungen im Bundeshaushalt und Wachstum, entschieden haben. Denn dafür hatte der Wahlsieger CDU/CSU Wahlkampf gemacht. Jedoch wählte die neue Regierung in ihren Haushalten und Finanzplänen für die Platzhalter nun eine schuldenfinanzierte Lösung.

Landesverteidigung ist eine zentrale Kernaufgabe des Staates. Sie erfüllt prinzipiell eher keine der im vorherigen Kapitel diskutierten Bedingungen zur Finanzierung über Schulden: Deutschland und die EU werden nicht nur kurzfristig mehr für Verteidigung ausgeben müssen. Es ist keine einmalige Aufrüstung notwendig. Vielmehr wird Verteidigung in den kommenden Jahrzehnten eine langfristige strategische Notwendigkeit sein. Es wird zur Sicherstellung der Verteidigungsfähigkeit auch in Zukunft mehr Geld für Panzer und Soldaten bereitgestellt werden müssen. Werden diese allerdings heute zu großen Teilen durch Schulden finanziert, so werden die kommenden Generationen für Panzer und Soldaten weniger fiskalische Ressourcen zur Verfügung haben. Landesverteidigung als Kernaufgabe des Staates sollte in allererster Linie durch die laufenden Steuereinnahmen finanziert werden.

Die öffentliche Diskussion über das, was im Bereich Verteidigung notwendig ist, ist stark verengt auf die Verteidigungsausgaben im Bundeshaushalt. Zur Verteidigungsfähigkeit gehört allerdings mehr als nur die militärischen Fähigkeiten der Bundeswehr. Es bedarf beispielsweise einer wachsenden und widerstandsfähigen Wirtschaft und einer wettbewerbsfähigen Sicherheits- und Verteidigungsindustrie. Die Abhängigkeiten bei Beschaffung und Technologie spielen eine wichtige Rolle; die Innovationskraft und technologische Souveränität sind wichtige Aspekte der Verteidigungsfähigkeit. Logistik und Infrastruktur müssen entsprechend ertüchtigt werden. Für die Verfügbarkeit von Soldaten ist die Demografie ein wichtiger Faktor. Die Verteidigungsfähigkeit ist ebenso eingeschränkt, wenn der Staat im Krisenfall kurzfristig keine zusätzlichen finanziellen Mittel bereitstellen kann. Es braucht also ebenso tragfähige öffentliche Finanzen und eine uneingeschränkte fiskalische Handlungsfähigkeit. Das ist nur eine beispielhafte Aufzählung einiger zentraler Faktoren für die Verteidigungsfähigkeit. Direkt ersichtlich wird, dass eine schuldenfinanzierte Erhöhung der Militärausgaben nur einen Teil dieser Faktoren stärken und dafür sogar andere Teile schwächen kann.

Entwicklung der Verteidigungsausgaben in Deutschland

Ein Maß, das in der Öffentlichkeit im Zusammenhang mit Verteidigungsausgaben viel diskutiert wird, ist die NATO-Quote. Diese Quote setzt die Verteidigungsausgaben eines Landes ins Verhältnis zum BIP. Dabei sind Verteidigungsausgaben sehr breit gefasst. Enthalten sind etwa Personalkosten der Bundeswehr und anteilig anderer Gruppen, Kosten für Ausrüstung, Forschung und Entwicklung, Zahlungen für die militärisch-genutzte Infrastruktur, Nutzung und Instandhaltung. Der Vorteil der Quote ist seit ihrer Einführung in den 1950er Jahren die zentrale Sammlung und Prüfung der Daten mit einheitlicher Definition und damit internationaler Vergleichbarkeit. Für die Höhe der Quote haben die NATO-Staaten Anfang der 2000er Jahre einen Richtwert für jedes Land von 2 Prozent eingeführt.

In Deutschland wurde dieser Richtwert zwischen 1993 und 2023, also dreißig Jahre lang, teilweise wesentlich unterschritten (siehe Abbildung 10). In diesen dreißig Jahren lag die durchschnittliche NATO-Quote Deutschlands lediglich bei rund 1,4 Prozent des BIP. Der niedrigste Wert wurde in den Jahren 2014 und 2015 mit rund 1,19 Prozent beobachtet. Vor der Wiedervereinigung, von 1970 bis 1992, war die Quote mit im Durchschnitt 3,3 Prozent weit höher. Für 2024 wurde mit 2,1 Prozent des BIP die Quote das erste Mal wieder über dem Richtwert gemessen.

Summiert man rein rechnerisch über die dreißig Jahre die Differenz zum Richtwert von 2 Prozent in jedem Jahr auf, so kommt man insgesamt auf einen hypothetischen »Fehlbetrag« von rund 18 Prozent des BIP oder (umgerechnet in BIP des Jahres 2024) rund 770 Milliarden Euro. Über dreißig Jahre wurde die Verteidi-

Abbildung 10: Entwicklung der NATO-Quote in Deutschland (in Prozent des BIP)

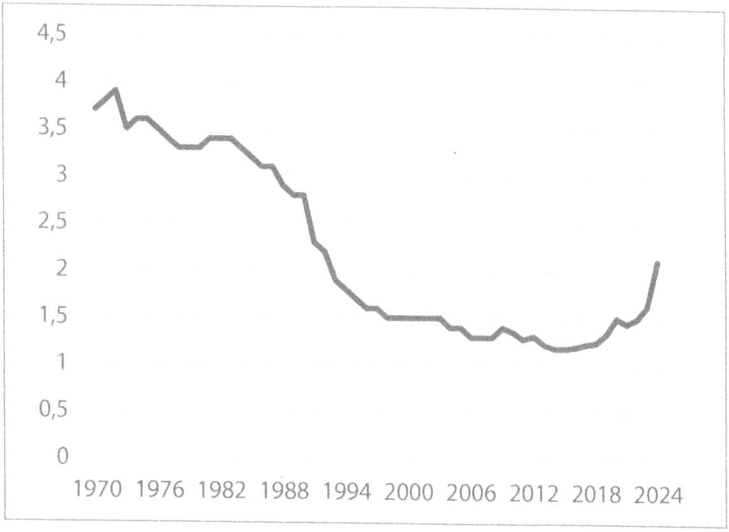

Quelle: NATO, eigene Darstellung

gung also nach dem Maßstab der NATO signifikant vernachlässigt, weil dieser Betrag zusätzlich für Verteidigung und im Bundeshaushalt nicht anderweitig hätte ausgegeben werden sollen.

Relativ zur Größe des Bundeshaushalts entsprachen die Verteidigungsausgaben gemäß der NATO-Quote von 1993 bis 2023 im Durchschnitt 11,7 Prozent (siehe Abbildung 11). Hätte man den Richtwert von 2 Prozent eingehalten, dann hätte man an anderen Stellen des Bundeshaushalts im Durchschnitt rund 5 Prozent einsparen müssen. Der Anteil der Ausgaben für die soziale Sicherung lag in den 2010er Jahren ungefähr 5 Prozentpunkte über deren Anteil in den 1990er Jahren. Obwohl in diesem Zeitraum etwa der Anteil der Zinsausgaben stark zurückgegangen ist, liegt der Verdacht nahe, dass die Ver-

Abbildung 11: Ausgaben für Verteidigung (NATO-Quote) relativ zur Summe der Ausgaben im Bundeshaushalt (Prozent des Bundeshaushalts)

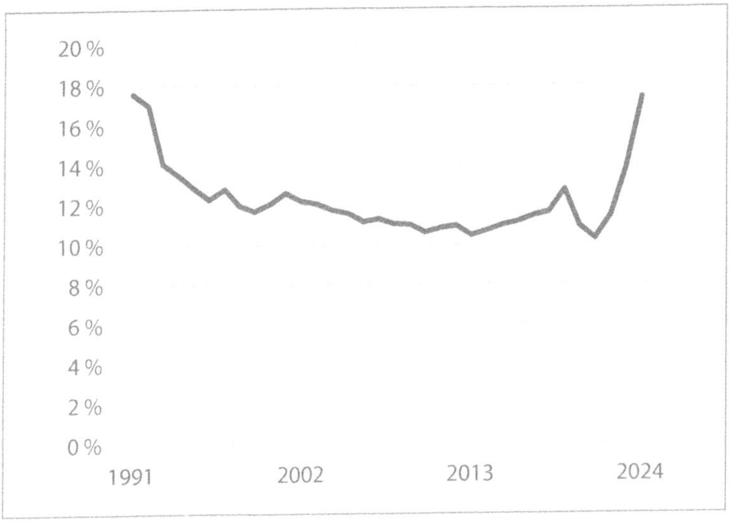

Quelle: NATO, Deutsche Bundesbank, eigene Berechnungen und Darstellung

teidigungsausgaben vor allem zugunsten einer Ausweitung der Sozialleistungen niedriger angesetzt wurden. Im Jahr 2024 kam es dann zu einem starken Anstieg des Verhältnisses der Verteidigungsausgaben zum Bundeshaushalt auf rund 17 Prozent. Dieser ist jedoch durch die Ausgaben des schuldenfinanzierten Sondervermögens für die Bundeswehr getrieben, nicht durch eine starke Reduktion anderer Ausgaben.

Nun ist die NATO-Quote nur eine Möglichkeit der Abgrenzung der Verteidigungsausgaben. Eine weit engere Definition folgt der COFOG-Klassifikation, die von der OECD erarbeitet und insbesondere von den Vereinten Nationen genutzt wird. Demnach lag der Anteil der Verteidigungsausgaben am Bundeshaushalt zwischen 1996 und 2023 im Durchschnitt bei

7,4 Prozent, im Jahr 2024 bei 13 Prozent. Der Verlauf über die Jahre ähnelt gleichwohl stark dem Anteil, gemessen anhand der NATO-Quote. Die Zahl gemäß COFOG spielt insbesondere auf europäischer Ebene eine Rolle, etwa bei den Ausnahmen von den europäischen Fiskalregeln.

Die Gegenüberstellung der verschiedenen Definitionen verdeutlicht bereits ein Kernproblem bei der Interpretation und Nützlichkeit solcher Quoten. Hinzu kommt, dass diese ausschließlich auf Inputfaktoren beruhen, also lediglich aufsummieren, wie viel Geld in bestimmten Bereichen ausgegeben wird. Sie sagen daher nichts darüber aus, wie verteidigungsfähig ein Land durch die Ausgaben wird. Sie können nichts über die Quantität oder Qualität der militärischen Ausrüstung oder Ähnliches aussagen. Das gilt nicht nur für solche Quoten im Verteidigungsbereich, sondern ganz generell. Die inputbasierten Quoten sind daher in allen Bereichen sehr vorsichtig zu interpretieren.

Ohne fiskalische Handlungsfähigkeit keine Verteidigungsfähigkeit

Um zu sehen, welche zentrale Rolle die fiskalische Handlungsfähigkeit in Krisenzeiten spielt, muss man weder geografisch noch historisch weit greifen. Einige Nachbar- und Mitgliedstaaten der EU sind bereits seit einigen Jahren hoch verschuldet. Als die Coronapandemie in der EU wütete, wurde schnell deutlich, dass einige Mitgliedstaaten nicht mehr den nötigen fiskalischen Spielraum haben würden, um die in der außergewöhnlichen Notsituation notwendigen zusätzlichen Ausgaben zu finanzieren. Im Ernstfall wäre eine ähnliche Situation eine bedrohliche Einschränkung für die Verteidigungsfähigkeit. In der

Coronapandemie wurde das Problem über gemeinsame europäische Verschuldung zugedeckt. Die Finanzierung über gemeinsame Schulden benötigt jedoch ebenfalls die fiskalische Handlungsfähigkeit der Mitgliedstaaten, insbesondere Deutschlands.

Ein Blick auf die Verschuldung der NATO-Mitgliedstaaten zeigt, dass es keinen einfachen statistischen Zusammenhang zwischen höherer Verschuldung und höheren Verteidigungsausgaben gibt (siehe Abbildung 12). Höhere Verteidigungsausgaben werden in anderen Ländern demnach keineswegs nur über höhere Verschuldung erreicht. Wenn überhaupt, so zeigt sich, dass die Länder mit höheren Verteidigungsausgaben durchschnittlich weniger stark verschuldet sind. Es gibt 16 Mitgliedstaaten

Abbildung 12: NATO- (x-Achse) und Staatsschuldenquote (y-Achse) der NATO-Mitgliedstaaten (Prozent des BIP)

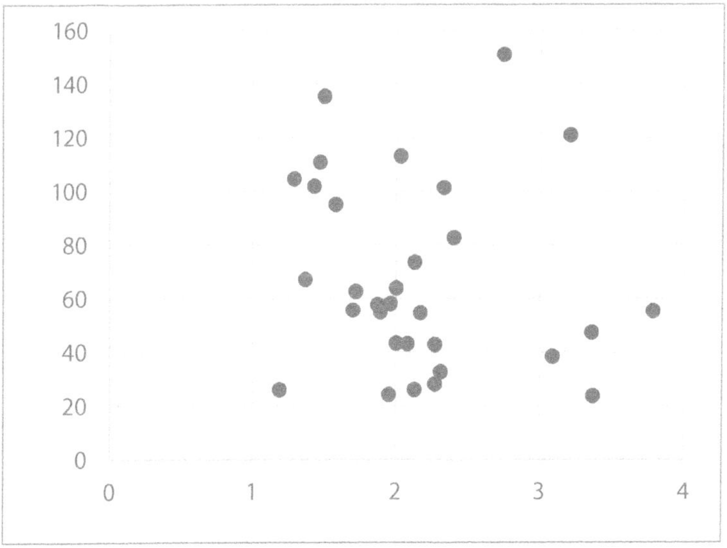

Quelle: NATO, Internationaler Währungsfonds, eigene Darstellung

der NATO, die im Jahr 2024 eine höhere NATO-Quote hatten als Deutschland. Deren durchschnittliche Schuldenquote betrug rund 65 Prozent des BIP. Die durchschnittliche Schuldenquote der 13 Staaten mit *niedrigerer* NATO-Quote als Deutschland lag hingegen bei rund 73 Prozent des BIP.

Sollen die Verteidigungsausgaben kurzfristig stark erhöht werden, kann der Weg über zusätzliche Verschuldung notwendig sein. Im Haushalt gibt es zudem mehrjährige Bindungen, Gesetze, die zu größeren Einsparungen führen, brauchen Zeit, und kurzfristige Einnahmesteigerungen können zu Verwerfungen führen. Es kann daher zur Überbrückung notwendig sein, wenn höhere Verteidigungsausgaben dringend geboten sind, einen Teil über Schulden zu finanzieren. Ob und in welchem Umfang, hängt von der jeweiligen Ausgangssituation, den Umständen und der Ambition eines Landes ab. Das ist in den vergangenen Jahren unter den NATO-Mitgliedstaaten zu beobachten gewesen. Die stärksten Anstiege der NATO-Quote in den vergangenen zehn Jahren waren insbesondere in Polen, Ungarn, Tschechien, den baltischen und den skandinavischen Staaten zu beobachten – die Anstiege lagen (teilweise weit) über einem Prozentpunkt des BIP. Der größte Teil des Anstiegs entfiel dabei auf die Jahre nach dem groß angelegten russischen Angriff auf die Ukraine 2022. Zwischen 2014 und 2024 stieg zugleich die Schuldenquote in Polen, Estland, Lettland und Finnland – direkte Nachbarstaaten Russlands – von relativ niedrigem Niveau teilweise stark an. In Dänemark und Schweden wurde in diesen Jahren die NATO-Quote ebenfalls stark erhöht, die Schuldenquote dieser Staaten sank jedoch in diesen Jahren stark. Zu den Faktoren, die zu dieser unterschiedlichen Entwicklung beigetragen haben, zählen unterschiedliche Wachstums- und Inflationsraten sowie strenge fiskalische Disziplin.

Kurzfristige Erhöhung der Verteidigungsausgaben

Es hängt von einer Reihe von Faktoren ab, wie schnell und in welchem Umfang die Verteidigungsausgaben sinnvoll erhöht werden können. Eine sprunghafte Erhöhung der Verteidigungsausgaben von heute auf morgen dürfte nur schwer möglich und ineffizient sein. Das betrifft zum einen die Geschwindigkeit, Planung, Abstimmung und Wirtschaftlichkeit der administrativen Verfahren und der Vergabe von Aufträgen. Die Gefahr ist groß, dass es der Politik primär um die Darstellung eines möglichst hohen Mittelabflusses geht und dabei Wirtschaftlichkeit, Wettbewerb und strategische Planung in den Hintergrund treten. Zum anderen müssen insbesondere genügend Kapazitäten in der Industrie, diversifizierte Lieferanten und innovative Technologien bereitstehen. Es muss verhindert werden, dass zwar mehr Geld ausgegeben wird, aber damit zu teuer alte Güter in starken Abhängigkeiten von anderen Staaten oder einzelnen Unternehmen gekauft werden.

Der anfangs schleppende Abfluss der Mittel aus dem Sondervermögen Bundeswehr verdeutlicht, dass es einige Zeit dauert, bis zusätzliche Zahlungen fällig werden. Im ersten Jahr des Sondervermögens floss kein Geld ab. In den Jahren 2023 und 2024 wurden zusammen 23 Milliarden Euro der insgesamt 100 Milliarden Euro ausgegeben. Ist ein Auftrag vergeben, ist für den Mittelabfluss entscheidend, wie lange die Lieferzeit für die Güter ist und wann Zahlungen anstehen. So gibt es zwar bei größeren Anschaffungen meist Anzahlungen in den ersten Jahren, der Großteil wird jedoch erst über viele Jahre verteilt fällig. Im Jahr 2020 wurde ein Vertrag über die Lieferung von vier Fregatten für die Bundeswehr abgeschlossen. Die vierte Fregatte soll nach zwölf Jahren im Jahr 2032 geliefert werden. Bis dahin werden Zahlungen verteilt über die Zeit fällig werden.

Verwaltung und Prozesse im Bereich der Verteidigung kranken an den gleichen Problemen wie in vielen anderen Bereichen der deutschen Volkswirtschaft – seien es die fehlende Digitalisierung oder lange Planungs- und Genehmigungsverfahren. Im Bereich der Verteidigung musste zudem über viele Jahre nur ein Bruchteil dessen beschafft werden, was nun seit dem Jahr 2022 auf den Weg gebracht oder geplant ist. Zwar hat das Beschaffungsamt der Bundeswehr (genauer: Bundesamt für Ausrüstung, Informationstechnik und Nutzung der Bundeswehr) inklusive nachgeordneter Behörden rund 12.000 Mitarbeiter. Es dauert jedoch, bis sich Verwaltung und Verfahren an die neue höhere Nachfrage anpassen. Zudem sollte die Effizienz signifikant gesteigert werden. Es muss darum gehen, das Ausmaß an zusätzlicher Verteidigungsfähigkeit pro eingesetztem Euro zu optimieren. Hier besteht ein großer Aufholbedarf in Deutschland. Eine Berechnung von Bernd Kirsten des German Institute for Defence and Strategic Studies hat die militärischen Fähigkeiten Deutschlands und vier weiterer NATO-Mitgliedstaaten sowie Schwedens ins Verhältnis mit den jeweiligen Ausgaben für Verteidigung gesetzt. Die Ergebnisse zeigen eine um 40 Prozent niedrigere Effizienz in Deutschland im Vergleich zum Durchschnitt der anderen europäischen Staaten: Das Preis-Leistungs-Verhältnis ist im internationalen Vergleich in Deutschland schlecht.

Die deutsche Verteidigungsindustrie

Bei militärischen Beschaffungen gibt es eine starke Neigung zu inländischen Produzenten. Auf Basis des Kiel Military Procurement Tracker zeigt sich, dass ungefähr die Hälfte der militärischen Aufträge an Unternehmen mit Hauptsitz in Deutschland geht und nur 16 Prozent an ausländische Produzenten ganz ohne deutsche Beteiligung am Produktionsprozess, wovon Unternehmen mit Hauptsitz in den Vereinigten Staaten 15 Prozentpunkte ausmachen. Ein hoher Anteil heimischer Produktion ist für die Politik ein wichtiges Kriterium. Das ist verständlich, denn den Wählern dürfte es nur schwer zu vermitteln sein, wenn ein Großteil der großen Summen, die für Verteidigung aufgewendet werden, ins Ausland fließt. Allerdings ist die heimische Industrie dadurch keinem scharfen Wettbewerb ausgesetzt. Die Wettbewerbsfähigkeit der deutschen Verteidigungsindustrie muss sich daher erst zeigen. Der größte deutsche Rüstungskonzern Rheinmetall rangiert unter den größten Konzernen auf Platz 20 weltweit. 9 der größten 20 und 39 der größten 100 Rüstungskonzerne kommen aus den USA.

Dass Deutschland nur einen sehr geringen Teil der militärischen Beschaffungen aus den anderen EU-Mitgliedstaaten importiert, zeigt, wie stark fragmentiert Verteidigung in Europa ist. In vielen anderen Wirtschaftsbereichen, etwa in der Autoindustrie, wird die europäische Arbeitsteilung intensiver genutzt, was zu hohen Wohlstandsgewinnen führt. Im Verteidigungsbereich setzt jedoch jedes Land zum großen Teil auf seine eigene Industrie und seine selbst hergestellten Güter. Wenn die Beschaffung auf europäischer Ebene abgestimmt werden würde, könnte man große Effizienzgewinne erzielen. Ein Problem: Während die NATO-Staaten in der EU viele unterschiedliche Waffensysteme im Dienst haben, sind es in den USA nur wenige. Mit mehr als 150 Waffensystemen hat die EU ungefähr sechsmal so viele wie die USA. Das hat große Nachteile im Einsatz (wenn etwa Munition, Ersatzteile und Steuerungsfähigkeiten für jedes

System unterschiedlich sind), aber auch in der Produktion sowie in Forschung und Entwicklung, da Skaleneffekte ungenutzt bleiben. Skaleneffekte entstehen, wenn ein Unternehmen mehr produziert, dann können die Kosten auf mehr Produktionseinheiten verteilt werden, wodurch die Durchschnittskosten je Produktionseinheit sinken. Europa sollte hier zumindest in der Beschaffung gemeinsam agieren.

Die Verteidigungsindustrie beschäftigte im Jahr 2022 in Deutschland direkt rund 100.000 Personen und machte rund 30 Milliarden Euro Umsatz, die weiter gefasste Sicherheits- und Verteidigungsindustrie rund 400.000 Personen und rund 50 Milliarden Euro Umsatz. Im Verhältnis zur Gesamtwirtschaft handelt es sich also um einen kleinen und stark spezialisierten Wirtschaftsbereich. Es wird einige Zeit in Anspruch nehmen, die Kapazitäten an die neue Nachfrage anzupassen. Viele Berufe der Verteidigungsindustrie, etwa in der Fahrzeug-, Luft-, Raumfahrt- und Schiffbautechnik, zählen bereits heute zu den Engpassberufen. Sowohl der demografische Wandel als auch die Nachfrage nach Arbeitskräften in anderen Bereichen dürften es schwer machen, das Arbeitsvolumen kurzfristig stark zu erhöhen. Auch der Aufbau neuer Produktionsanlagen nimmt längere Zeit in Anspruch. Schwer vorherzusagen ist, wie schnell durch Innovationen und Prozessverbesserungen die Produktivität steigen und mit den gleichen Kapazitäten mehr produziert werden kann. Das dürfte jedoch ebenfalls kein kurzfristiger Prozess sein.

Mit der Aussicht auf eine langfristige Steigerung der Verteidigungsausgaben dürfte die Industrie ihre Kapazitäten ausweiten. Dafür sind jedoch begleitende Reformen erforderlich, und die Ausweitung wird einige Zeit in Anspruch nehmen. Die kurzfristig starke Ausweitung der Verteidigungsausgaben trifft also auf eine Produktion, die kurzfristig nur bedingt in gleichem Ausmaß ausgeweitet werden kann. Die Folge ist, dass mehr Aufträge ins Ausland gehen, wenn dort Kapazitäten frei sind oder schneller ausgeweitet werden können, und die Preise ansteigen. Deutschland gibt dann zwar mehr für Verteidigung aus, aber gewinnt nicht in gleichem Ausmaß an Verteidigungsfähigkeit hinzu.

Langfristige Finanzierung der Verteidigungskapazitäten

Wenn ein abrupter Anstieg der Verteidigungsausgaben nur schwer möglich und begrenzt sinnvoll ist, dann hat dies Einfluss auf die Notwendigkeit der Finanzierung über zusätzliche Verschuldung. Bei einer vorausschauenden Verteidigungspolitik und einer Anpassung an die NATO-Quote *vor* 2022 hätte sich eine Chance geboten, Verteidigungsausgaben stetig und über einen längeren Zeitraum zu erhöhen und strukturelle Reformen durchzuführen, die größere Spielräume im Haushalt schaffen. Über längere Zeiträume sind die Vorbindungen im Haushalt geringer und eine stärkere Verschiebung und Priorisierung von Ausgaben möglich. Ein längerer Zeitraum eröffnet zudem die Möglichkeit, etwa über eine strukturelle Verbesserung der Rahmenbedingungen für die Wirtschaft zusätzliches Wachstum und damit zusätzliche Einnahmen zu generieren.

Für den Übergang kann dann immer noch eine Finanzierung über zusätzliche Kredite notwendig sein, jedoch allenfalls für einen begrenzten Zeitraum und in begrenztem Umfang. Danach muss die Verteidigung als Kernaufgabe des Staates wieder vollständig aus dem Kernhaushalt mit den laufenden Mitteln finanziert werden. Lediglich in einem Ausmaß, in dem kurzfristig keine Spielräume im Haushalt geschaffen werden können, kann ein Teil der Verteidigungsausgaben über zusätzliche Verschuldung finanziert werden. Für zeitlich und im Umfang begrenzte Kreditermächtigungen steht das Sondervermögen Bundeswehr zur Verfügung. Dort könnten Kreditermächtigungen gegebenenfalls vorgezogen werden, wenn ein schneller als bisher geplanter Aufwuchs notwendig ist. Zudem könnte das Volumen des Sondervermögens mit entsprechender Mehrheit im Bundestag und Bundesrat erhöht werden.

Deutschland und die EU haben in den vergangenen Jahren ihre Verteidigungsfähigkeit vernachlässigt, und eine signifikante Steigerung ist dringend geboten. Dazu braucht es jedoch Verbesserungen in vielen Bereichen. Eine Erhöhung der Verteidigungsausgaben ist nur ein Element. Bei dieser Erhöhung brauchen die Verwaltung und die Verteidigungsindustrie Zeit, um sich an die gestiegene Nachfrage anzupassen, andernfalls droht die Beschaffung ineffizient und teuer zu werden. Ohne Anstrengung und Reformen wird es keine Steigerung der Verteidigungsfähigkeit geben. Der in den vergangenen Jahren massiv ausgebaute Sozialstaat, ineffiziente Subventionen und eine wachsende Verwaltung müssen reformiert und die höheren Verteidigungsausgaben langfristig aus den laufenden Einnahmen finanziert werden.

Es besteht die Gefahr, dass sich Politik und Öffentlichkeit auf eine möglichst schnelle und steile Erhöhung der Ausgaben konzentrieren. Es droht eine wenig effiziente Beschaffung in einem fragmentierten europäischen Markt. Das Risiko, kurzfristig vor allem die Preise zu erhöhen, ist groß. Die Finanzierung über Schulden schränkt die fiskalische Handlungsfähigkeit ein und erhöht die Zinsausgaben für die nächsten Jahrzehnte. Die umfangreiche Finanzierung über Schulden ist demnach mit Blick auf Risiken und Kosten problematisch.

Literatur und Datenquellen

Berechnungen zur Effizienz der Verteidigungsausgaben wurde von Bernd Kirsten (2023), *Es geht nicht nur um Input und Geschwindigkeit: Ansätze zur Bestimmung der Effizienz von Verteidigungsausgaben im internationalen Vergleich*, Studie des German Institute for Defence and Strategic Studies (GIDS), Hamburg, veröffentlicht.

Die Daten zu den Verteidigungsausgaben in diesem Kapitel sind zumeist von der NATO direkt veröffentlicht. Die Verteidigungsausgaben nach der COFOG-Klassifikation sind bei der OECD verfügbar.

Die Kiel Military Procurement Tracker Database stellt Daten zu militärischen Beschaffungen von europäischen Staaten zusammen; die Autoren haben dazu verschiedene Arbeitspapiere mit Auswertungen der Daten veröffentlicht. Wir beziehen uns insbesondere auf Alex Burilkov, Katelyn Bushnell, Juan Mejino-López, Thomas Morgan und Guntram B. Wolff (2025), *Fit for War by 2030? European Rearmament Efforts vis-à-vis Russia,* Kiel Report No. 3, Kiel Institute for the World Economy.

Das Stockholm International Peace Research Institute (SIPRI) veröffentlicht eine Liste der größten Rüstungskonzerne weltweit, wobei die Unternehmen nach Höhe der Waffenumsätze gereiht werden. Das Wirtschaftsministerium präsentiert Zahlen zur Beschäftigung, zum Umsatz und zur volkswirtschaftlichen Bedeutung der Sicherheits- und Verteidigungsindustrie.

Zu den Preissteigerungen, die sich aus den kurzfristig stark steigenden Verteidigungsausgaben ergeben können, siehe Anastasiia Antonova, Ralph Luetticke und Gernot Müller (2025),

The Military Multiplier, CEPR Discussion Paper No. 20220, London. Eine Zusammenfassung der Ergebnisse haben Ralph Luetticke und Gernot Müller, Der Preis der Sicherheit, *Frankfurter Allgemeine Zeitung* vom 27. Juli 2025, veröffentlicht.

KAPITEL 4

DIE GRÜNDE FÜR DEN INVESTITIONSSTAU

Für die Änderung des Grundgesetzes im März 2025 führten die Vorsitzenden der Regierungsparteien als Gründe neben der Stärkung der Verteidigungsfähigkeit insbesondere die Behebung des Investitionsstaus und die Belebung des Wirtschaftswachstums an. Die dafür eingeräumten zusätzlichen Verschuldungsmöglichkeiten werden in der öffentlichen Debatte als Teil eines Kompromisses dargestellt: Die Sondierungsverhandler der SPD hätten dies für ihre Zustimmung zur zusätzlichen Verschuldung für Verteidigung gefordert.

Im Papier der vier Ökonomen Clemens Fuest, Michael Hüther, Moritz Schularick und Jens Südekum, das den Verhandlern vorlag und diese zur Grundgesetzänderung inspirierte, war zusätzliche Verschuldung für Investitionen allerdings nicht als notwendiges Zugeständnis für einen politischen Kompromiss formuliert. Zusätzliche Verschuldung für Investitionen ist eine lange vorgetragene Forderung verschiedener Ökonominnen und Ökonomen oder der SPD und war im Bundestagswahlkampf ebenfalls ein prominentes Thema, insbesondere bei den Grünen. Allerdings übernahmen Friedrich Merz und Vertreter der Union bei der Verkündung der Grundgesetzänderung und in der Zeit danach ebenfalls Teile der Argumentation und sprachen von der dringenden Notwendigkeit zusätzlicher staatlicher Verschuldung für öffentliche Investitionen. Ob Schulden tatsächlich notwendig und sinnvoll sind, um Investitionen in Deutschland zu steigern, und ob volkswirtschaftlich der Nutzen zusätzlicher Verschuldungsmöglichkeiten die Nebenwirkungen übersteigt, ist jedoch fraglich.

Wenn wir die Argumentation und die damit begründete Grundgesetzänderung bewerten wollen, ist zuerst festzustellen, wo und in welchem Umfang in Deutschland investiert wird, ob dabei Lücken zu erkennen sind sowie wo und warum es einen Investitionsrückstand gibt. Erst daran anschließend lässt sich beurteilen, ob zusätzliche Verschuldung eine sinnvolle Antwort auf die Gründe für zu niedrige Investitionen ist und ob der davon ausgehende Nutzen langfristig die Kosten übersteigt.

Keine einfache Definition von Investitionen

Zunächst muss geklärt werden, was in unterschiedlichen Kontexten unter öffentlichen Investitionen verstanden wird. Es ist ein Kernproblem in der Diskussion zu Investitionen, dass es verschiedene Definitionen und Abgrenzungen gibt. Dabei wird aus ökonomischer Sicht etwas anderes unter Investitionen verstanden als aus betriebswirtschaftlicher, statistischer oder haushalterischer Sicht.

Ökonomisch bedeutet eine Investition im Allgemeinen, dass Geld, Zeit oder andere Ressourcen heute nicht konsumiert, sondern eingesetzt werden, um in Zukunft mehr oder einen anderen Ertrag oder Nutzen zu erhalten. Ein klassisches Beispiel ist eine Geldanlage, bei der heute Geld investiert wird, um zukünftig Dividenden oder einen höheren Verkaufspreis zu erhalten. Ebenso investiert ein Unternehmen in eine Maschine, um damit zukünftig Güter produzieren und verkaufen zu können. Personen investieren Zeit in eine Ausbildung, um zukünftig bessere oder andere Verdienstmöglichkeiten zu haben.

Wie nachfolgend erläutert wird, passt das, was in der Statistik als Investitionen erfasst wird, oft nicht mit dem zusammen, was man ökonomisch oder intuitiv unter Investitionen verstehen würde. Öffentliche Investitionen können etwa nach den Definitionen und der Kategorisierung, also der Abgrenzung, der Volkswirtschaftlichen Gesamtrechnungen (VGR) oder der Finanzstatistik betrachtet werden. Letztere Abgrenzung ist besonders für den Bundeshaushalt und die neu geschaffenen Ausnahmen abseits der Schuldenbremse relevant.

Die Investitionen nach der VGR beinhalten Bruttoanlageinvestitionen, Vorratsinvestitionen und den Nettozugang an Wertsachen. Die Diskussion um öffentliche Investitionen konzentriert sich auf die Bruttoanlageinvestitionen, die anderen beiden Kategorien betreffen fast ausschließlich private Vorgänge. Das Brutto steht dabei dafür, dass keine Abschreibungen berücksichtigt werden. Investitionen verlieren über die Zeit an Wert, was in den Abschreibungen dargestellt wird. Betrachtet man lediglich die Bruttoinvestitionen, ist dieser Wertverfall also nicht berücksichtigt. Grob gesprochen, sind staatliche Investitionen gemäß VGR Ausgaben für Ausrüstungen, Bauten (Wohn- und Nichtwohnbauten) und sonstige immaterielle Vermögenswerte. Dazu gehören etwa Ausgaben für die Anschaffung von Maschinen, Fahrzeugen und IT-Anlagen genauso wie Ausgaben für den Bau von Straßen, Verwaltungsgebäuden und digitaler Infrastruktur sowie immaterielle

Anlageinvestitionen wie Investitionen in Geistiges Eigentum und Software. Nicht dazu gehören laufende Ausgaben wie Gehälter, Transferzahlungen aus sozialen Sicherungssystemen oder Subventionen und Zins- oder Konsumausgaben des Staates.

Die Problematik der Abgrenzung von Investitionen wird an ein paar Beispielen deutlich. So zählen zu den staatlichen Investitionen gemäß VGR militärische Anschaffungen wie Panzer und Kriegsschiffe. Ebenfalls zählen der Bau von Schwimmbädern, Turnhallen oder die Errichtung von Denkmälern dazu. Das können politisch wichtige Vorhaben sein, die jedoch im Sinne einer Investition, wenn überhaupt, nur geringe Auswirkungen auf die zukünftigen Produktionsmöglichkeiten einer Volkswirtschaft haben dürften. Nicht zu den staatlichen Investitionen zählen dagegen die generellen Ausgaben für Bildung (bis auf etwa Investitionen in die Gebäude oder Ausstattung), bei denen der Einfluss auf die zukünftige Leistungsfähigkeit des Landes offensichtlich ist. Ebenso zählen gewöhnliche Erhaltungsmaßnahmen nicht dazu, etwa die Instandhaltung und Reparatur von Straßen oder Gebäuden, und auch keine Grundstückskäufe. Nur grundlegende Sanierungen, welche die Nutzungsdauer verlängern, gelten gemäß VGR als Investition. Auch ein Investitionszuschuss an Unternehmen, etwa an die Deutsche Bahn, um deren Schienennetz auszubauen, zählt nicht zu den staatlichen Investitionen – es handelt sich um einen Transfer an ein privatrechtliches Unternehmen. Selbst der Ausbau der öffentlichen Infrastruktur eines Stadtwerks zählt in vielen Fällen nicht zu den staatlichen Investitionen, da es statistisch dem Privatsektor zugeordnet sein kann, obwohl es sich im Eigentum der Gemeinde befindet. Ob eine staatliche Investition jedoch von einem privatrechtlichen Unternehmen auf Basis eines Transfers durchgeführt wird oder direkt von einer staatlichen Organisation, dürfte für dessen Wirkung unerheblich sein.

Betrachtet man öffentliche Investitionen nicht nach der VGR, sondern nach der Finanzstatistik, gilt es, einige grundlegende Unterschiede zu beachten. Die Finanzstatistik dient der Darstellung der öffentlichen Haushalte. Spricht der Finanzminister etwa über die Höhe der Investitionen im Haushalt, dann bezieht er sich in der Regel auf die Berechnung nach der Finanzstatistik. Der erste Unterschied zur VGR liegt in der Abgrenzung des Zeitpunkts der Investition. Während in der VGR die Periode nach Entstehung der Leistung abgegrenzt wird, also wann sie wirtschaftlich erbracht wurde, ist in der Finanzstatistik lediglich der Zeitpunkt der Zahlung ausschlaggebend. Der zweite Unterschied besteht in dem Kriterium, was als Investition gezählt wird. Während in der VGR versucht wird, eine ökonomische Sichtweise umzusetzen, werden in der Finanzstatistik Investitionen nach einer rechtlichen Definition zugeordnet. Diese ist in der Bundeshaushaltsordnung (BHO) geregelt und nennt zum Beispiel Baumaßnahmen, den Erwerb von »beweglichen« oder »unbeweglichen Sachen«, Darlehen und Zuschüsse, um diese Zwecke zu finanzieren.

Es wird deutlich, dass die haushaltsrechtliche Definition viel weiter gefasst ist als der Investitionsbegriff in der VGR – mit einer Ausnahme: Militärische Beschaffungen gelten haushaltsrechtlich nicht als Investition, können in der VGR aber als solche gelten. Die gewichtigsten Unterschiede bestehen in der Kategorisierung von Grundstückskäufen, den Zuschüssen oder Zuweisungen an andere Gebietskörperschaften (Bund, Länder, Gemeinden und Gemeindeverbände) oder Institutionen zur Finanzierung von Investitionen sowie in finanziellen Transaktionen – alle drei Kategorien sind Investitionen im Sinne der Finanzstatistik, aber nicht in der VGR. Das hat weitreichende Folgen. So ist in der Finanzstatistik etwa der Kauf eines Grundstücks ebenso eine Investition wie ein Infrastrukturzuschuss an die Bahn, ein Wohnungsbaukredit an ein kommunales Unternehmen, eine Zuweisung an die Länder zum Bau von Schulgebäuden oder ein Zuschuss an private Haushalte für energetische Sanierung. Zu den Investitionen in der Finanzstatistik zählen zudem die Beteiligung des Staates an einem Unternehmen, Darlehen an Institutionen, etwa die Sozialversicherungen, oder eine Kapitalerhöhung bei der Kreditanstalt für Wiederaufbau (KfW).

Was dabei genau als finanzielle Transaktion im Sinne der Finanzstatistik gelten kann und was nicht, ist in vielen Fällen fraglich. Beispielsweise hat der Bund während der Coronapandemie mehrmals ein zinsloses Darlehen an die Bundesagentur für Arbeit in Höhe von mehreren Milliarden Euro vergeben. Das wurde als Geldleistung, die rückzahlbar ist, haushaltsrechtlich als finanzielle Transaktion eingestuft. In diesem Fall wurden die Darlehen jedoch im Nachhinein in einen nicht rückzahlbaren Zuschuss umgewandelt, sodass die Rückzahlung entfiel. Mit einem solchen Vorgehen können im Endeffekt Transfers (in dem Fall an die Bundesagentur für Arbeit) über die Einordnung als finanzielle Transaktion an der Schuldenbremse vorbei über zusätzliche Verschuldung finanziert werden. Während der letzten Monate der Ampelregierung wurde öffentlich anhand ökonomischer und rechtlicher Gutachten darüber diskutiert, ob und unter welchen Bedingungen ein Darlehen an die Bahn und Autobahn GmbH als finanzielle Transaktion gelten kann. Die Idee des damaligen Kanzleramtes war es, Zuschüsse aus dem Haushalt durch Darlehen zu ersetzen, die als finanzielle Transaktion zählen, und damit Spielräume im Haushalt zu schaffen.

Abschließend lässt sich zusammenfassen, dass die VGR als Höhe der staatlichen Investitionen das zählt, was an staatlichem Anlagevermögen neu entsteht, die Finanzstatistik hingegen, wofür der Staat nach einer haushaltsrechtlichen Definition Geld ausgibt. In beiden Fällen sind Vorgänge enthalten, die aus wirtschaftswissenschaftlicher Sicht fragwürdig sind, und Vorgänge nicht enthalten, die ökonomisch für die Zukunftsfähigkeit eines Landes zentral sind. So sind nach beiden Definitionsgrundlagen die Ausgaben für Bildung überwiegend keine Investition. Ebenso wenig gelten die Ausgaben für Erhaltungs-, Reparatur- und Instandhaltungsmaßnahmen als Investition. Gerade in entwickelten Volkswirtschaften mit bereits umfangreichem Kapitalstock und alternder Infrastruktur können diese jedoch ökonomisch einen höheren Nutzen haben als reine Erweiterungsinvestitionen. Dafür gelten in beiden Fällen Kostensteigerungen, etwa von Großprojekten, als Erhöhung der Investitionen. Denn die Finanzstatistik misst lediglich, wie viel für ein Investitionsprojekt tatsächlich ausgegeben wird, die VGR bewertet die Investitionen zu den Herstellungskosten. Beide nehmen keine Bewertung des Outputs, etwa der Qualität des Projektergebnisses oder einen Vergleich mit dem marktüblichen Wert der Investition, vor.

Die politische Haushaltsgestaltung kann versuchen, statistische Kategorien auszunutzen. Die Spielräume zur kreativen Auslegung sind dafür in der Finanzstatistik höher. Dadurch steigt die Gefahr, dass Ausgaben zwar als Investition deklariert werden, tatsächlich aber konsumtiven Charakter haben oder – teilweise erheblich – von einer ökonomisch sinnvollen Investition abweichen. Generell zeigt diese Diskussion bereits, dass jede Abgrenzung problematisch sein und kreativ genutzt werden kann. Ein zu starker Fokus der Politik auf die Zahlen zu Investitionen kann in die Irre führen und den falschen Einsatz öffentlicher Mittel provozieren. Dies gilt umso mehr, wenn Investitionen eine besondere Berücksichtigung in Fiskalregeln wie der Schuldenbremse finden sollen.

Entwicklung der öffentlichen Investitionen

Nach der VGR beliefen sich die öffentlichen Investitionen (im Sinne der sogenannten Bruttoanlageinvestitionen) in Deutschland im Jahr 2024 insgesamt auf rund 132 Milliarden Euro. Das waren allerdings nur rund 15 Prozent der gesamten Investitionen in Deutschland. Diese machten 886 Milliarden Euro aus. Im langjährigen Durchschnitt entfallen von den Bruttoanlageinvestitionen rund 88 Prozent auf private Unternehmen und Haushalte (siehe Abbildung 13). Dazu zählen Investitionen in Fahrzeuge und Maschinen, in Fabrikhallen und Wohngebäude sowie in Software oder Urheberrechte. Die Investitionstätigkeit der privaten Akteure kann der Staat nur indirekt beeinflussen. Insbesondere reagieren Unternehmen und Privatpersonen auf die rechtlichen und politischen Rahmenbedingungen, auf finanzielle Anreize und Unsicherheit. Diese Faktoren sind demnach für die Höhe der gesamten Investitionen und damit der gesamtwirtschaftlichen Entwicklung entscheidend. Soll die Investitionsschwäche Deutschlands überwunden und die für die Zukunftsfähigkeit einer Volkswirtschaft wichtige Investitionstätigkeit wieder stärker aktiviert werden, sind vor allem tiefgreifende Reformen zur Steigerung der Attraktivität des Investitionsstandorts notwendig.

Im Jahr 2024 waren die Investitionen des Gesamtstaates, also die Summe der staatlichen Ebenen, auf dem höchsten Stand seit 1994, sowohl nominal (siehe Abbildung 13) als auch in Prozent des BIP (siehe Abbildung 14). Sie sind in den vergangenen Jahren stark angestiegen. Nur in den Sonderjahren unmittelbar nach der Wiedervereinigung lag die Summe in Prozent des BIP signifikant höher, was an den Bauinvestitionen der Gemeinden lag. Diese lagen direkt nach der Wiedervereinigung noch bei 25 Milliarden Euro und gingen dann bis zum Jahr 2005 auf

Abbildung 13: Bruttoanlageinvestitionen (aus der Volkswirtschaftlichen Gesamtrechnung; Milliarden Euro bzw. Prozent des BIP)

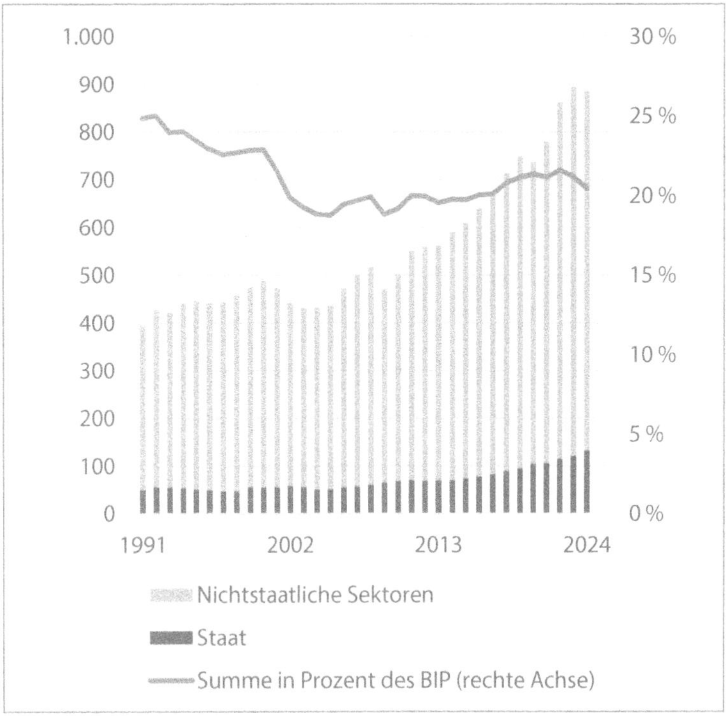

Quelle: Destatis, eigene Darstellung

15 Milliarden Euro zurück; da die Baukosten stark angestiegen sind, ist der Rückgang inflationsbereinigt noch deutlich stärker.

Die öffentlichen Investitionen von rund 2,9 Prozent des BIP im Jahr 2024 verteilten sich zu fast gleichen Teilen auf den Bund (1,1 Prozent des BIP), die Länder (0,8 Prozent) und die Gemeinden (1,0 Prozent). Allerdings ist die Entwicklung seit der Wiedervereinigung sehr unterschiedlich (Abbildung 14). Die Investitionen des Bundes waren 2024 auf dem Höchststand seit der Wiedervereinigung und lagen im Vergleich zu 1992 um mehr als

Abbildung 14: Bruttoanlageinvestitionen der staatlichen Ebenen (aus der Volkswirtschaftlichen Gesamtrechnung; Prozent des BIP)

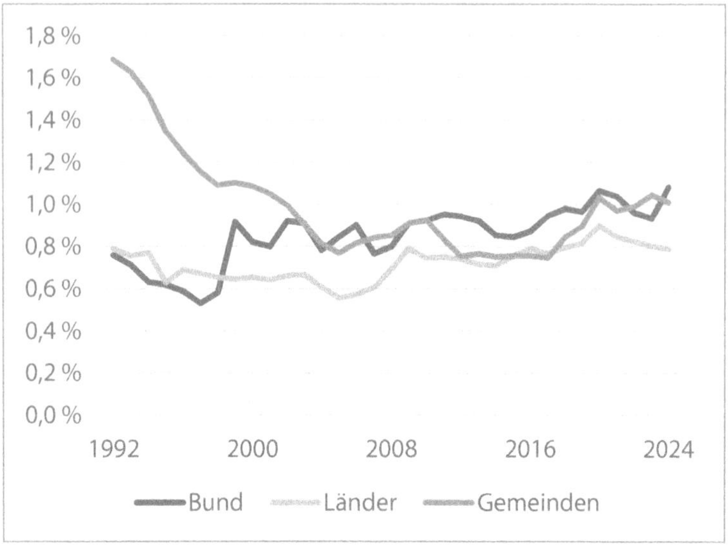

Quelle: Destatis, eigene Darstellung

40 Prozent höher. Die Quote der Länder lag 2024 auf dem gleichen Niveau wie 1992, wenngleich sie Anfang der 2000er Jahre noch weit geringer war. Bei den Gemeinden hingegen sind die Investitionen von einem Höchststand in 1992 von 1,7 Prozent des BIP bis 2012 fast kontinuierlich auf 0,75 Prozent gefallen. Das lag insbesondere an dem Investitionsboom nach der Wiedervereinigung und der Auslagerung von öffentlichen Aufgaben in kommunale Unternehmen. Seit 2018 steigt die Investitionsquote der Gemeinden wieder an, sie liegt jedoch immer noch auf nur rund 60 Prozent der Quote von 1992. Sucht man nach Gründen für die gesunkene Investitionsquote des Gesamtstaates seit der Wiedervereinigung, steht die kommunale Ebene also besonders im Fokus.

Nach der Finanzstatistik betrugen die Investitionen des Gesamtstaates im Jahr 2024 nicht wie in der VGR 132 Milliarden Euro, sondern rund 192 Milliarden Euro. Bei allen staatlichen Ebenen kommt prozentual, grob gesprochen, ähnlich viel hinzu im Vergleich zur VGR, sodass die Verteilung der Investitionsausgaben über die Ebenen in etwa gleich bleibt. In den Investitionsausgaben des Bundes gemäß Finanzstatistik in Höhe von 75 Milliarden Euro sind 31 Milliarden Euro Zuschüsse für Investitionen an andere Bereiche sowie 8 Milliarden Euro Erwerb von Beteiligungen und dergleichen enthalten. Beides sind Kategorien, deren Ausgaben in der VGR größtenteils nicht als Investitionen zählen.

Neben der historischen Entwicklung unterscheiden sich die Kategorien der Investitionsausgaben über die verschiedenen Ebenen (siehe Abbildung 15). So entfallen etwa bei den Bauinvestitionen, die in der VGR insgesamt 76 Milliarden Euro ausmachen, rund 48 Prozent auf die Gemeindeebene. 44 Prozent der Ausrüstungsinvestitionen, zu denen militärische Waffensysteme zählen, entfallen auf den Bund und 57 Prozent der Investitionen in Geistiges Eigentum auf die Länder.

Wenn über den schlechten Zustand der Infrastruktur in Deutschland diskutiert wird, muss genau zwischen der Art der Investitionen und den staatlichen Ebenen unterschieden werden. Nur die kommunalen Investitionen sind im Zeitverlauf stark zurückgegangen. Sie reichten über viele Jahre nicht mehr, um die Abschreibungen, also den Verschleiß des bestehenden Kapitalstocks, zu übertreffen. Zieht man von den bisher betrachteten Bruttoanlageinvestitionen die Abschreibungen ab, so gelangt man zu den Nettoanlageinvestitionen. Die für die Berechnung der Abschreibungen notwendigen Annahmen und Daten sind mit viel Unsicherheit behaftet und müssen daher sehr vorsichtig interpretiert werden (insbesondere muss zur Berechnung

Abbildung 15: Anteile an den Investitionsausgaben des Gesamthaushalts 2024 (Prozent der Gesamtausgaben)

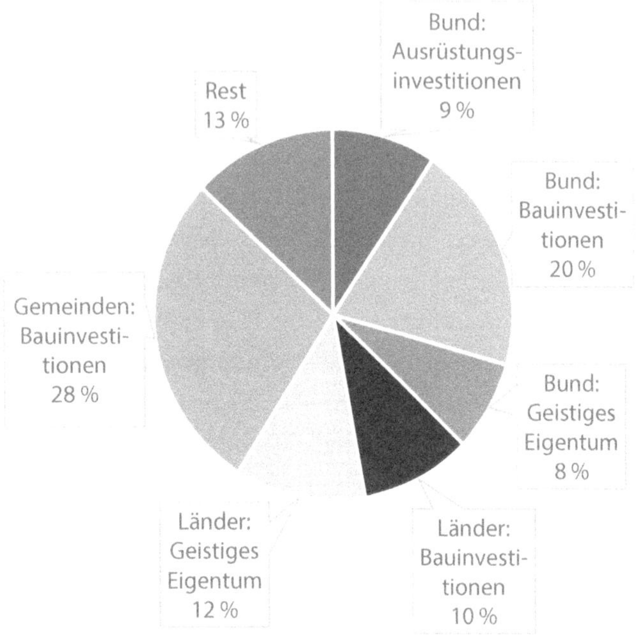

Quelle: Destatis, eigene Darstellung

auf Zeitreihen zu Zahlungsströmen zurückgegriffen werden). Die Nettoanlageinvestitionen geben jedoch einen Hinweis, wie hoch die Investitionen über dem Ersatz des Kapitalverzehrs in einem Jahr liegen. Auf Gemeindeebene waren die Nettoinvestitionen von 2002 bis 2020 durchgehend negativ. Die Investitionen reichten dort also nicht aus, um die Substanz zu erhalten. Die kommunale Infrastruktur wurde zunehmend auf Verschleiß betrieben. Auf Bundes- und Länderebene waren die Nettoanlageinvestitionen hingegen positiv. Hier wurde der Kapitalstock also über die Abschreibungen hinaus weiter erhöht.

In der öffentlichen Diskussion werden oft Beispiele wie kaputte Schultoiletten, marode Brücken und sanierungsbedürftige Straßen als Ausweis fehlender Investitionstätigkeit des Staates angeführt. Interessanterweise sind diese aber von den bisher betrachteten und in der öffentlichen Debatte meist verwendeten Statistiken gar nicht abgedeckt. Denn gewöhnliche Wartungs- oder Reparaturinvestitionen zum Erhalt bestehender Infrastrukturen werden nicht den Investitionen zugerechnet. Dabei dürften diese insbesondere in einer entwickelten Volkswirtschaft mit gut ausgebauter Infrastruktur oftmals einen ökonomisch höheren Nutzen haben als Erweiterungsinvestitionen. Der Fokus auf Investitionszahlen oder Regelungen zur Finanzierung in der öffentlichen Diskussion können hier zu der ineffizienten Situation führen, dass die Politik Anreize hat, eine neue Brücke zu bauen, statt eine alte zu sanieren.

Internationaler Vergleich

Als Ausweis der zu niedrigen öffentlichen Investitionen wird in der öffentlichen Debatte oftmals ein internationaler Vergleich herangezogen. Vergleicht man die etwa von der OECD publizierten öffentlichen Bruttoanlageinvestitionen in Relation zum BIP – also die staatliche Investitionsquote – über verschiedene Staaten, so findet sich Deutschland tatsächlich bereits seit vielen Jahren am unteren Ende wieder. Deutschlands Investitionsquote liegt seit Jahren rund einen Prozentpunkt unter dem Durchschnitt der OECD. In den Daten der OECD hatten im Jahr 2023 nur Portugal, Irland, Costa Rica und Mexiko niedrigere öffentliche Investitionen im Verhältnis zum BIP (siehe Abbildung 16). Andere Staaten, insbesondere in Osteuropa, haben mehr als doppelt so hohe öffentliche Investitionen im Vergleich zur Wirtschaftsleistung.

Die besonders hohen Investitionsquoten dort dürften mit dem infrastrukturellen Aufholbedarf sowie mit der Unterstützung von Infrastrukturinvestitionen durch EU-Mittel zusammenhängen.

Abbildung 16: Öffentliche Bruttoanlageinvestitionen 2023 im internationalen Vergleich (in Prozent des BIP)

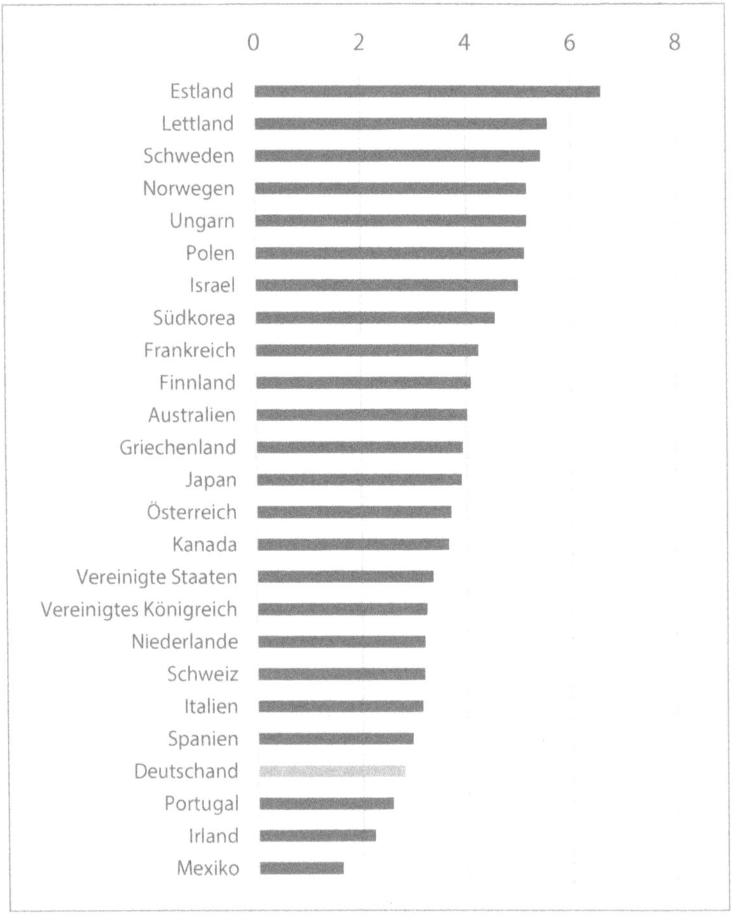

Quelle: OECD, eigene Darstellung

Ein Blick auf die Investitionsquoten in den verschiedenen Staaten zeigt jedoch zugleich die Problematik des internationalen Vergleichs. Da sich die ökonomischen und institutionellen Gegebenheiten zwischen Staaten unterscheiden, fällt ein unterschiedlich großer Anteil der tatsächlichen öffentlichen Investitionsausgaben unter die Definition der VGR. Staaten organisieren ihre Infrastrukturinvestitionen sehr unterschiedlich, beispielsweise in ausgelagerten Gesellschaften oder direkt aus dem Haushalt. So werden in Österreich Infrastrukturgesellschaften staatlich geführt, wodurch die ausgewiesenen Investitionen im Vergleich höher sind als in Staaten, in denen diese ausgelagert sind. Die Organisation der Krankenhäuser verdeutlicht die Problematik der Vergleichbarkeit sehr gut. In Deutschland, auf der einen Seite, sind Krankenhäuser überwiegend privatrechtlich organisiert und erhalten Investitionszuschüsse vom Staat; die Investitionen der Krankenhäuser werden in der VGR nicht den staatlichen Investitionen zugeordnet. In Frankreich, auf der anderen Seite, sind Krankenhäuser dem Staat zugehörig; ihre Investitionen zählen zu den staatlichen Investitionen.

Zudem sind die Staaten unterschiedlich effizient darin, ein bestimmtes Ausgabenniveau in Qualität der Infrastruktur umzusetzen. Um das zu verdeutlichen, reicht ein Blick auf die Schweiz und Dänemark. Beide haben eine weit bessere Infrastruktur als Deutschland, wie ein Besuch in den beiden Ländern eindrucksvoll vor Augen führt. Zudem zeigt dies das internationale Standortranking der Schweizer Business School IMD, das beide Länder im Jahr 2024 in der Kategorie Infrastruktur auf Platz 1 beziehungsweise 2 unter 69 Staaten führt. Beide Staaten haben im Jahr 2023 jedoch mit rund 3,2 Prozent des BIP nur eine leicht höhere Investitionsquote im Vergleich zu Deutschland mit rund 2,8 Prozent.

Investitionsbedarfe

Nichtsdestotrotz sind die sinkenden Bruttoanlageinvestitionen auf kommunaler Ebene, die negativen Nettoanlageinvestitionen und die im internationalen Vergleich niedrige Investitionsquote Hinweise auf zusätzliche Investitionsbedarfe bei der Infrastruktur in Deutschland. Im IMD-Ranking 2024 liegt Deutschland in der Kategorie Infrastruktur auf Rang 20 von 69 Staaten, und eine Fahrt mit Auto oder Bahn durch Deutschland offenbart jedem, dass die Investitionen in den vergangenen Jahren zu niedrig ausgefallen sind. Gemäß den Daten des Verkehrsministeriums ist ein Großteil der Brücken an Bundesfernstraßen in Westdeutschland in den 1970er Jahren erstellt worden, was durchaus ein Hinweis auf größere Investitionsbedarfe sein dürfte. Zudem kam es in den vergangenen Jahren zu starken Abweichungen von den Bevölkerungsprognosen und dadurch zu Fehlplanungen von Infrastrukturbedarfen, was ebenfalls ein Hinweis auf aktuelle Investitionsbedarfe in einigen Regionen sein dürfte.

Gleichwohl lässt sich der aggregierte Investitionsbedarf kaum quantifizieren. Die dafür vorhandenen und oftmals öffentlich diskutierten Schätzungen oder Umfrageergebnisse haben methodische Grenzen und sollten nicht zur Ableitung wirtschaftspolitischer Handlungsempfehlungen dienen. Ein Teil der Schätzungen versucht, auf Basis der Investitionen anderer Staaten ein optimales Investitionsniveau herzuleiten. Diese Studien haben das oben beschriebene Problem der schwierigen internationalen Vergleichbarkeit, benötigen eine Reihe starker Annahmen und sind sehr sensibel bezüglich der Wahl des Zeitraums und der betrachteten Staaten. Die Ergebnisse verändern sich also stark, je nachdem, welchen Bewertungsmaßstab man anwendet und welchen Zeitraum und welche Länder man betrachtet. Zudem ist bei den meisten dieser Schätzungen keine kausale Interpretation der Ergebnisse möglich, das heißt, dass basierend auf den berechneten Bedarfen größtenteils keine wirtschaftspolitischen Schlüsse gezogen werden können. Andere Schätzungen basieren auf Umfragen zum Umfang notwendiger Investitionen, etwa unter kommunalen Entscheidungsträgern oder unter Experten. Diese sind meist nicht repräsentativ, haben Anreizprobleme und können nicht als tatsächlicher Investitionsbedarf, sondern eher als politische Maximalforderungen interpretiert werden.

Warum der Staat so wenig investiert

Was sind die Gründe für die zwar nicht genau quantifizierbaren, aber sichtbaren Investitionsrückstände? Diese dürften verschiedener Natur sein und unterschiedlich auf den verschiedenen staatlichen Ebenen wirken. Sie sind teilweise spezifisch für die staatliche Investitionstätigkeit, teilweise aber genauso für private Investitionen ein Hemmnis.

Erstens bestehen administrative Hürden in Planung und Verwaltung. Verwaltungen auf Ebene der Länder und Gemeinden verfügen vielerorts über begrenzte personelle und fachliche Planungskapazitäten, um Investitionsprojekte umzusetzen. Hinzu kommt, dass es immer mehr Vorschriften gibt und sich der Bedarf an Infrastruktur geändert hat. Die Umsetzung dauert wegen begrenzter Planungskapazitäten und überforderter Bauämter im Zusammenspiel mit aufwendigen und langwierigen Ausschreibungs- und Vergabeverfahren entweder sehr lange oder findet sogar nie statt. Deshalb werden zur Verfügung stehende Investitionsmittel oftmals nicht abgerufen. Für politische Entscheidungsträger sind insbesondere große Investitionsprojekte unattraktiv, wenn zu politischen Widerständen noch langwierige und riskante verwaltungstechnische Hürden kommen.

Zweitens hemmen Kapazitätsengpässe und Fachkräftemangel bei gleichzeitig fehlendem Produktivitätswachstum die Umsetzung von Investitionsprojekten. Viele Berufe im Bau- und Infrastrukturbereich gehören zu den Mangelberufen, das heißt, dass die Kapazitäten der Branche beschränkt sind. Das führt dazu, dass Investitionsprojekte nur teurer und langsamer umgesetzt werden können. Der demografische Wandel wird das Problem noch weiter verschärfen. Dessen Auswirkungen könnten zwar stärkere Produktivitätssteigerungen im Bau, etwa durch serielles Bauen oder Digitalisierung und Automatisierung, entgegenwirken. Die Produktivität in diesem Bereich wächst jedoch seit Jahrzehnten nicht.

Drittens gibt es einen statistischen Effekt, da viele öffentliche Aufgaben und Investitionen in organisatorisch und finanziell eigenständige privatrechtliche Einheiten, meist auf kommunaler Ebene, ausgelagert wurden. Der weit überwiegende Teil dieser Öffentlichen Fonds, Einrichtungen und Unternehmen (FEU) zählt aber nicht zum Sektor Staat. Führt ein privatrechtliches kommunales Unternehmen in Bereichen wie der Energieversorgung, der Abfallwirtschaft, dem öffentlichen Nahverkehr oder dem Wohnungsbau eine Investition durch, so erscheint diese nicht mehr im kommunalen Haushalt. In vielen Fällen, wenn das Unternehmen als Marktproduzent auftritt, wird die Investition dann nicht mehr dem Staat zugeordnet, und die in der Statistik ausgewiesenen staatlichen Investitionen fallen niedriger aus. In den vergangenen Jahrzehnten hat die Anzahl der Ausgliederungen trendmäßig zugenommen, und ein beachtlicher Teil der Investitionen wird mittlerweile von öffentlichen Unternehmen getätigt. Im Jahr 2023 zählte das Statistische Bundesamt über 20.000 öffentliche Fonds, Einrichtungen und Unternehmen, im Jahr 2000 waren es nur noch rund 12.000. Damit zählten tendenziell immer mehr vormals öffentliche und nun durch die FEU ausgeführte Investitionen nicht mehr zum Sektor Staat.

Viertens stellt die strukturelle Unterfinanzierung der kommunalen Ebene eine große Herausforderung dar, die zudem regional sehr unterschiedlich ausgeprägt ist (Kapitel 5). Viele investive Aufgaben etwa in Bildungseinrichtungen, Verkehrsinfrastruktur und soziale Daseinsvorsorge (zum Beispiel bei Kitas und Verwaltungsgebäuden) fallen in den Kompetenzbereich der Städte und Gemeinden. Diese sind jedoch oftmals strukturell unterfinanziert, insbesondere in wirtschaftlich schwächeren Regionen stagnieren die Einnahmen, während zugleich die Sozialausgaben deutlich ansteigen. Viele Kommunen sind bereits mit hoher Verschuldung über Kassenkredite belastet. Es gibt zwar eine Reihe von umfangreichen Fördermitteln auf Bundes- und Länderebene. In der Praxis weicht die Abrufung der Mittel jedoch wegen administrativen Herausforderungen, fehlenden Spielräumen zur Bereitstellung des Eigenanteils, komplexen föderalen Zuständigkeiten sowie politischen Einflussfaktoren deutlich von der Bereitstellung der Mittel ab. In vielen Kommunen ist die Investitionsfähigkeit daher finanziell und kapazitätsbedingt stark eingeschränkt.

Fünftens gibt es eine Benachteiligung von Investitionen im politischen Prozess. Während die positiven Effekte von Konsumausgaben direkt bei den Wählerinnen und Wählern ankommen, dauert dies bei Investitionen oftmals viele Jahre. Investitionsausgaben sind zudem meist weniger öffentlichkeitswirksam und daher weniger attraktiv für die Politik. Daher werden im Haushaltsprozess, auch unterjährig, Investitionsausgaben oftmals weniger stark priorisiert als Ausgaben für Renten, Sozialtransfers oder Personalausgaben.

Erhöhung der staatlichen Investitionen

Aus den oben genannten Gründen dürfte es nur schwer möglich sein, die staatlichen Investitionen sprunghaft zu erhöhen. Würde man die Mittel von einem Jahr auf das nächste sprunghaft steigen lassen, dürften höhere Preise und ein höherer Anteil nicht abgerufener Mittel die Folge sein. Eine stetige Erhöhung der Investitionsausgaben hingegen war auf Bundes- und kommunaler Ebene bereits in den vergangenen Jahren sichtbar, also nachdem die Schuldenbremse eingeführt worden war. Das zeigt: Eine stetige Steigerung der Mittel, die für Investitionen zur Verfügung stehen, war in den vergangenen Jahren ohne zusätzliche Verschuldungsmöglichkeiten – unter Einhaltung der Schuldenbremse in ihrer ursprünglichen Form – bereits möglich und wäre es bei entsprechendem politischen Willen wohl darüber hinaus gewesen.

Für eine darüber hinausgehende Steigerung der staatlichen Investitionen dürften aktuell strukturelle Veränderungen wichtiger sein als eine Mittelaufstockung. Dazu zählen angebotsseitige Reformen, etwa am Arbeitsmarkt und bei der Regulierung im Bau, um die Arbeitskräfte und die Produktivität und damit Kapazitäten im Bau auszuweiten. Genehmigungs- und Vergabeverfahren müssen etwa durch Standardisierung und Digitalisierung signifikant beschleunigt werden. Das Verhältnis von Aufgaben und finanzieller Ausstattung der kommunalen Ebene muss wieder ausbalanciert werden – um nur einige Ansatzpunkte zu nennen.

Schlussendlich zeigt dieses Kapitel vor allem, dass eine Fixierung auf aggregierte Investitionszahlen nicht zielführend ist und wirtschaftspolitisch nicht leitend sein sollte. Vielmehr sollten Kosten und Nutzen jeder staatlichen Ausgabe stets abgewogen und jeder Einzelfall bewertet werden – dies gilt unabhängig davon, ob es sich nach einer Definition oder Abgrenzung um eine Investition handelt oder nicht.

Literatur und Datenquellen

Zu den Wachstumseffekten der öffentlichen Investitionen siehe erneut die Übersichtsaufsätze von Ward Romp und Jakob De Haan (2007), Public Capital and Economic Growth: A Critical Survey, *Perspektiven der Wirtschaftspolitik* 8, S. 6–52, und Pedro R. D. Bom und Jenny E. Ligthart (2014), What Have We Learned from Three Decades of Research on the Productivity of Public Capital?, *Journal of Economic Surveys* 28, S. 889–916.

Die Probleme der Abgrenzung öffentlicher Investitionen sind diskutiert in Désirée I. Christofzik, Lars P. Feld und Mustafa Yeter (2019), Öffentliche Investitionen: Wie viel ist zu wenig?, *Schweizer Monat – Die Autorenzeitschrift für Politik, Wirtschaft und Kultur* 1064, S. 60–63, und Lars P. Feld, Julia Braun, Joshua Hassib und Daniel Nientiedt (2025), *Kreditfinanzierung von öffentlichen Investitionen: Möglichkeiten und Grenzen*, Gutachten im Auftrag des Verbands Die Familienunternehmer e. V., Freiburg i. Br.

Für die Gründe, warum die Politik öffentliche Investitionen vernachlässigt, siehe Wissenschaftlicher Beirat beim BMWK (2023), *Finanzierung von Staatsaufgaben: Herausforderungen und Empfehlungen für eine nachhaltige Finanzpolitik*, Gutachten, Bundesministerium für Wirtschaft und Klima, Berlin, sowie Lukas Hack und Eckhard Janeba (2025), Ist die Schuldenbremse eine Investitionsbremse?, *Perspektiven der Wirtschaftspolitik* 26, S. 193–198.

Mit der Investitionsschwäche in Deutschland setzt sich intensiv auseinander die Expertenkommission Stärkung von Investitionen in Deutschland (2015), *Stärkung von Investitionen in Deutschland*, Bericht der Expertenkommission im Auftrag des Bundesministers für Wirtschaft und Energie, Sigmar Gabriel, Bundesministerium für Wirtschaft und Energie, Berlin.

Für eine Kritik an der Berechnung von Investitionslücken siehe Sachverständigenrat zur Begutachtung der gesamtwirtschaftlichen Entwicklung (2014), *Mehr Vertrauen in Marktprozesse*, Jahresgutachten 2014/15, Kap. 1, Statistisches Bundesamt, Wiesbaden.

Zu der Frage, unter welchen Bedingungen ein Darlehen an die Bahn und Autobahn GmbH als finanzielle Transaktion gelten kann, siehe Wissenschaftlicher Beirat beim BMF (2024), *Globale Minderausgabe im Regierungsentwurf für den Bundeshaushalt 2025*, Brief des Wissenschaftlichen Beirats beim Bundesministerium der Finanzen an den Bundesminister der Finanzen Christian Lindner, Berlin, 31. Juli 2024.

Die Hemmnisse für öffentliche Investitionen werden behandelt in Lars P. Feld, Wolf Heinrich Reuter und Mustafa Yeter (2019), Öffentliche Investitionen: Die Schuldenbremse ist nicht das Problem, *Perspektiven der Wirtschaftspolitik* 20 (4), S. 292–303.

Die Daten aus der VGR und zu den öffentlichen Investitionen stammen vom Statistischen Bundesamt und insbesondere die detaillierteren Untergliederungen vom gemeinsamen Statistikportal der Statistischen Ämter des Bundes und der Länder.

Die OECD veröffentlicht international vergleichbare Daten zu den Bruttoanlageinvestitionen *(gross fixed capital formation)*. Die Business School IMD erstellt jährlich ein World Competitiveness Ranking, bei dem 69 Staaten weltweit in unterschiedlichen Dimensionen, darunter Effizienz der Verwaltung und Infrastruktur, bewertet und dann gereiht werden.

KAPITEL 5

DIE FINANZMISERE DES DEUTSCHEN FÖDERALISMUS

Wer die deutsche Schuldenproblematik verstehen möchte, muss sich mit den Eigenschaften der deutschen Finanzverfassung im Föderalismus beschäftigen. Es war nicht zuletzt die schwierige Finanzlage einiger Länder, die zur Reform der alten Fiskalregel und zur Einführung der Schuldenbremse im Jahr 2009 geführt hat. Und es waren schließlich wieder die Länder, die schon im Vorfeld der Lockerung der Schuldenbremse im März 2025 auf einen größeren Verschuldungsspielraum gedrängt haben – unabhängig davon, welche Parteien die Ministerpräsidenten stellten. Im Zuge dieser Grundgesetzänderung wurde die reguläre Verschuldungsgrenze auch für die Länder angehoben. Bis dahin durften sich Länder nicht strukturell verschulden, sehr wohl aber konjunkturell oder in Notlagen. Laut der neuen Regelung darf die strukturelle Verschuldung bis zu 0,35 Prozent des BIP betragen. Es dürfte Einigkeit in der Finanzwissenschaft darüber bestehen, dass es Probleme im föderalen Finanzsystem gibt und dadurch finanzielle Engpässe auftreten. Es ist jedoch fraglich, ob eine generelle Erhöhung des Verschuldungsspielraums für die Länder diese beseitigt. In einigen Bereichen dürfte dies die Probleme eher noch vergrößern.

Die deutsche Finanzverfassung

Deutschland ist ein Bundesstaat. Dies ist in Artikel 20 des Grundgesetzes unzweideutig festgelegt und durch die Ewigkeitsgarantie des Grundgesetzes gesichert. Nur eine völlig neue Verfassung für Deutschland könnte dies ändern, nicht aber die für partielle Änderungen des Grundgesetzes sonst erforderlichen Zweidrittelmehrheiten in Bundestag und Bundesrat. Dass die Länder im Bundesrat einer solchen Totalrevision des Grundgesetzes zustimmen, ist äußerst unwahrscheinlich. Die Ergebnisse breit angelegter Untersuchungen in der Politik-, der Rechts- und den Wirtschaftswissenschaften sprechen außerdem dafür, dass die Vorteile der Bundesstaatlichkeit ihre Nachteile überwiegen.

Beschäftigt man sich mit den verfassungsrechtlichen Grundlagen des Bundesstaates genauer, so stellt man fest, dass Deutschland hinsichtlich der Verwaltungskompetenzen der am stärksten dezentralisierte Bundesstaat der Welt ist. Pointiert ausgedrückt, wird unsere Republik von den Ländern und ihren Gemeinden verwaltet und so gut wie nicht vom Bund. Es war der Wunsch der Alliierten nach dem Zweiten Weltkrieg, dass durch diese starke Verwaltungskompetenz der nachgeordneten Gebietskörperschaften eine sogenannte vertikale Gewaltenteilung entsteht. Diese sollte Deutschland daran hindern, die Welt erneut in ein Unglück zu stürzen, wie es mit dem Nationalsozialismus und dem Zweiten Weltkrieg geschehen war.

»Dezentralisiert« ist dabei ein häufig missverstandener Ausdruck: Die Länder verstehen sich als diejenigen, die den Bund gemeinsam gebildet haben, wie in der Schweiz die Kantone und in den USA die Bundesstaaten. Föderalismus ist in diesem Sinne eigentlich ein Prozess der Zentralisierung, weil die Länder dem Bund nach diesem Verständnis Kompetenzen übertragen haben. Gleichwohl ist Deutschland durch eine dezentrale Kompetenzwahrnehmung gekennzeichnet. Allerdings fällt in der Ausgestaltung des deutschen Bundesstaates auf, dass die Länder – in starkem Kontrast zu ihren Verwaltungskompetenzen – wenig entsprechende Kompetenzen in der Finanzpolitik haben.

Zwar sichert das Grundgesetz den Ländern eine Haushaltsautonomie zu. Bereits auf der Ausgabenseite ihrer Haushalte zeigt sich jedoch, dass es Mischkompetenzen gibt, welche die Länder mit dem Bund gemeinsam wahrnehmen. Dies gilt beispielsweise in der Forschungspolitik mit den Forschungseinrichtungen des Bundes – Max-Planck-Gesellschaft, Leibniz-Gemeinschaft, Helmholtz-Gemeinschaft und Fraunhofer-Gesellschaft – sowie der Deutschen Forschungsgemeinschaft (DFG) als Institution der Forschungsförderung, während die Länder an ihren Universitäten Forschung finanzieren und selbst eigene Forschungsinstitute betreiben. Ein weiteres Beispiel findet sich im Bereich der öffentlichen Sicherheit mit der Bundespolizei und der Polizei der Länder oder im Sozialbereich, bei dem zusätzlich zu Bund und Ländern noch die Gemeinden eine Rolle spielen.

Noch deutlicher wird die fehlende Finanzautonomie aber auf der Einnahmeseite: Die Länder besitzen im Grundsatz die Verschuldungskompetenzen, die ihnen die grundgesetzliche Schuldenbremse zugesteht. Sie können aber in nur sehr geringem Umfang eigene Steuern erheben (siehe Abbildung 2, Kapitel 1). Ihnen stehen laut Grundgesetz die Einnahmen aus der Grunderwerbsteuer, der Erbschaft- und Schenkungsteuer, der Biersteuer oder der Abgaben der Spielbanken zu. Dahingehend haben die Länder eine sogenannte Ertragshoheit. Nur die beiden Erstgenannten haben aber ein nennenswertes Aufkommen, und von diesen besteht nur für die Grunderwerbsteuer eine Kompetenz der Länder zur Festlegung der Steuersätze. Die Erbschaft- und Schenkungsteuer ist bundeseinheitlich geregelt. Unabhängig von den Ländern verfügt der Bund zudem über den Solidaritätszuschlag, die Kraftfahrzeugsteuer, über verschiedene spezielle Verbrauchsteuern wie die Energiesteuer (Mineralölsteuer), die Schaumwein-, die Tabak- und die Kaffeesteuer. Ihm steht nicht nur die Ertragshoheit, sondern auch die Gesetzgebungshoheit bei diesen Steuerarten zu. Gleichwohl sind dies relativ weniger ertragreiche Steuern. Bund, Länder und Gemeinden finanzieren sich überwiegend durch das Aufkommen aus den Gemeinschaftssteuern. Dazu gehören die (Lohn- und) Einkommensteuer (einschließlich der Kapitalertragsteuer), die Körperschaftsteuer und die Umsatzsteuer (Mehrwertsteuer). Sie machen insgesamt rund drei Viertel der gesamten Steuereinnahmen des Staates aus.

Die Bund-Länder-Finanzen sind extrem komplex. Erstens müssen die genannten Gemeinschaftssteuern vertikal, d. h. den föderalen Ebenen, zugeteilt werden. Grundgesetzlich festgelegt ist die hälftige Aufteilung des Aufkommens der Körperschaftsteuer auf Bund und Länder. Das Aufkommen aus der Lohn- und Einkommensteuer steht entsprechend dem Bund und den Ländern jeweils in Höhe von 42,5 Prozent und den Gemeinden in Höhe von 15 Prozent zu. Die Aufteilung der Umsatzsteuer wird bundesgesetzlich im Zuge des Finanzausgleichs geregelt. Sie ist sozusagen das variable Scharnier unter den Gemeinschaftssteuern, sodass die jeweiligen Anteile an ihrem Aufkommen von Jahr zu Jahr variieren können. Im Jahr 2024 bekam der

Bund 48,1 Prozent der Umsatzsteuer, die Länder 49,1 Prozent und die Gemeinden 2,8 Prozent.

Neben diese vertikale Aufteilung zwischen den Ebenen Bund, Länder, Gemeinden treten zweitens eine horizontale Aufteilung zwischen den Ländern, drittens ein Finanzausgleich, der horizontale Disparitäten ausgleicht, und schließlich, auf einer vierten Stufe, weitere Bundestransfers, die sogenannten Bundesergänzungszuweisungen, die nach dem horizontalen Finanzausgleich noch bestehende Disparitäten weiter nivellieren. Die Bund-Länder-Finanzbeziehungen sind, wie gesagt, hochkomplex und setzen eine Vielzahl von Anreizen, die ungünstige Wirkungen haben können.

Finanzlage der Länder

Wie zuvor angedeutet, gingen der Einführung der Schuldenbremse 2009 zunehmend Haushaltsprobleme auf der Länderebene voraus. Bereits im Jahr 1992 erkannte das Bundesverfassungsgericht eine extreme Haushaltsnotlage in den Ländern Bremen und Saarland an. Beide hatten in Karlsruhe geklagt, weil sie sich außerstande sahen, ihre Landeshaushalte aus eigener Kraft wieder zum Ausgleich zu bringen. Beide Länder waren spätestens seit den 1970er Jahren durch Strukturprobleme getroffen – im Saarland durch das Ende der Montanindustrie, in Bremen durch den Niedergang der Werftindustrie. Beide Länder hatten mit Subventionen schlussendlich erfolglos versucht, sich gegen diesen Strukturwandel zu wehren. Nachdem die Karlsruher Richter die Haushaltsnotlage anerkannt hatten, erhielten beide Länder von 1994 bis 2004 Sonder-Bundesergänzungszuweisungen, also Transfers des Bundes.

Dieses Urteil verstärkte die Erwartung der Länder, dass sie im Fall von Haushaltsproblemen darauf hoffen konnten, von der bundesstaatlichen Gemeinschaft herausgehauen zu werden (Bail-out). Dies setzt den Anreiz zu übermäßigen Ausgaben und übermäßiger Verschuldung, statt die eigenen Landeshaushalte zu konsolidieren. Tritt eine Haushaltsnotlage ein, ist das Kind also bereits im Brunnen, dann bleibt oft wenig anderes als das Bail-out, wenn keine größere Krise daraus erwachsen soll. Die Konsolidierung sollte vorher stattfinden. Um die richtigen Anreize dafür zu setzen, sollten die Rahmenbedingungen so verändert werden, dass ein Land insolvent gehen kann. Fehlanreize der übermäßigen Verschuldung bei glaubwürdiger Erwartung eines Bail-outs sind in der finanzpolitischen Forschung und Realität wohlbekannt und führten bei der Schaffung der Europäischen Währungsunion zum im Maastricht-Vertrag festgeschriebenen Bail-out-Verbot der Mitgliedstaaten. Im Zuge der EU-Schuldenkrise gab es eine intensive Debatte darüber, inwiefern das Einstehen der Mitgliedstaaten für Griechenland, die Rettungsschirme und schließlich der Europäische Stabilitätsmechanismus (ESM) gegen das Bail-out-Verbot verstoßen.

Mit dem Urteil des Bundesverfassungsgerichts von 1992 hatte Deutschland sein eigenes Bail-out-Problem. Der damit gesetzte Fehlanreiz wurde vor allem im Fall Berlins sichtbar. Die Finanzlage Berlins verschlechterte sich nach der Wiedervereinigung erheblich, sodass Berlin sich veranlasst sah, ebenfalls in Karlsruhe auf Anerkennung einer extremen Haushaltsnotlage zu klagen. Im Jahr 2006 entschied das Bundesverfassungsgericht jedoch, dass Berlin sich nicht in einer extremen Haushaltsnotlage befinde, weil es erstens noch genügend Spielräume zur Haushaltskonsolidierung habe, um sich eigenständig aus seinen Haushaltsproblemen zu befreien, und weil sich zweitens die Finanzlage der anderen Länder so weit verschlechtert hatte, dass Berlin nicht mehr extrem hervorstach. Zu diesem Zeitpunkt hatten das Saarland und Bremen zudem schon ein zweites Mal eine Klage in Karlsruhe wegen einer Haushaltsnotlage gestellt.

Die Schuldenbremse wurde 2009 unter anderem eingeführt, weil der Bund und die Länder im Zuge der Finanzkrise fürchteten, dass ihre Refinanzierungskosten, also Zinsausgaben, durch die hohe zusätzliche Verschuldung in den Jahren 2008 und 2009 massiv steigen würden. Es bestand die Hoffnung, dass eine neue Schuldenregel an den Finanzmärkten ein glaubwürdiges Signal für eine zukünftige Konsolidierung senden würde und so das Zinsniveau niedrig genug gehalten werden könnte. Hinzu kam, dass im Paket mit der Einführung der Schuldenbremse mit der Föderalismusreform II für Länder mit Haushaltsproblemen – neben Berlin, Bremen und dem Saarland noch Schleswig-Holstein und Sachsen-Anhalt – Konsolidierungshilfen, also weitere Transfers des Bundes, vereinbart wurden.

Die Entwicklung der Staatsschuldenquoten der Länder (in Prozent des BIP) ist in Abbildung 17 dargestellt, wobei die genannten Länder besonders hervorgehoben sind. Die restlichen elf Länder sind nicht separat genannt. Die Abbildung zeigt, dass das Saarland und Bremen in den 1990er Jahren, in denen sie nach dem Urteil des Bundesverfassungsgerichts Bundesergänzungszuweisungen erhielten, von der zuvor herausstechenden Verschuldung etwas herunterkamen, sie danach ihre Verschuldung aber wieder erhöhten. Bremen gelang eine merkliche Konsolidierung erst ab 2015, unterbrochen durch den enormen Anstieg der Kassenkredite während der Coronapandemie. Diese außergewöhnliche Verschuldung wurde jedoch durch den Bund aufgefangen. Im Saarland setzte die Konsolidierung nach Einführung der Schuldenbremse früher ein. Berlin erhöhte seine

Abbildung 17: Staatsschuldenquoten der Länder (Prozent ihres Bruttoinlandsprodukts)

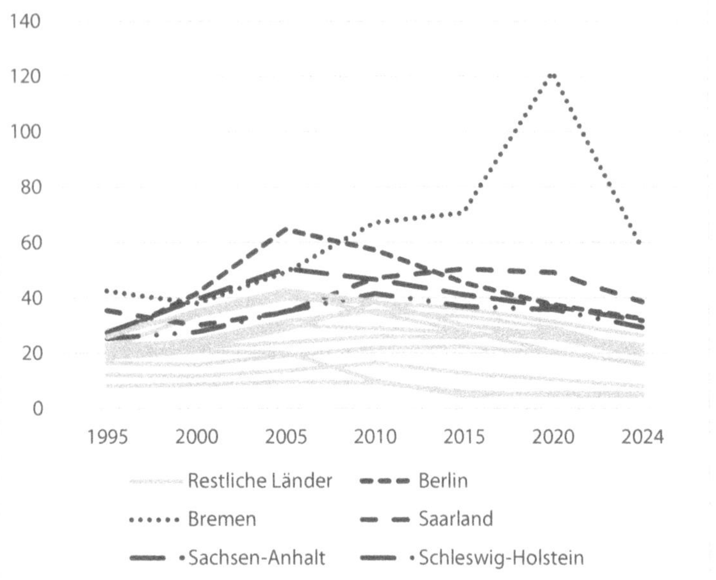

Quellen: Bundesregierung, eigene Darstellung

Staatsverschuldung nach der Wiedervereinigung mit großer Dynamik bis zum Jahr 2005. Danach kam es dort zu einer nennenswerten Konsolidierung. Sachsen-Anhalt und Schleswig-Holstein zeigen ähnliche Entwicklungen wie Berlin nach Einführung der Schuldenbremse. Gleichwohl liegen alle fünf Länder heute mit ihren Staatsschuldenquoten über denjenigen der anderen Länder. In der Ländergemeinschaft stehen Bayern und Sachsen mit der geringsten Verschuldung am besten da, gefolgt von Baden-Württemberg.

Es zeigt sich also: Das Bail-out der beiden Haushaltsnotlagenländer Bremen und Saarland half beiden, ihre Haushalte anfangs zu konsolidieren, war aber nicht nachhaltig für die Beibehaltung solider Finanzpolitik nach dem Auslaufen der entsprechenden Bundesergänzungszuweisungen. Hingegen setzte das Bail-out von Bremen und dem Saarland im Fall Berlins und, weniger markant, Sachsen-Anhalts und Schleswig-Holsteins den Anreiz, stärker in die Verschuldung zu gehen. Mit Einführung der Schuldenbremse stellten sich alle Länder auf die Notwendigkeit der Konsolidierung ein – erleichtert durch die gute Wirtschaftslage nach der Finanzkrise bis zum Vorabend der Coronakrise sowie durch die Niedrigzinsphase, welche die Zinsausgaben der Länder merklich reduzierte.

Dies zeigt sich in Abbildung 18, welche die Zins-Steuer-Quoten der Länder darstellt, wiederum mit der Hervorhebung der fünf Länder, die nach 2010 Konsolidierungshilfen erhielten. Diese Kennzahl misst das Verhältnis der staatlichen Zinsausgaben zu den tatsächlichen Steuereinnahmen und zeigt, welcher Teil der Einnahmen zur Bedienung der Staatsschulden erforderlich ist, also wie stark die Spielräume für andere Ausgaben, etwa für Bildung oder Infrastruktur, eingeschränkt sind. Die Zins-Steuer-Quote hat das Bundesverfassungsgericht bereits 1992 bei der Beurteilung einer extremen Haushaltsnotlage berücksichtigt und wird bis heute in der Analyse der Länderfinanzen betrachtet, etwa durch den Stabilitätsrat. Im Stabilitätsrat sitzen die Finanzminister des Bundes und der Länder sowie der Bundeswirtschaftsminister.

Die Zins-Steuer-Quoten zeigen eindrücklich, wie sehr Bremen und das Saarland zu Beginn dieser Zeitreihe, also kurz nach der Anerkennung einer extremen Haushaltsnotlage im Jahr 1992, durch den Zinsendienst in ihren haushaltspolitischen Spielräumen eingeschränkt waren. Das Saarland musste rund ein Viertel, Bremen nahezu 30 Prozent seiner Steuereinnahmen für Zinsaus-

Abbildung 18: Zins-Steuer-Quoten der Länder

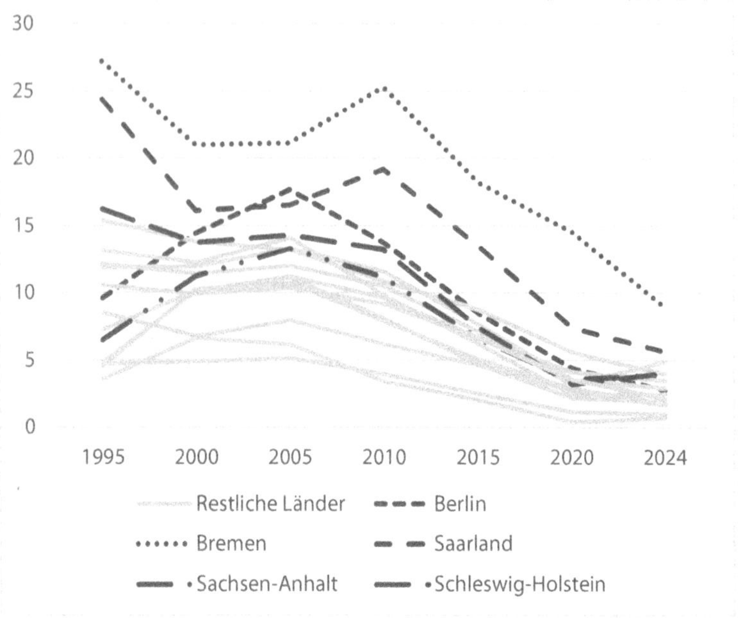

Quellen: Bundesregierung, eigene Darstellung

gaben aufwenden. In Schleswig-Holstein sowie in Niedersachsen, das nicht besonders hervorgehoben ist, war die Lage ebenfalls schwierig, mit Zins-Steuer-Quoten von etwa 15 Prozent im Jahr 1995. In Berlin und Sachsen-Anhalt stiegen die Zins-Steuer-Quoten zunächst bis Mitte der ersten Dekade der 2000er Jahre an, bevor sich, nicht zuletzt im Zuge der Niedrigzinsphase und sprudelnder Steuereinnahmen aufgrund eines ordentlichen Wirtschaftswachstums, ein markanter Rückgang der Zins-Steuer-Quoten ergab. Die Befürchtung der Länder in der Finanzkrise, sich mit deutlich ungünstigeren Refinanzierungskosten konfrontiert zu sehen, lässt sich mit den Ausschlägen der Zins-Steuer-Quoten für Bremen und das Saarland im Jahr 2009 illustrieren.

Dies geht zwar auf die einbrechenden Steuereinnahmen zurück, ließ diese Länder jedoch befürchten, dass die zuvor überwunden geglaubte Haushaltsnotlage wiederkehren würde.

Gleichwohl stechen heute noch alle fünf Konsolidierungsländer im Vergleich zu den anderen Ländern mit ihren Zins-Steuer-Quoten heraus. Für Schleswig-Holstein und das Saarland, aber auch für andere weniger finanzschwache Länder ist zudem am aktuellen Rand eine Trendumkehr zu beobachten. Zwar ist diese noch nicht beunruhigend. Aber sie lässt die Effekte einer Normalisierung des Zinsniveaus erkennen. Bei einer größeren Verschuldung der Länder, die aufgrund der Lockerung der Schuldenbremse und der während der Coronapandemie aufgenommenen außergewöhnlichen Kredite erwartbar ist, kann das in finanzschwachen Ländern rasch wieder schwierigere Haushaltssituationen nach sich ziehen. Für den Bund und die finanzstarken Länder birgt dies die Gefahr, in der Zukunft zu einem Bail-out anderer Länder herangezogen zu werden.

Die deutsche Finanzverfassung setzt weitergehende Fehlanreize. Die Landesregierungen können sich im Hinblick auf ihre Wiederwahl in der Finanzpolitik nur durch Maßnahmen auf der Ausgabenseite profilieren, haben jedoch so gut wie keine Möglichkeiten, dies durch eine geeignete Steuerpolitik auszugleichen – mit fatalen Folgen. In der Wirtschaftspolitik legt die Politik oftmals den Schwerpunkt auf den Erhalt von Arbeitsplätzen im eigenen Land, sodass sie Subventionsprogramme für Altindustrien, die vom Strukturwandel betroffen sind, zumeist als das erste Mittel der Wahl ansieht. Dies zeigt sich aktuell in der Zielsetzung einer Transformation zur Klimaneutralität im Fall der Stahlindustrie in Bremen und im Saarland, aber auch jenseits dieser alten Industrie in der Ansiedlungspolitik für industriepolitisch identifizierte Zukunftstechnologien wie die Mikrochipproduktion oder die Produktion von Batteriezellen in Sachsen-Anhalt beziehungsweise in Schleswig-Holstein.

Müssten die Länder diese Mehrausgaben durch eine Veränderung der Steuersätze im Zuge einer Steuerautonomie bei der Einkommen- und Körperschaftsteuer selbst finanzieren, gäbe es sicher mehr politische Kräfte im jeweiligen Land, die diese Mehrausgaben stärker hinterfragen würden. Dieser Fehlanreiz wird noch verstärkt durch das bestehende Finanzausgleichssystem. Es führt zu so starken Nivellierungseffekten, dass jeder Euro, der in einem Nehmerland an Steuereinnahmen durch Neuansiedlungen von Unternehmen eingenommen wird, großteils wieder in den Finanzausgleich zurückfließt. Selbst eine erfolgreiche Ansiedlungspolitik, die produktive Arbeitsplätze in einem Land hält, lässt dieses Land mit einer höheren Verschuldung zurück, von der es nur allmählich und bei länger anhaltender günstiger allgemeiner Wirtschaftslage wieder herunterkommt. Die Motivation der Wirtschaftspolitik der Länder beschränkt sich daher auf den Arbeitsplatzerhalt oder -aufbau und ist verbunden mit der Hoffnung, dass die bundesstaatliche Gemeinschaft in einer Haushaltsnotlage einspringt.

Schließlich haben die Länder in der geltenden Finanzverfassung einen Anreiz, sich regelmäßig beim Bund zu refinanzieren. Dies führt dazu, dass sie sich jede finanzwirksame Maßnahme des Bundes, die im Bundesrat zustimmungspflichtig ist, vom Bund kompensieren lassen. So stimmten die Länder der Unternehmenssteuerreform der Regierung Merz im Juli 2025, dem sogenannten Investitionsbooster, nur zu, nachdem der Bund sie dafür vollständig finanziell kompensiert hatte. Für die deutsche Volkswirtschaft insgesamt vorteilhafte Reformen werden dadurch zumindest behindert, wenn nicht sogar verhindert. Bei größeren Reformvorhaben, etwa der Reform der Bund-Länder-Finanzbe-

Abbildung 19: Bereinigte Einnahmen von Bund, Ländern und Gemeinden (Anteil in Prozent)

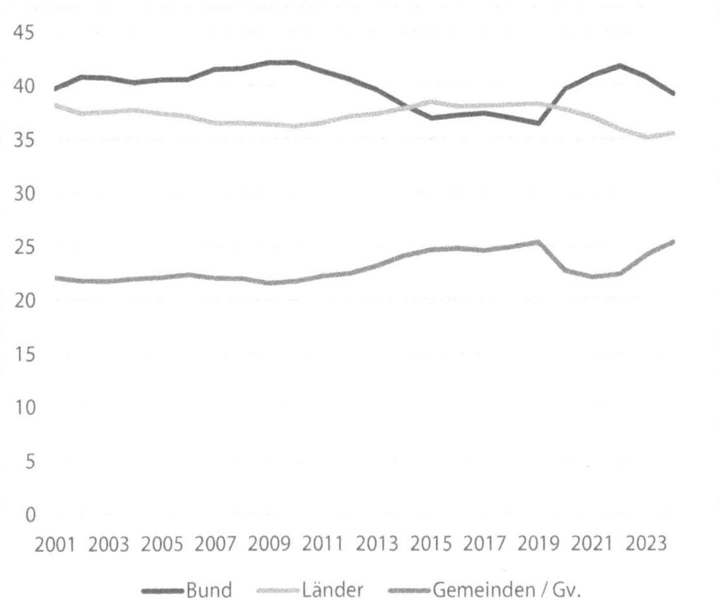

Quellen: Bundesregierung, eigene Darstellung

ziehungen im Jahr 2017, bildeten die 16 Länder eine Koalition gegen den Bund. So erzielten sie zwischenzeitlich einen höheren Anteil an den bereinigten Einnahmen als der Bund (Abbildung 19). Inwiefern der in jüngster Zeit wieder etwas höhere Anteil des Bundes nachhaltig ist, wird sich noch zeigen müssen.

Finanzlage der Gemeinden

In der aktuellen Diskussion wird die Finanzlage der Städte und Gemeinden als besonders schwierig dargestellt. Ihr Defizit sagt jedoch noch wenig über ihre tatsächliche strukturelle Finanzlage aus. Wie in Abbildung 3 in Kapitel 1 dargestellt, bleibt die Staatsschuldenquote der Gemeinden im Aggregat (also Städte, Gemeinden und Gemeindeverbände) seit den 1950er Jahren relativ niedrig – deutlich niedriger als diejenigen des Bundes und aller Länder. Allerdings verbirgt sich hinter den aggregierten Daten eine große Varianz zwischen den Gemeinden. Hoch verschuldeten Gemeinden, etwa in Nordrhein-Westfalen, stehen niedrig verschuldete Gemeinden in Sachsen oder Baden-Württemberg gegenüber (Abbildung 20).

Die hohe Verschuldung einiger Städte und Gemeinden in Deutschland hat zu einem Ruf nach einer Teilentschuldung der Gemeinden geführt. Der Bund solle sich an den entsprechenden Anstrengungen der Länder beteiligen. Eine solche Teilentschuldung der hoch verschuldeten Gemeinden durch den Bund löst jedoch keines der bestehenden Probleme. Sie setzt vielmehr zusätzliche Fehlanreize, weil Länder, die ihre Gemeinden von sich aus bereits in eine bessere Finanzlage versetzt haben, erkennen müssten, dass sie dabei voreilig waren und besser gewartet hätten, bis die Ländergemeinschaft den Bund dazu verleitet hätte, sie ein Stück weit aus der Verantwortung zu lassen. Während Niedersachsen oder Hessen (mit seiner Hessenkasse) schon längst für eine verbesserte Finanzlage ihrer Gemeinden sorgten und zugleich durch einen veränderten Finanzausgleich und veränderte Rahmenbedingungen für die Finanzaufsicht der Gemeinden bessere Anreize für eine solide Finanzpolitik setzten, wartet Nordrhein-Westfalen offenbar auf die Beteiligung des Bundes.

Der Grund für die Misere der Gemeinden liegt noch tiefer und ist in der Finanzverfassung begründet. Während die Gemeinden im Grundgesetz nicht (wie die Länder) als eigene staatliche Ebene anerkannt werden und als Teil der Länder gelten,

Abbildung 20: Die höchst verschuldeten Gemeinden, aufgeteilt nach Ländern (Top 5 %)

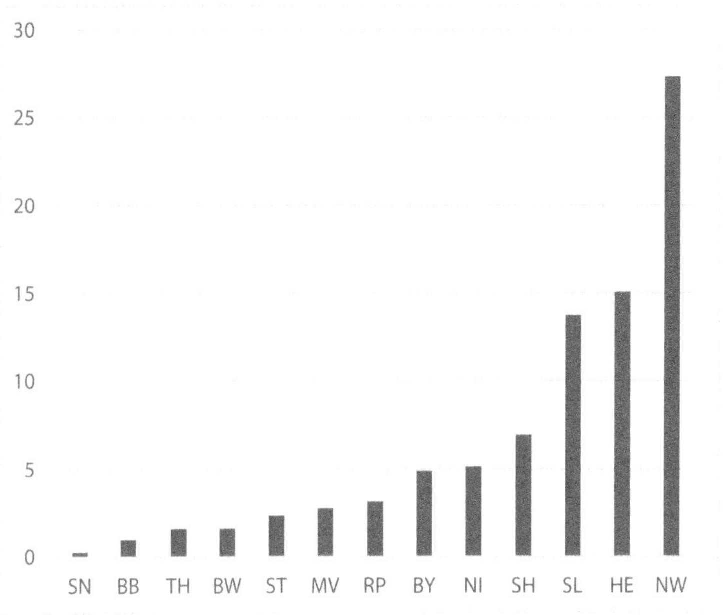

Quellen: Bundesregierung, eigene Darstellung

ist die Gemeindeautonomie grundgesetzlich geschützt. Insbesondere sind die Länder gehalten, ihre Gemeinden mit adäquaten Finanzmitteln auszustatten. Die Gemeinden haben dabei eine weitergehende Steuerautonomie als die Länder, weil sie ihre Hebesätze der Gewerbesteuer und der Grundsteuern A und B festsetzen und zusätzliche Steuern einführen können. Die Gewerbesteuer ist zwar aufkommensstark, aber im Konjunkturverlauf hochvolatil. Zudem hängen manche Städte und Gemeinden sehr stark von einzelnen Gewerbesteuerzahlern ab. Hinzu treten Transfers, welche die Gemeinden im kommunalen Finanzausgleich erhalten oder zahlen.

Die Verschuldungsmöglichkeiten der Gemeinden sind begrenzt. Sie unterliegen zwar nicht der Schuldenbremse und können sich in Höhe ihrer Investitionen verschulden. Darüber hinaus sind Kassenverstärkungskredite unter bestimmten Bedingungen für laufende Ausgaben möglich. Allerdings unterliegen die Gemeinden der Kommunalaufsicht der Länder und müssen sich ihre Haushalte genehmigen lassen. Die dafür festgelegten Regeln, vor allem aber die Praxis der Kommunalaufsicht unterscheiden sich zwischen den Ländern erheblich.

Die Misere auf der Gemeindeebene liegt nicht in ihrer Haushaltsautonomie begründet. Vielmehr ist es die Beeinträchtigung der Haushaltsautonomie der Gemeinden durch Bund und Länder auf der Ausgabenseite. Neben der Wahrnehmung freiwilliger Aufgaben etwa im kulturellen Bereich müssen die Gemeinden Pflichtaufgaben erfüllen, die ihnen ein enges Korsett von Vorgaben auferlegen und häufig wenig Ermessensspielraum lassen. Dies gilt insbesondere für Aufgaben im Sozialbereich. Zuletzt zeigten die Jugend- und die Eingliederungshilfe eine starke Ausgabendynamik. Bund und Länder, Letztere zumindest über den Bundesrat, legen diese Pflichtaufgaben für die Gemeinden fest. Dabei kann der Bund in der Regel nicht unmittelbar auf die Gemeinden zugreifen, ihnen beispielsweise Finanzmittel zukommen lassen. Diese fließen fast ausschließlich über die Länder, die Gelder an die Gemeinden dann weiterverteilen sollen.

In dieser Gemengelage ergibt sich für die Gemeinden ein großes Problem. Die Gemeindefinanzen sind erstens von strukturellen Gegebenheiten bestimmt, etwa ob wertschöpfungsstarke Unternehmen in der Gemeinde angesiedelt sind oder Probleme aufgrund eines Strukturwandels bestehen. Dies wirkt sich auf der Einnahmeseite über die Gewerbe- und, verzögert, über die Grundsteuer B, auf der Ausgabenseite über allfällige Subventionen an Unternehmen aus. Zweitens spielt die Finanzausstattung der Gemeinden durch das jeweilige Land im Rahmen des kommunalen Finanzausgleichs eine Rolle. Drittens bestimmen Bund und Länder über die Ausgestaltung der Pflichtaufgaben die Spielräume auf der Ausgabenseite. Schließlich spielen die politischen Präferenzen auf der lokalen Ebene eine Rolle. Diese können natürlich ebenfalls zu finanziellen Schwierigkeiten führen. In dieser Gemengelage kommen kommunale Investitionen oder gar nur die Instandhaltung der kommunalen Infrastruktur nicht selten zu kurz.

Beseitigung der Fehlanreize im deutschen Finanzföderalismus

Die Fehlanreize der deutschen Finanzverfassung wirken sich somit ungünstig auf Länder und Gemeinden aus. Vor allem die Länder haben einen Anreiz zu übermäßigen Ausgaben. Länder und Gemeinden tendieren zu einer Vernachlässigung von Investitionen und der Instandhaltung der Infrastruktur und zu einer Begünstigung von Konsum- und Transferausgaben. Die daraus resultierende Verschuldung lässt sich im jeweiligen Land, in der jeweiligen Stadt oder Gemeinde nur schwer korrigieren. Meistens ist dazu Hilfe von außen gefragt.

Lösen ließe sich diese Problematik durch eine Reform der Finanzverfassung. Die ökonomische Analyse des Föderalismus legt dazu eindeutige Empfehlungen nahe. Entscheidungsträger, Kostenträger und Nutznießer öffentlicher Maßnahmen sollten möglichst kongruent sein. Dies ist angesichts der Mobilität von Unternehmen und Einwohnern auf der lokalen Ebene praktisch nicht leicht zu erreichen. Dennoch sollte einer Haushaltsautonomie auf der Ausgabenseite eine entsprechende Einnahmeautonomie folgen. Dies würde es vor allem erforderlich machen, Länder und Gemeinden mit einer höheren Eigenständigkeit bei der Besteuerung auszustatten. In der Vergangenheit wurden einige Vorschläge dazu unterbreitet, etwa ein Zuschlagsrecht auf die Einkommen- und Körperschaftsteuer, das die heutigen Anteile der Länder und Gemeinden an diesen Steuereinnahmen zumindest teilweise ersetzt oder an die Stelle der Gewerbesteuer tritt. Die Belastung mit diesen Steuern müsste dann auf Bundesebene entsprechend sinken.

Bund und Länder konnten sich bisher nicht zu einer solchen Reform durchringen. Zumindest die Ländermehrheit steht dem entgegen. Die Schuldenbremse für die Länder sollte wenigstens die Tendenz zur übermäßigen Verschuldung bis hin zur Haushaltsnotlage eindämmen. Die im Zuge der Schuldenwende beschlossene Ausweitung des strukturellen Verschuldungsspielraums der Länder löst keines der Anreizprobleme des föderalen Finanzsystems. Vielmehr werden den Ländern durch die Lockerung der Schuldenbremse nun noch mehr Möglichkeiten zur Verschuldung gegeben; somit wird ohne entsprechende strukturelle Veränderungen das Risiko von Haushaltsnotlagen erhöht. Das grundlegende Problem der Länder- und Gemeindefinanzen wurde damit nicht angegangen.

Literatur und Datenquellen

Eine Beschreibung des deutschen Finanzföderalismus findet sich in Heiko T. Burret, Yannick Bury und Lars P. Feld (2024), Skimming the Achieved? – Quantifying the Fiscal Incentives of the German Fiscal Equalization Scheme and Its Reforms since 1970, *Economics of Governance* 25 (3), S. 291–334. Darin enthalten sind aktuelle Berechnungen der Transferentzugsraten im Finanzausgleich. Dies aktualisiert eine frühere Berechnung von Heiko T. Burret, Yannick Bury und Lars P. Feld (2018), Grenzabschöpfungsraten im deutschen Finanzausgleich, *List Forum für Wirtschafts- und Finanzpolitik* 44 (1), S. 1–22.

Die kommunalen Haushalts- und Aufsichtsregeln werden in Yannick Bury und Lars P. Feld (2018), Die Heterogenität der kommunalen Haushalts- und Aufsichtsregeln als Herausforderung im vertikalisierten Fiskalföderalismus, *Jahrbuch für öffentliche Finanzen* 2 (2018), S. 149–180, sowie in Yannick Bury und Lars P. Feld (2022), Zum Zusammenhang zwischen Finanzverfassung und kommunaler Finanzlage, in: Martin Burgi und Christian Waldhoff (Hrsg.), *Kommunale Selbstverwaltung im Bundes- und Finanzstaat: Festschrift für Hans-Günter Henneke zum 65. Geburtstag*, Carl Heymanns Verlag, Köln, S. 663–703, analysiert.

Zu den negativen Anreizen des deutschen Finanzausgleichssystems siehe Jonathan Rodden (2006), *Hamilton's Paradox: The Promise and Peril of Fiscal Federalism*, Cambridge University Press, Cambridge, Lars P. Feld, Jan Schnellenbach und Thushyanthan Baskaran (2012), Creative Destruction and Fiscal Institutions: A Long-Run Case Study of Three Regions, *Journal of Evolutionary Economics* 22, S. 563–583, Thushyanthan Baskaran, Lars P. Feld und Sarah Necker (2017), Depressing Dependence: Transfers and Economic Growth in the German States. 1975–2005, *Regional Studies* 51, S. 1815–1825, Timm Boenke, Beate Jochimsen und Carsten Schroeder (2017), Fiscal Equalization and Tax Enforcement, *German Economic Review* 18, S. 377–409.

Zu berücksichtigen sind zudem die Wirkungen der föderalen Finanzverfassung für die Nutzung von Investitionsmitteln für die Gemeinden, die selbst wiederum politische Anreize, etwa hinsichtlich der Wiederwahl ihrer Bürgermeister, haben. Siehe dazu Yannick Bury, Lars P. Feld und Ekkehard A. Köhler (2025), Do Party Ties Increase Transfer Receipts in Cooperative Federalism? Evidence from Germany, *European Journal of Political Economy* 86, 102630, sowie Yannick Bury und Lars P. Feld (2026), Do Local Elections Affect the Spending of Intergovernmental Transfers? Evidence from Germany's Stimulus Package of 2009, erscheint in: *Public Choice*.

Die Haushaltsnotlagenproblematik der Länder wird analysiert in Wissenschaftlicher Beirat beim BMF (2005), *Haushaltskrisen im Bundesstaat,* Gutachten, Schriftenreihe des Bundesministeriums der Finanzen, Band 78, Stollfuß Verlag, Bonn, sowie speziell auf die Haushaltsnotlagenproblematik Bremens bezogen Lars P. Feld, Thushyanthan Baskaran und Jan Schnellenbach (2007), *(Extreme) Haushaltsnotlage in Bremen?*, Finanzwissenschaftliches Gutachten im Auftrag der Länder Baden-Württemberg, Bayern, Hessen, Nordrhein-Westfalen und Sachsen, Heidelberg.

Das Urteil des Bundesverfassungsgerichts zum Berliner Fall vom 19. Oktober 2006 – 2 BvF 3/03 – findet sich unter BVerfGE 116, 327.

Lars P. Feld, Hanno Kube und Jan Schnellenbach (2013), *Optionen für eine Reform des bundesdeutschen Finanzausgleichs*, Gutachten im Auftrag der FDP-Landtagsfraktionen der Länder Baden-Württemberg, Bayern und Hessen, Freiburg i. Br. legen Berechnungen für eine Reform des geltenden Finanzausgleichs durch Zuschlagsrechte der Länder auf die Einkommen- und Körperschaftsteuer vor.

KAPITEL 6

DIE SCHULDENBREMSE ALS EINFACHER SÜNDENBOCK

In den vorangegangenen Kapiteln haben wir bereits dargelegt, dass die Politik oftmals von einer optimalen zukunftsgerichteten Finanzpolitik abweicht. Wichtig ist dabei zu betonen, dass es sich hier nicht zwingend um irrationale Handlungen der Politikerinnen und Politiker handelt. Vielmehr gibt es institutionelle und systematische Anreize für die Politik, die zu Ergebnissen führen können, die für die Gesellschaft insgesamt nicht optimal sind. Die Politik handelt innerhalb bestehender institutioneller Rahmenbedingungen rational und stimmt ihre Entscheidungen und Maßnahmen auf Ziele ab, wie etwa die Maximierung der Wiederwahlchancen. Die Forschung unter den Überschriften Public Choice und Political Economics beschäftigt sich seit Jahrzehnten intensiv mit diesen Mechanismen.

Die Neigung der Politik zu übermäßiger Verschuldung

Die Neigung der Politik, höhere Schulden aufzunehmen und größere Defizite einzugehen, als gesellschaftlich erwünscht oder ökonomisch optimal wäre, ist in der Wissenschaft umfangreich erforscht und empirisch belegt. Die in Kapitel 2 besprochenen Gründe für eine Verschuldung des Staates, wie Glättung von Steuern, Stabilisierungspolitik in schweren Krisen oder Naturkatastrophen, können nur einen zeitweisen oder einmaligen Anstieg der Staatsverschuldung erklären. Auf eine Phase höherer Verschuldung aus solchen temporären oder einmaligen Gründen sollte dann eine Phase der Konsolidierung folgen, beispielsweise in konjunkturell besseren Zeiten. Die Mechanismen aus der politökonomischen Forschung liefern hingegen Erklärungen für länger anhaltende oder trendmäßige Anstiege der Verschuldung.

Erstens kann der Zugriff auf gemeinsame Ressourcen, insbesondere öffentliche Mittel, zu systematischer Übernutzung und damit zu übermäßiger Verschuldung führen. In einem gemeinsamen Haushalt haben ein individueller Politiker oder ein einzelnes Ministerium Anreize, für sich selbst jeweils möglichst umfangreiche Maßnahmen und möglichst hohe Ausgaben zu verhandeln. Gleichzeitig bestehen Anreize, möglichst wenig zum gemeinsamen Budget beizutragen. Das gilt nicht nur für Politiker, sondern genauso für Wählergruppen. Im Ergebnis fragt eine Gruppe mehr finanzielle Ressourcen nach, als sie selbst bereit wäre zu bezahlen. In die Verhandlungen um einen Haushalt sind dabei verschiedene Entscheidungsträger eingebunden, die von unterschiedlichen Gruppen beeinflusst werden oder gar von ihnen abhängen. Je mehr Entscheidungsträger und Interessengruppen beteiligt sind, desto fragmentierter also der Prozess ist, umso höher ist tendenziell das Risiko, dass die fiskalischen Ressourcen übermäßig beansprucht werden und die Verschuldung zu hoch ausfällt. So zeigt sich etwa in der Forschung, dass Defizite systematisch höher ausfallen, je mehr Parteien sich in einer Regierung zu einer Koalition zusammengeschlossen haben oder je mehr Entscheidungsträger, also Minister oder Ministerien, es in einer Regierung gibt.

Ähnliches ergibt sich in einem vertikal gegliederten Staat, beispielsweise in Bundesstaaten mit einer regionalen und einer lokalen Ebene oder in Einheitsstaaten mit nur einer lokalen Ebene. So machen, wie in Kapitel 5 gezeigt, die Gemeinschaftssteuern von Bund, Ländern und Gemeinden in Deutschland rund drei Viertel der gesamten Steuereinnahmen aus. Jede staatliche Ebene hat einen Anreiz, möglichst viel davon für sich zu vereinnahmen, und trägt so zur Übernutzung bei. Es ist schon auffällig, wie häufig die Länder sowie die Spitzenverbände der Gemeinden um mehr Mittel aus dem Bundeshaushalt werben.

Zweitens kann die Politik ausnutzen, dass sie mehr Informationen über die fiskalische Situation hat als die Bürgerinnen und Bürger. Dies betrifft nicht nur fiskalische Daten, sondern auch die mediale Kommunikation über Haushaltsrisiken. In der Regel sind Entscheidungsträger in Ministerien und Parlament und ganz generell in der Politik besser über die fiskalische Situation eines Staates und die Details des Haushalts informiert. Das gilt umso mehr, wenn komplizierte Konstrukte etwa über Sondervermögen oder andere Haushaltsinstrumente sowie verschiedene Abgrenzungen zwischen den Haushaltstiteln dazu führen, dass der Haushalt und die Fiskalpolitik immer intransparenter werden. Der Informationsvorsprung und die strategische Signalsetzung der Politik können sogenannte politische Budgetzyklen begünstigen: Vor Wahlen kann eine Regierung dann Steuersenkungen und höhere Ausgaben beschließen oder versprechen, die aber vor dem Hintergrund der wahren Haushaltssituation nicht angezeigt oder von der Gesamtheit der Wähler nicht einmal gewünscht wären, weil sie nur partikularen Interessengruppen zugutekommen. Das erzeugt empirisch gut belegte Budgetzyklen, bei denen in Wahljahren oder unmittelbar davor die staatlichen Ausgaben höher oder die Einnahmen niedriger ausfallen.

Drittens kann der Versuch, im politischen Wettbewerb langfristige Vorteile zu erlangen, zu höherer Verschuldung führen. Muss eine Regierung davon ausgehen, bei der nächsten Wahl abgewählt zu werden, könnte sie theoretisch versuchen, den fiskalischen Spielraum nachfolgender Regierungen absichtlich zu verkleinern (strategische Schuldenakkumulation). Macht die Regierung in der laufenden Wahlperiode höhere Schulden, dann schränken höhere Zinsen sowie geringere Verschuldungsspielräume die nächste Regierung ein. Sie kann dann weniger von ihrem Programm umsetzen und hat damit im politischen Wettbewerb Nachteile.

Viertens ist die Politik oftmals ungeduldig und kurzsichtig, selbst wenn sie dies später bedauert (Zeitinkonsistenz). Wie bereits in den vorangegangenen Kapiteln beschrieben, präferiert sie vor allem Maßnahmen, die schnell ihre Wirkung entfalten. Nachdem die Regierung immer das Risiko hat, bei der nächsten Wahl nicht mehr wiedergewählt zu werden, hat sie kurzfristigere Zeitpräferenzen als die Bevölkerung. Sie möchte also lieber heute höhere Ausgaben tätigen und nimmt dafür höhere Zinsen oder Rückzahlungen in Zukunft eher in Kauf. Empirisch lässt sich zeigen, dass höhere öffentliche Ausgaben mit einer höheren Anzahl an Regierungswechseln oder kürzeren durchschnittlichen Amtszeiten einhergehen.

In der deutschen Politik sind die beschriebenen Mechanismen ebenfalls sichtbar. Seien es die unterschiedlichen finanzpolitischen Wahlversprechen, der Wettbewerb unter Ministerien um Haushaltsmittel, die Forderungen der Länder gegenüber dem Bund oder die Kurzsichtigkeit stark steigender kreditfinanzierter Konsumausgaben. Für eine strategische Staatsverschuldung im Sinne einer Politik der verbrannten Erde gibt es für Deutschland bisher keine systematische Evidenz. Während die zuvor genannten Anreize immer bestehen, hat die Schuldenbremse in ihrer ursprünglichen Form sichergestellt, dass die Verschuldung deswegen nicht übermäßig über das konjunkturell Vertretbare hinaus ansteigt.

Begrenzung der Defizitneigung der Politik

Was kann ein Staat tun, um diese Mechanismen und die sich daraus ergebende Defizitneigung der Politik abzuschwächen? Die richtigen institutionellen Rahmenbedingungen können die Anreize zur Verschuldung abschwächen. Beispielsweise kann mehr direkte Demokratie, etwa durch Finanzreferenda wie in der Schweiz, in der die Bevölkerung über einzelne öffentliche Ausgabenprojekte abstimmt, die politischen Entscheidungen stärker mit den Präferenzen der Bevölkerung in Einklang bringen. Ein stärker zentralisiertes politisches Entscheidungssystem, etwa mit einem starken Finanzminister, kann den Zugriff unterschiedlicher Anspruchsgruppen auf eine gemeinsame Ressource abschwächen. Eine effizientere und transparentere Verwaltung und Haushaltsführung sowie unabhängige Überwachungsinstitutionen können die Informationsasymmetrie zwischen Politik und Bevölkerung reduzieren. Das ist nur eine Auswahl an Beispielen, die in der Lage wären, die Defizitneigung der Politik abzuschwächen, die aber oftmals weitreichende kulturelle oder verfassungsrechtliche Änderungen notwendig machen würden.

Eine weitere Möglichkeit, die Auswirkungen der Defizitneigung der Politik direkt zu begrenzen, ist die Einführung von Fiskalregeln. Darunter versteht man längerfristige Regeln, die der Regierung Grenzen setzen, wie hoch Defizit, Ausgaben oder Verschuldung sowie deren Veränderung sein dürfen. Die Schuldenbremse ist eine solche Fiskalregel. Sie ist allerdings keineswegs eine deutsche Ausnahme, sondern reiht sich ein in viele solcher Regeln weltweit.

Ende des Jahres 2024 zählte der IWF 122 Staaten weltweit, deren öffentliche Finanzen in der einen oder anderen Form einer Fiskalregel unterlagen. In den vergangenen Jahrzehnten haben kontinuierlich immer mehr Staaten Fiskalregeln eingeführt. Anfang der 1990er Jahre waren es weltweit noch weniger als 20 Staaten. Deutschland war schon damals darunter. 13 Staaten hatten im Jahr 2024 wie Deutschland eine nationale Fiskalregel, die in der Verfassung verankert ist. Die gesetzliche Basis hat sich über die Zeit ebenfalls stark verändert. Mittlerweile haben rund 60 Prozent der Staaten Regeln gesetzlich oder verfassungsrechtlich festgelegt, während es Anfang der 2000er Jahre erst ein Viertel war. 30 Staaten begrenzen, wie die deutsche Schuldenbremse, das öffentliche Defizit und beachten bei der Berechnung des Defizits die konjunkturelle Situation. Die Schuldenbremse stellt also keineswegs einen deutschen Sonderweg dar, sondern gehört weltweit zur guten finanzpolitischen Praxis.

Die Wirksamkeit der deutschen Fiskalregeln

Damit Fiskalregeln ihre Funktion erfüllen können, kommt es auf ihre richtige und wirksame Ausgestaltung an. Das kann beispielhaft an der Historie deutscher Fiskalregeln beobachtet werden. Grundsätzlich gab es Beschränkungen der staatlichen Kreditaufnahme bereits in den Verfassungen des Deutschen Reiches von

1871 und in der Weimarer Verfassung von 1919. Seit 1949 gibt es im Grundgesetz eine Fiskalregel, die dem öffentlichen Defizit Grenzen setzt. Artikel 115 des Grundgesetzes erlaubte damals Kreditaufnahme lediglich für »außerordentliche Bedarfe« und »werbende Zwecke«. Unter werbenden Zwecken wurden dabei grundsätzlich rentable Ausgaben im privatwirtschaftlichen Sinne oder Ausgaben mit Rückflusscharakter verstanden. Da zunehmend laufende Investitionsausgaben und solche Investitionen, die keinen eigenen finanziellen Ertrag erwarten ließen, darunter gefasst wurden, büßte diese Fiskalregel ihre Bindungswirkung im Zuge einer zu weitläufigen Auslegung der beiden Ausnahmen ein.

Im Jahr 1969 wurde die Regel umfassend reformiert. Anschließend war die öffentliche Kreditaufnahme in einem Umfang erlaubt, der den im Haushalt vorgesehenen Bruttoinvestitionen entsprach. Diese Regel galt dabei unmittelbar für den Bundeshaushalt und wurde für viele Länderhaushalte übernommen; sie gilt noch heute für die Gemeinden. Eine Fiskalregel, welche die erlaubte Neuverschuldung an den Umfang der Investitionen knüpft, wird in der Wirtschaftswissenschaft Goldene Regel genannt. Neben der Verschuldung für Investitionen erlaubte die Fiskalregel in der Fassung von 1969 als Ausnahme zusätzlich eine noch höhere Kreditaufnahme, um eine »Störung des gesamtwirtschaftlichen Gleichgewichts« abzuwehren. Für beide Begründungen als Ausnahme zur höheren Verschuldung gab es jedoch große Interpretationsspielräume. Dies bezog sich zum einen darauf, wann eine Ausgabe eine Investition im Sinne der Regel war, und zum anderen darauf, wann eine Störung des gesamtwirtschaftlichen Gleichgewichts gegeben war. Die Politik wählte regelmäßig eine weite Auslegung, um einen größeren Verschuldungsspielraum zu erhalten. Es kam rund um die Auslegung zu häufigen und lang andauernden gerichtlichen Auseinandersetzungen.

Im Jahr 2009 wurde die Goldene Regel durch die Schuldenbremse in ihrer ursprünglichen Form ersetzt. Betrachtet man die Entwicklung der Staatsschuldenquote in Deutschland bis zum Jahr 2009, so sieht man einen trendmäßigen Anstieg ab Mitte der 1970er Jahre mit dem Höhepunkt in der Finanzkrise im Jahr 2010 (siehe Abbildung 21). Obwohl über den gesamten Zeitraum bereits Fiskalregeln in der Verfassung verankert waren, kam es zu einer immer höheren Schuldenquote. Es fällt besonders auf, dass nach starken Anstiegen der Schuldenquote keine Phasen folgten, in denen die Schuldenquote wieder signifikant gesenkt wurde. Günstigere Konjunkturphasen gingen lediglich mit einer Stabilisierung der Staatsschuldenquoten einher, allenfalls mit Rückgängen in vereinzelten Jahren. Das änderte sich erst nach der Finanzkrise und nach Einführung der Schuldenbremse.

Die im Jahr 2009 eingeführte Schuldenbremse setzt eine Grenze für die Höhe des strukturellen Defizits des Bundes und der strukturellen Defizite der Länder. Das strukturelle Defizit ist dabei das Defizit, das sich einstellen würde, wenn sich die Volkswirtschaft weder in einer Expansions- noch in einer Rezessionsphase, also weder im Auf- noch im Abschwung, befindet. Wenn die Produktionsfaktoren normal ausgelastet sind, dann befindet sich die Volkswirtschaft auf ihrem sogenannten Produktionspotenzial. An diesem richtet sich das strukturelle Defizit aus. Der Vorteil ist, dass dadurch automatisch mehr Verschuldungsspielräume entstehen, wenn das aktuelle Produktionsniveau unter dem Potenzial liegt. Ebenso werden die Spielräume kleiner, wenn die Produktion über Potenzial läuft. Die erlaubten Verschuldungsmöglichkeiten »atmen« also mit der Konjunktur. Ökonomen bezeichnen dies als das freie Wirken automatischer Stabilisatoren. Es muss also nicht in einem Abschwung extra gespart werden, um die bei schlechterer Konjunktur niedrige-

Abbildung 21: Staatsschuldenquote Deutschland (Gesamtstaat, Prozent des BIP)

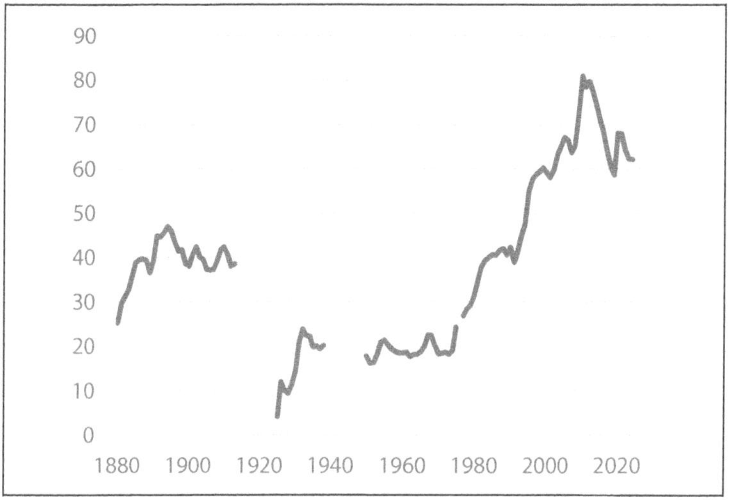

Quellen: Internationaler Währungsfonds, Deutsche Bundesbank, eigene Darstellung

ren Steuereinnahmen oder höheren Ausgaben für Arbeitslose zu kompensieren. Ebenso können aber in einem Aufschwung die konjunkturell höheren Einnahmen und niedrigeren Ausgaben nicht für andere Dinge verwendet werden. Der Nachteil besteht darin, dass das strukturelle Defizit und das Produktionspotenzial nicht beobachtbar sind und geschätzt werden müssen. Diese Schätzungen sind mit viel Unsicherheit behaftet.

Für den Bund liegt die Grenze für das strukturelle Defizit bei 0,35 Prozent des BIP. Abgesehen von Ausnahmen, darf die Neuverschuldung des Bundes in einem Jahr, in dem sich die Wirtschaft weder in einem Auf- noch in einem Abschwung befindet, d. h. auf Potenzial produziert, also nur 0,35 Prozent des BIP betragen. Für die Länder lag die Grenze vor der Änderung im März 2025 bei null Prozent des BIP. Selbst das bedeutet jedoch nicht, dass für die Länder keine Verschuldung zugelassen war. Nicht zuletzt erhielten sie lange Übergangsfristen bis zur vollen Gültigkeit ihrer Schuldenbremsen im Jahr 2020, während der Bund seine Schuldenbremse schon ab 2016 voll einhalten musste. Die Länder haben zudem genauso wie der Bund unter der Schuldenbremse zusätzliche Verschuldungsspielräume in konjunkturellen Schwächephasen. Die Schuldenbremse darf daher nicht mit der häufig erwähnten Schwarzen Null verwechselt werden. Die Schwarze Null ist in Deutschland weder in der Verfassung noch einem Gesetz festgeschrieben, sondern war lediglich Teil politischer Abmachungen. Sie bezieht sich auf das einfache unbereinigte Defizit, also die Differenz aus Einnahmen und Ausgaben. Ist die Schwarze Null erreicht, hat der Staat oder der Bund tatsächlich kein Defizit und verschuldet sich nicht zusätzlich. Demgegenüber erlaubt die Einhaltung der Schuldenbremse eine Neuverschuldung, die je nach konjunktureller Situation unterschiedlich hoch ausfallen kann.

Neben der erlaubten strukturellen Neuverschuldung und der erlaubten konjunkturellen Neuverschuldung in wirtschaftlichen Schwächephasen erlaubt die Schuldenbremse eine weitergehende Neuverschuldung außerdem bei Aktivierung einer Ausnahme für außergewöhnliche Krisen und Naturkatastrophen. Diese Krisen müssen sich der Kontrolle des Staates entziehen und die öffentlichen Finanzen erheblich beeinträchtigen. Die Ausnahme wurde während der Coronapandemie und der durch den russischen Angriffskrieg ausgelösten Energiekrise aktiviert. Die Wiedervereinigung oder die Finanzkrise wären wohl ebenfalls Ereignisse gewesen, die eine Aktivierung hätten begründen können.

Zusätzlich verändert das Ausmaß finanzieller Transaktionen die Möglichkeiten der Neuverschuldung unter der Schuldenbremse. Die Höhe der erlaubten Neuverschuldung wird verringert, wenn durch finanzielle Transaktionen das finanzielle Vermögen des Staates abgesenkt wird. Damit soll verhindert werden, dass Regierungen die Schuldenbremse durch den Verkauf von Wertgegenständen, von staatlichen Vermögenswerten oder durch Privatisierungen einhalten. Beispielsweise soll ein Verkauf eines Staatsunternehmens nicht die Finanzierung von schuldenfinanzierten Ausgaben möglich machen können. Gleichzeitig bedeutet es jedoch auch, dass die Finanzierung etwa eines Kaufs von Beteiligungen oder die Ausgabe von Darlehen über zusätzliche Neuverschuldung erlaubt ist. Es darf also zusätzliche Verschuldung dafür eingesetzt werden, um finanzielle Vermögenswerte aufzubauen.

Wie sich die Einführung der Schuldenbremse auswirkte

Nach Einführung der Schuldenbremse sank die Staatsschuldenquote bis zum Beginn der Coronapandemie kontinuierlich. Erstmals seit langer Zeit wurde also die während einer schweren Krise, in dem Fall der Finanzkrise, angehäufte zusätzliche Verschuldung relativ zur Wirtschaftsleistung in der wirtschaftlich besseren Phase wieder abgebaut. Diese Phase war gekennzeichnet von relativ guten Wachstumsraten, einem kontinuierlichen Anstieg der Steuereinnahmen, insbesondere durch steigende Beschäftigung, und einem begrenzten Anstieg der Ausgaben. Insbesondere bei diesen günstigen Rahmenbedingungen kann davon ausgegangen werden, dass der Politik ohne eine effektive Begrenzung der Neuverschuldung durch die Schuldenbremse in einem solchen Umfeld viele zusätzliche Ausgaben und Steuersenkungen eingefallen wären. In der öffentlichen Diskussion um fiskalische Maßnahmen spielte die Schuldenbremse in der Tat eine wichtige Rolle. So hatten etwa CDU/CSU und FDP in ihrem Koalitionsabkommen im

Jahr 2009 Steuersenkungen vereinbart. Diese wurden jedoch mit Verweis auf die geringen Spielräume unter der Schuldenbremse nicht umgesetzt. Ähnliches war mit geplanten Ausgabensteigerungen aus den Koalitionsverträgen in dieser Zeit zu beobachten.

Um trotz des kurzen Zeitraums die Effekte der Schuldenbremse untersuchen zu können, kann auf eine spezielle empirische Methode, die sogenannte synthetische Kontrollmethode, zurückgegriffen werden. Dabei wird die Entwicklung eines sogenannten synthetischen Doppelgängers eines Staates simuliert. Synthetischer Doppelgänger bedeutet dabei, dass sich die Entwicklung von Kennzahlen eines virtuellen Staates aus Teilen der Entwicklung anderer Staaten zusammensetzen lässt. Für das Funktionieren der Methode ist es wichtig, dass die Entwicklung von wichtigen wirtschaftlichen Kennzahlen des realen Deutschland und des synthetischen Doppelgängers bis zu dem Ereignis, das untersucht werden soll, sehr ähnlich verläuft. Anschließend kann durch den weiteren Verlauf der Kennzahlen der Effekt des Ereignisses, in diesem Fall der Einführung der Schuldenbremse, im Vergleich mit dem synthetischen Doppelgänger betrachtet werden.

Für die Schuldenbremse finden sich mit dieser Methode folgende Ergebnisse: Durch die Schuldenbremse ist das Defizit in Deutschland signifikant niedriger ausgefallen. Die Schuldenquote wäre ohne Schuldenbremse weiter angestiegen und nicht, wie es sich tatsächlich zeigte, gefallen. Auf die Investitionstätigkeit des Bundes hatte die Einführung der Schuldenbremse keinen klar nachweisbaren Einfluss, und mit hoher Wahrscheinlichkeit hat ihre Einführung die Zinssätze auf Bundesanleihen gesenkt.

In der wissenschaftlichen Literatur gibt es eine Fülle an Studien, die zu ähnlichen Ergebnissen für die Auswirkungen von Fiskalregeln ganz allgemein kommen. Es ist empirisch gut belegt, dass Fiskalregeln die öffentlichen Defizite und Schuldenanstiege effektiv begrenzen. Dabei müssen die Regeln für einen senkenden Effekt nicht einmal in jedem Jahr eingehalten werden. Zudem zeigen die Studien, dass mit Fiskalregeln niedrigere Zinsen für die Staatsanleihen einhergehen. Glaubwürdige Fiskalregeln sind ein Signal an die Finanzmärkte, die daher ein niedriges Risiko und in der Folge niedrigere Zinsen mit den Staatsanleihen verbinden.

Die Schuldenbremse hat sich insbesondere in der Corona- und Energiekrise als sehr flexibel erwiesen. Besonders in diesen schweren Krisen erlaubte sie eine kräftige Reaktion der Fiskalpolitik, um dem wirtschaftlichen Einbruch und den Einkommensausfällen und Preissteigerungen für die Haushalte entgegenzuwirken. Fiskalregeln wie die Schuldenbremse sorgen insbesondere durch den Aufbau von Puffern in Aufschwungphasen dafür, dass in Krisenzeiten, wenn viele fiskalische Ressourcen benötigt werden, diese tatsächlich zur Verfügung stehen. Wird die Schuldenquote in wirtschaftlich besseren Zeiten reduziert, kann die Reaktion in Krisen entsprechend stärker ausfallen. In einigen Staaten weltweit und insbesondere im Euroraum ist dies nicht mehr der Fall. Ihre Schuldenquote ist so hoch, dass sie selbst in schweren Krisen wie der Coronapandemie nicht mehr umfassend fiskalisch gegensteuern können. Die Einführung und Einhaltung von Fiskalregeln verhindern also keine antizyklische und wirksame Reaktion auf wirtschaftliche Einbrüche, sondern ermöglichen diese erst.

Behindert die Schuldenbremse wichtige staatliche Investitionen?

Eine zentrale Kritik an der Schuldenbremse behauptet, dass diese die Investitionstätigkeit des Staates einschränke. Die Verschuldungsspielräume der Schuldenbremse seien generell zu gering, und innerhalb der Grenze der Schuldenbremse würden von der Politik Konsum- zulasten von Investitionsausgaben bevorzugt. Die Probleme der statistischen und haushaltsrechtlichen Abgrenzung von Investitionen haben wir in Kapitel 4 bereits angesprochen. Die öffentliche Diskussion wird ohne Rückgriff auf diese Probleme geführt. So hat sich medial der Eindruck verfestigt, durch die Schuldenbremse habe Deutschland seine Infrastruktur vernachlässigt, sich sozusagen kaputtgespart.

Abbildung 22 stellt die Staatsschuldenquote neben die Bruttoinvestitionsquote, jeweils in Prozent des BIP und jeweils von 1960 bis 2024. Neben den Schwankungen beider Größen im Konjunkturverlauf zeigt sich ein rückläufiger Trend der staatlichen Investitionen bis zur Wiedervereinigung, die einen erneuten Schub öffentlicher Investitionen im Zuge des Aufbaus Ost auslöste. In der Folge sank die staatliche Investitionsquote wieder. Wie wir in Kapitel 4 dargelegt haben, führten vor allem die Städte und Gemeinden ihre Investitionen wieder zurück. Diese sind jedoch von der Schuldenbremse gar nicht erfasst. Seither zeigt sich im Wesentlichen eine Seitwärtsbewegung. Wenn seit Einführung der Schuldenbremse für die Investitionstätigkeit des Staates etwas zu erkennen ist, dann ist dies ein allenfalls moderater Anstieg.

Jedenfalls taugt die Höhe der staatlichen Investitionen nicht zur Erklärung der Höhe der Staatsverschuldung, den in der Diskussion oftmals geäußerten direkten Zusammenhang gibt es so nicht. Während die Staatsschuldenquote im Trend bis zur Einführung der Schuldenbremse anstieg, sank die Quote der öffentlichen Investitionen in Prozent des BIP im gleichen Zeitraum ab und erhöhte sich in den vergangenen Jahren wieder etwas, ohne von der Schuldenbremse daran gehindert zu werden.

Finanzielle Mittel waren in den Jahren zwischen Finanz- und Coronakrise insgesamt insbesondere beim Bund vorhanden, wes-

Abbildung 22: Vergleich der Staatsschuldenquote mit der Investitionsquote (jeweils in Prozent des BIP)

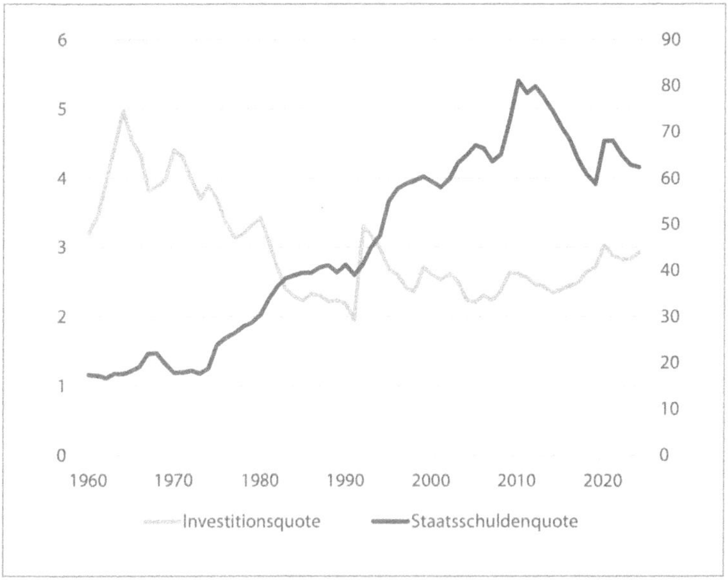

Quellen: Statistisches Bundesamt, eigene Darstellung

halb eine Ausnahme der Investitionen von der Schuldenbremse vermutlich nicht zu signifikant höheren Investitionen geführt hätte. In einigen Jahren wurde die Grenze der Schuldenbremse mit der Schwarzen Null sogar übererfüllt. Der Rückgang der Investitionen fand auf kommunaler Ebene statt. Deren Kreditaufnahme ist von der Schuldenbremse jedoch nicht beschränkt. Sie gilt nur für den Bund und die Länder. Es dürfte eine Reihe anderer Gründe als die Schuldenbremse für den Rückgang der Investitionen geben, die wir in Kapitel 4 ausführlicher beschrieben haben. Dazu zählen administrative Hürden, Kapazitätsengpässe, finanzielle Engpässe auf kommunaler Ebene, aber auch die Neigung der Politik, Investitionen zu benachteiligen. Aus diesen

Gründen dürfte in Zukunft ein sprunghafter Anstieg der öffentlichen Investitionen nur schwer zu erreichen sein. Eine schrittweise Erhöhung war, wie in den vergangenen Jahren bereits zu beobachten, selbst ohne Kürzungen in anderen Bereichen innerhalb der Schuldenbremse möglich.

Die Rückkehr zu einer Goldenen Regel, wie sie Deutschland vor der Schuldenbremse hatte, birgt die Gefahr, dass Defizit und Schuldenanstiege wieder nicht wirksam begrenzt werden. Eine sinnvolle Definition einer Ausnahme, die Umgehungsmöglichkeiten stark einschränkt, stellt sich als unmögliche Aufgabe dar. Und selbst die sehr weitläufig interpretierte Goldene Regel vor der Schuldenbremse hat den Rückgang der Investitionen in den 1990er Jahren und Anfang der 2000er Jahre nicht verhindert. Die Aufgabe der Schuldenbremse ist die Eindämmung der Auswirkungen der Defizitneigung der Politik und die Sicherstellung nachhaltiger öffentlicher Finanzen. Dieser Aufgabe kann sie nur noch eingeschränkt nachkommen, wenn sie gleichzeitig noch die Aufgabe bekommt, die Zusammensetzung der öffentlichen Ausgaben, also beispielsweise die Höhe der Investitionen, zu beeinflussen. Für die zweite Aufgabe sind andere Institutionen verantwortlich. So können etwa unabhängige Fiskalräte oder eine erhöhte Transparenz und öffentliche Debatten dazu beitragen, der Tendenz zur Kurzsichtigkeit der Politik entgegenzuwirken.

Öffentliche Ausgaben unterliegen immer der politischen Abwägung

Das Design der Schuldenbremse setzte implizit die richtige Überlegung um, dass eine Art von öffentlichen Ausgaben nicht zwangsläufig einer anderen vorzuziehen ist. Es muss immer eine politische Abwägung zwischen den unterschiedlichen Ausgaben stattfinden. Je nach Situation können Instandhaltungsmaßnahmen oder Ausgaben für Bildung und Justiz einen größeren positiven Effekt entfalten als Investitionen. Reiht die Politik alle Ausgaben nach ihrer Wichtigkeit, so verhindert die Schuldenbremse lediglich die am wenigsten wichtigen oder von den Wählern am wenigsten geschätzten Ausgaben.

Dass ein Anstieg der Investitionen innerhalb der Schuldenbremse nachhaltig möglich ist, zeigten die Anstiege in den vergangenen Jahren. In den Haushaltsplänen der Ampelkoalition war bei Einhaltung der Regelgrenze der Schuldenbremse durch Umschichtungen im Haushalt ein weiterer Anstieg ebenfalls für die Jahre 2025 und danach eingeplant.

Literatur und Datenquellen

Für Übersichten zu den politökonomischen Gründen der Staatsverschuldung siehe Alberto Alesina und Andrea Passalacqua (2016), The Political Economy of Government Debt, in: John B. Taylor und Harald Uhlig (Hrsg.), *Handbook of Macroeconomics*, Bd. 2, Kap. 33, S. 2599–2651, Lars P. Feld (2018), The Quest for Fiscal Rules, in: Richard E. Wagner (Hrsg.), *James M. Buchanan: A Theorist of Political Economy and Social Philosophy*, Palgrave MacMillan, Basingstoke, S. 965–990, und Pierre Yared (2019), Rising Government Debt: Causes and Solutions for a Decades-Old Trend, *Journal of Economic Perspectives* 33(2), S. 115–140.

Die Übernutzung des öffentlichen Haushalts aufgrund einer Allmendeproblematik (Common Pool Problem) ist bereits bei James M. Buchanan und Gordon Tullock (1962), *The Calculus of Consent*, University of Michigan Press, Ann Arbor, angelegt, dann vertieft in Barry R. Weingast, Kenneth A. Shepsle und Christopher Johnson (1981), The Political Economy of Benefits and Costs: A Neoclassical Approach to Distributive Politics, *Journal of Political Economy* 96, S. 132–163, und Robert P. Inman und Michael A. Fitts (1990), Political Institutions and Fiscal Policy: Evidence from the U. S. Historical Record, *Journal of Law, Economics and Organization* 6 (Special Issue), S. 79–132, behandelt. Andrés Velasco (2000), Debts and Deficits with Fragmented Fiscal Policymaking, *Journal of Public Economics* 76, S. 105–125, arbeitet das Common Pool Problem speziell für die Staatsverschuldung auf. Eine Anwendung im Schweizer Kontext bieten Christoph A. Schaltegger und Lars P. Feld (2009a), Do Large Cabinets Favor Large Governments? Evidence on the Fiscal Commons Problem for Swiss Cantons, *Journal of Public Economics* 93 (1–2), S. 35–47, zur Frage der Konsolidierung der Staatsfinanzen im Bundesstaat Christoph A. Schaltegger und Lars P. Feld (2009b), Are Fiscal Adjustments Less Successful in Decentralized Governments?, *European Journal of Political Economy* 25 (1), S. 115–123, und zu den Effekten der Gebiets- und Verwaltungsreformen in Baden-Württemberg Benedikt Fritz und Lars P. Feld (2020), Common Pool Effects and Local Public Debt in Amalgamated Municipalities, *Public Choice* 183 (1–2), S. 69–99.

Zu politischen Budgetzyklen siehe Kenneth Rogoff (1990), Equilibrium Political Budget Cycles, *American Economic Review* 80, S. 21–36, und den Übersichtsaufsatz von Jakob De Haan und Jeroen Klomp (2013), Conditional Political Budget Cycles: A Review of Recent Evidence, *Public Choice* 157, S. 387–410. Evidenz zu strategischer Staatsverschuldung bietet Per Petterson-Lidbom (2001), An Empirical Investigation of the Strategic Use of Debt, *Journal of Political Economy* 109, S. 570–583. Die Bedeutung häufiger Regierungswechsel stellen Nouriel Roubini und Jeffrey D. Sachs (1989), Political and Economic Determinants of Budget Deficits in the Industrial Democracies, *European Economic Review* 33, S. 903–938, heraus.

Zu direkter Demokratie und Staatsverschuldung siehe Lars P. Feld und Gebhard Kirchgässner (2001), Does Direct Democracy Reduce Public Debt? Evidence from Swiss Municipalities, *Public Choice* 109, S. 347–370. Zur Rolle von Fiskalräten siehe Roel Beetsma, Xavier Debrun, Xiangming Fang, Young Kim, Victor Lledó, Samba Mbaye und Xiaoxiao Zhang (2019), Independent Fiscal Councils: Recent Trends and Performance, *European Journal of Political Economy* 57, S. 53–69.

Übersichten zur Wirkung von Fiskalregeln bieten Lars P. Feld und Wolf Heinrich Reuter (2017), Wirken Fiskalregeln? Eine Übersicht über neuere empirische Befunde, *Wirtschaftspolitische Blätter* 64 (2), S. 179–191, sowie Niklas Potrafke (2025), The Economic Consequences of Fiscal Rules, *Journal of International Money and Finance* 153, 103286.

Zur Wirkungsweise der Schuldenbremse vor der Lockerung vom März 2025 siehe Christian Kastrop, Gisela Meister-Scheufelen und Margaretha Sudhof (2010), *Die neuen Schuldenregeln im Grundgesetz: Zur Fortentwicklung der bundesstaatlichen Finanzbeziehungen*, Berliner Wissenschafts-Verlag (BWV), Stuttgart, Lars P. Feld (2010), Sinnhaftigkeit und Effektivität der deutschen Schuldenbremse, *Perspektiven der Wirtschaftspolitik* 11 (3), S. 226–245, Sachverständigenrat zur Begutachtung der gesamtwirtschaftlichen Entwicklung (2019), *Den Strukturwandel meistern*, Jahresgutachten 2019/20, Kap. 5, Statistisches Bundesamt, Wiesbaden, Lars P. Feld, Wolf Heinrich Reuter und Mustafa Yeter (2019), Öffentliche Investitionen: Die Schuldenbremse ist nicht das Problem, *Perspektiven der Wirtschaftspolitik* 20 (4), S. 292–303, sowie Lars P. Feld, Lukas Nöh, Wolf Heinrich Reuter und Mustafa Yeter (2021), Von der Corona-bedingten Schuldenaufnahme zur Wiedereinhaltung der Schuldenbremse, *Perspektiven der Wirtschaftspolitik* 22 (4), S. 330–349.

Die Analyse der Wirkung der Schuldenbremse mithilfe der synthetischen Kontrollmethode findet sich in Maximilian Langer, Joshua Hassib, Lars P. Feld und Daniel Nientiedt (2025), *Evaluating the Effects of the German Debt Brake: A Synthetic Control Approach*, CESifo Working Paper Nr. 11933, München, sowie in Christian Ochsner und Martin Werding (2025), *Public Debt and Investment under the European Fiscal Compact*, Arbeitspapier, Sachverständigenrat zur Begutachtung der gesamtwirtschaftlichen Entwicklung, Wiesbaden.

Auswirkungen von Fiskalregeln auf Zinsen für Staatsanleihen sind in Lars P. Feld, Alexander Kalb, Marc-Daniel Moessinger und Steffen Osterloh (2017), Sovereign Bond Market Reactions to Fiscal Rules and No-Bailout Clauses – The Swiss Experience, *Journal of International Money and Finance* 70, S. 319–343, analysiert.

Für die Gründe, warum die Politik öffentliche Investitionen vernachlässigt, siehe Wissenschaftlicher Beirat beim BMWK (2023), *Finanzierung von Staatsaufgaben: Herausforderungen und Empfehlungen für eine nachhaltige Finanzpolitik*, Gutachten, Bundesministerium für Wirtschaft und Klima, Berlin, sowie Lukas Hack und Eckhard Janeba (2025), Ist die Schuldenbremse eine Investitionsbremse?, *Perspektiven der Wirtschaftspolitik* 26, S. 193–198.

Die Notwendigkeit von Fiskalregeln wird zudem ausführlich im Zusammenhang mit der Gründung der Europäischen Währungsunion durch den Maastricht-Vertrag sowie mit der Verabschiedung des Stabilitäts- und Wachstumspakts diskutiert. Im Zuge der europäischen Staatsschuldenkrise intensiviert sich diese Debatte. Siehe dazu Hans-Werner Sinn (2012), *Die TARGET-Falle: Gefahren für unser Geld und unsere Kinder*, München, Hans-Werner Sinn (2015), *Der Euro: Von der Frie-*

densidee zum Zankapfel, München, Lars P. Feld, Ekkehard A. Köhler und Daniel Nientiedt (2015), Ordoliberalism, Pragmatism and the Eurozone Crisis: How the German Tradition Shaped Economic Policy in Europe, *European Review of International Studies 2,* S. 48–61, Markus K. Brunnermeier, Harold James und Jean-Pierre Landau (2016), *The Euro and the Battle of Ideas,* Princeton, N. J., sowie John H. Cochrane, Luis Garicano und Klaus Masuch (2025), *Crisis Cycle: Challenges, Evolution, and Future of the Euro,* Princeton, N. J. Ausführlich mit der Wirkung der europäischen Fiskalregeln hat sich Wolf Heinrich Reuter (2015), National Numerical Fiscal Rules: Not Complied With, But Still Effective?, *European Journal of Political Economy* 39, S. 67–81, und Wolf Heinrich Reuter (2017), When and Why Do Countries Break Their National Fiscal Rules?, *European Journal of Political Economy* 57, S. 125 – 141, auseinandergesetzt. Siehe auch Luc Eyraud, Xavier Debrun, Andrew Hodge, Victor Duarte Lledo und Catherine A. Pattillo (2018), Second-Generation Fiscal Rules: Balancing Simplicity, Flexibility, and Enforceability, *IMF Staff Discussion Notes* 18/04, Washington, D. C.

Das Fiscal Affairs Department des Internationalen Währungsfonds veröffentlicht eine Datenbank über Fiskalregeln weltweit von 1985 bis 2024. Dabei kann nicht nur deren Einführung nachvollzogen werden, sondern ebenso deren Design. Der IWF stellt zudem sehr lange Zeitreihen für die öffentlichen Finanzen, insbesondere zu Defizit- und Schuldenquote, von über 150 Staaten weltweit zur Verfügung. In einigen Staaten starten die Zeitreihen im Jahr 1800, für Deutschland im Jahr 1880.

TEIL III

DIE GRUNDGESETZ-ÄNDERUNG UND IHRE FOLGEN

KAPITEL 7

MIT GELOCKERTER SCHULDENBREMSE IN DEN VERSCHIEBEBAHNHOF

Die vorangegangenen Kapitel zeigen, dass nicht die Schuldenbremse, sondern andere Gründe für die Investitionsrückstände in Deutschland verantwortlich sind. Sie zeigen, dass solide öffentliche Finanzen für die Verteidigungsfähigkeit ein wichtiges Element darstellen und die Verteidigungsausgaben, wenn überhaupt, dann nur kurzzeitig über Verschuldung finanziert werden sollten. Zudem zeigen sie, dass die Haushalte von Ländern und Gemeinden angespannt sind. Zusammengenommen hat das der neuen Bundesregierung eigentlich vor allem den großen Bedarf an strukturellen Reformen angezeigt. Höhere Verschuldung kann die meisten der Herausforderungen nur begrenzt adressieren und hat eine Reihe negativer Nebenwirkungen. Sie mindert zudem kurzfristig den Reformdruck, was die bereits bestehenden offensichtlichen Herausforderungen zukünftig noch größer werden lässt.

Die Änderungen an der Schuldenbremse vom März 2025

Noch vor der Bildung der neuen Regierung haben die zukünftigen Koalitionspartner im März 2025 hastig eine grundlegende Veränderung der Schuldenbremse umgesetzt. CDU/CSU und SPD beschlossen dafür zusammen mit den Grünen noch vor Ende der vergangenen Legislaturperiode im bereits abgewählten Bundestag eine Grundgesetzänderung. Die weitreichenden Änderungen haben die zukünftige Bindungswirkung der Schuldenbremse stark eingeschränkt. Konkret wurde die Schuldenbremse an drei Stellen geöffnet.

Erstens können Verteidigungsausgaben, die ein Prozent des BIP übersteigen, über zusätzliche Verschuldung finanziert werden. Diese sogenannte Bereichsausnahme gilt sowohl zeitlich als auch im Umfang unbeschränkt. Die unter die Bereichsausnahme fallenden Ausgaben sind dabei relativ weit gefasst. Zu den Ausgaben zählen »die Verteidigungsausgaben, die Ausgaben des Bundes für den Zivil- und Bevölkerungsschutz sowie für die Nachrichtendienste, für den Schutz der informationstechnischen Systeme und für die Hilfe für völkerrechtswidrig angegriffene Staaten«.

Zweitens liegt die Grenze der Schuldenbremse für die strukturellen Defizite der Länder nicht mehr bei null Prozent, sondern bei 0,35 Prozent des BIP. Dies stellt eine signifikante Erhöhung der Verschuldungsspielräume der Länder dar. Es führt zudem dazu, dass die Regelgrenzen für das strukturelle Defizit für Bund und Länder zusammen nicht mehr unter den in den europäischen Regelungen wichtigen 0,5 Prozent des BIP bleiben, sondern nun bei 0,7 Prozent des BIP liegen.

Drittens wurde eine zusätzliche Verschuldungsmöglichkeit in Höhe von 500 Milliarden Euro über einen Zeitraum von zwölf Jahren im Grundgesetz hinzugefügt. Das Sondervermögen Infrastruktur und Klimaneutralität (SVIK) soll diese Kreditermächtigungen »für zusätzliche Investitionen in die Infrastruktur und für zusätzliche Investitionen zur Erreichung der Klimaneutralität« einsetzen. 100 Milliarden Euro davon müssen dem Klima- und Transformationsfonds zugeführt und 100 Milliarden Euro den Ländern zur Verfügung gestellt werden. Da die Kreditermächtigungen für das Sondervermögen direkt im Grundgesetz neben den Regelungen der Schuldenbremse stehen, wird die zusätzliche Verschuldung von der Schuldenbremse nicht erfasst. Im Jahr 2022 wurde auf ähnliche Weise das Sondervermögen Bundeswehr im Grundgesetz neben der Schuldenbremse hinzugefügt.

Die Verschuldung klettert in neue Höhen

Der von der neuen Bundesregierung beschlossene Finanzplan zeigt, wie die Regierung die mit der Grundgesetzänderung geschaffenen Möglichkeiten bis zum Jahr 2029 nutzen will. Bis April 2020 hatte der Bund insgesamt über viele Jahrzehnte Schulden in Höhe von rund 1.070 Milliarden Euro angehäuft (siehe Abbildung 23). Innerhalb von 44 Monaten stieg diese Summe durch die zusätzliche Verschuldung im Zusammenhang mit der Corona- und Energiekrise bis Januar 2024 auf rund 1.550 Milliarden Euro an. Im Jahr 2024 und Anfang 2025 ist die Verschuldung im Vergleich nur leicht angestiegen. Der Finanzplan sieht nun vor, von 2025 bis 2029 für den Bund und seine Sondervermögen zusätzliche Schulden in Höhe von 851 Milliarden Euro aufzunehmen. In nur fünf Jahren würden also beinahe so viele Schulden zusätzlich aufgenommen werden wie in all den

Abbildung 23: Schulden des Bundes und seiner Sondervermögen (Milliarden Euro)

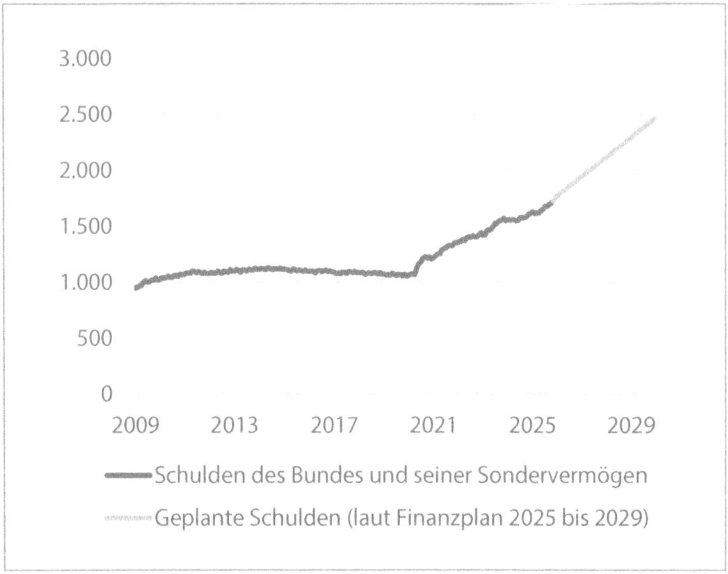

Quellen: Destatis, BMF, eigene Darstellung

Jahrzehnten vor 2020 zusammen. Die Bundesregierung plant, den Schuldenstand von Ende 2024 bis Ende 2029 um 50 Prozent zu erhöhen. Er würde dann bei fast 2.500 Milliarden Euro liegen – und das alles, ohne weitere schuldensteigernde Effekte abseits der ausgewiesenen Nettokreditaufnahme im Finanzplan der Bundesregierung zu berücksichtigen, wozu etwa regelmäßige sogenannte Stock-Flow-Adjustments oder eine weitere krisenbedingte Ausnahme von der Regelgrenze der Schuldenbremse zählen. Unter Stock-Flow-Adjustments versteht man Differenzen zwischen der im Haushalt ausgewiesenen Nettokreditaufnahme und der tatsächlichen Veränderung des Schuldenstands. Diese Abweichungen entstehen, weil nicht alle schuldenrelevanten Vorgänge als Defizit verbucht werden, etwa Veränderungen von Rücklagen und Kassenbeständen oder Bewertungs- und Übertragungseffekte.

Von den 851 Milliarden Euro zusätzlicher Verschuldung im Zeitraum von 2025 bis 2029 entfällt der größte Teil auf Verschuldung durch die Bereichsausnahme. 380 Milliarden Euro sollen für Verteidigung im weiteren Sinne aufgenommen werden. Die zusätzliche Verschuldung des Sondervermögens Infrastruktur und Klimaneutralität soll 271 Milliarden Euro umfassen und des Sondervermögens Bundeswehr in den Jahren 2025 bis 2027 noch 77 Milliarden Euro. Letzteres ist dann Ende 2027 vollständig aufgebraucht. Selbst ohne die Bereichsausnahme und die Sondervermögen lässt die Schuldenbremse eine weitere, begrenzte Verschuldung zu. Innerhalb der Regelgrenze der Schuldenbremse rechnet die Bundesregierung durch strukturelle und konjunkturelle Komponenten im Finanzplan mit insgesamt 124 Milliarden Euro zusätzlicher Verschuldung.

Zur zusätzlichen Verschuldung des Bundes in Höhe von 851 Milliarden Euro kommt die zusätzliche Verschuldung der Länder. Allein die Ausnutzung der geänderten Grenze von 0,35 Prozent des BIP des Vorjahres würde in den Jahren 2025 bis 2029 zusätzliche Schulden von über 80 Milliarden Euro bedeuten. Hinzu kommt die Verschuldung, die den Ländern konjunkturbedingt und bei Vorliegen einer Notlage unter der Schuldenbremse erlaubt ist.

Im Vergleich zum Jahr 2024 plant die Bundesregierung bis 2029 einen Anstieg der gesamten Ausgaben des Bundes von 540 Milliarden Euro auf 659 Milliarden Euro. Dabei sind jeweils alle Ausgaben des Kernhaushalts und der wichtigsten Sondervermögen SVIK, KTF und Bundeswehr zusammengerechnet. In der Finanzplanung sind in den Jahren 2027 bis 2029 zusätzlich erhebliche Handlungsbedarfe enthalten, 34 Milliarden Euro in 2027 bis 74 Milliarden Euro in 2029. Für 2027 dürften diese nach der Steuerschätzung im Herbst und den Beschlüssen zum Haushalt 2026, insbesondere der Schonung der Rücklage, noch signifikant geringer ausfallen, es dürfte aber ein zweistelliger Milliarden-Euro-Betrag stehen bleiben, und die großen Handlungsbedarfe der Folgejahre sind weitgehend unverändert. Diese Handlungsbedarfe sind als Globale Minderausgaben ausgewiesen, sodass die Bundesregierung annimmt, die Ausgaben in den Jahren noch auf bisher unbestimmte Weise um diese doch erheblichen Summen kürzen zu müssen. Gelingt dies nicht, müssen die Einnahmen entsprechend erhöht werden – entweder durch ein höheres Steueraufkommen etwa aufgrund eines höheren Wirtschaftswachstums, durch Erhöhungen von Steuersätzen oder durch zusätzliche Verschuldung, indem die Schuldenbremse weiter gelockert wird oder vorhandene Spielräume unter der Schuldenbremse kreativ genutzt werden.

Bezüglich der Finanzierung der geplanten Ausgaben gibt es mit der neuen Bundesregierung eine radikale Änderung (Abbildung 24). Im Jahr 2024 betrug der Anteil der Verschuldung, genauer der Nettokreditaufnahme, an den gesamten Einnahmen rund 9 Prozent. Im Jahr 2025 springt dieser Anteil auf 24 Prozent und steigt bis 2029 weiter auf 28 Prozent. Es wird also grob ein Viertel der gesamten Ausgaben über Schulden finanziert. Es dürfte offensichtlich sein, dass dies keine längerfristig nachhaltige Finanzierungsstruktur für den Bundeshaushalt sein kann. Werden die noch bestehenden Handlungsbedarfe im Extremfall ebenfalls ausschließlich über zusätzliche Verschuldung aufgelöst, würde der Anteil sogar auf 40 Prozent in 2029 ansteigen.

Abbildung 24: Einnahmen des Bundes inkl. Sondervermögen KTF, SVIK und Bundeswehr (Milliarden Euro)

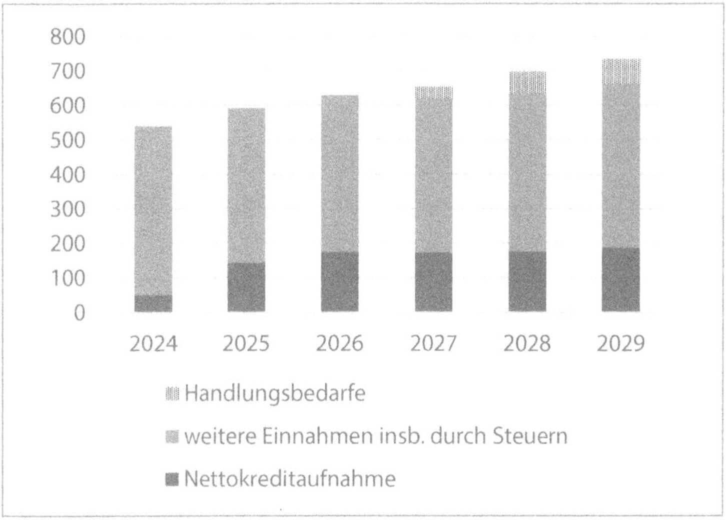

Quellen: BMF, Bundesregierung, eigene Berechnungen und Darstellung

Die Gefahr des »Verschiebebahnhofs«

Bei einer so schnellen Ausweitung der Verschuldung und der wenig nachhaltigen Finanzierungsstruktur sind die Risiken unabhängig von der Verwendung der zusätzlichen Verschuldung hoch. Dennoch spielt es natürlich eine entscheidende Rolle, wofür die Verschuldung genutzt wird. Wofür sie haushaltsrechtlich eingesetzt werden darf, ist im Grundgesetz und den Ausführungsgesetzen zusammen mit den Definitionen aus dem Bundeshaushalt festgelegt. Wir hatten in Kapitel 4 bereits über die Probleme bei der Definition von Ausgabenkategorien und haushalterischen Abgrenzungen gesprochen. Es ist daher zusätzlich eine ökonomische Betrachtung und Gesamtschau notwendig.

Es besteht insbesondere die Gefahr, dass zwar die zusätzlich aufgenommene Verschuldung für Ausgaben mit dem vorgesehenen Zweck eingesetzt wird, die gleichen Ausgaben jedoch ohne die zusätzlichen Verschuldungsmöglichkeiten aus Steuereinnahmen oder der bisher zulässigen Verschuldung finanziert worden wären. Es werden dann zwar zusätzliche Schulden für den vorgesehenen Zweck aufgenommen, aber keine zusätzlichen Ausgaben getätigt. Durch die Umetikettierung von der bisherigen Finanzierung auf die neuen Verschuldungsmöglichkeiten würden dann Spielräume zur Finanzierung ganz beliebiger anderer Ausgaben geschaffen. In der öffentlichen Diskussion wird hierzu vom Verschiebebahnhof oder, technischer, von der »Zusätzlichkeit« der Ausgaben gesprochen.

Am offensichtlichsten ist die Gefahr der Zweckentfremdung bei den Mitteln für die Länder. Diese haben zum einen einen zusätzlichen Verschuldungsspielraum durch die Veränderung der Regelgrenze der Schuldenbremse von null Prozent auf 0,35 Prozent des BIP, und zum anderen werden 100 Milliarden aus dem SVIK den Ländern zur Verfügung gestellt. Bei beidem ist vollkommen offen, ob und um wie viel die Länder ihre Investitionen dafür erhöhen werden. Im Zusammenhang mit dem Sondervermögen steht im Grundgesetz lediglich, dass die Länder mit den Mitteln »auch für Investitionen der Länder in deren Infrastruktur zur Verfügung« stehen. Zudem regelt das dazugehörende Ausführungsgesetz, dass die Mittel für investive Maßnahmen und Begleitmaßnahmen eingesetzt werden sollen. Es gibt allerdings keine Kriterien zur Zusätzlichkeit. Es sind nicht einmal Doppelförderungen oder bereits begonnene Projekte ausgeschlossen. Die Länder können letztlich also frei entscheiden, wie sie die Mittel einsetzen wollen. Für die Erhöhung der Regelgrenze der Schuldenbremse auf 0,35 Prozent gilt dies sowieso.

Ähnlich verhält es sich mit der Zuweisung von 100 Milliarden Euro an den Klima- und Transformationsfonds. Hier gibt es ebenfalls keine Regelung zur Zusätzlichkeit. Im Jahr 2025 erhielt der KTF eine Zuführung von 10 Milliarden Euro aus dem SVIK. Es ist jedoch nicht sichergestellt, dass die Mittel für zusätzliche Investitionen eingesetzt werden. Die geplanten Investitionsausgaben des KTF lagen im Jahr 2024 bei 30 Milliarden Euro, die tatsächlichen Investitionsausgaben jedoch nur bei 18 Milliarden Euro. Das liegt am geringen Mittelabfluss im KTF, der über einen langen Zeitraum zu beobachten ist. Der durchschnittliche Abfluss lag laut Bundesrechnungshof seit dem Jahr 2011 bei nur 61 Prozent (bereinigt um die EEG-Umlage in 2024). Im Jahr 2025 und in den Folgejahren dürften ebenfalls nicht alle geplanten Ausgaben tatsächlich abfließen. Zudem konnte der KTF in 2024 auf eine signifikante Entnahme aus der Rücklage von 29 Milliarden Euro zurückgreifen, davon stehen 2025 nur noch 6 Milliarden Euro zur Verfügung. Zur Illustration der Veränderungen durch die Zuführung aus dem SVIK eignet sich statt des Jahres 2024 daher eher ein Vergleich der von der Vorgängerregierung für 2025 geplanten Ausgaben mit den geplanten Ausgaben der aktuellen Regierung.

Die Ampelkoalition plante im Jahr 2025 mit Investitionsausgaben des KTF in Höhe von 27 Milliarden Euro, der aktuelle Plan sieht Investitionsausgaben von 26 Milliarden Euro vor. Es wird nun zwar mit einem stärkeren Abfluss der Mittel gerechnet, und daher wurden die sogenannten Globalen Minderausgaben abgesenkt – so hatte die Ampel noch damit gerechnet, dass (im Einklang mit dem langjährigen Durchschnitt des Mittelabflusses) 9 Milliarden Euro der Ausgaben des KTF nicht abfließen, während aktuell nur noch 2 Milliarden Euro angenommen werden. Die Globalen Minderausgaben beziehen sich allerdings nicht nur auf Investitionen, sondern auf alle Programmausgaben. Fließen doch weniger Mittel ab als angenommen, stehen die Mittel für beliebige Ausgaben im KTF in diesem oder den nächsten Jahren zur Verfügung. Zudem wurde die Zuführung zur Rücklage von null auf 2 Milliarden Euro erhöht. Die Rücklage kann im Jahr 2026 ebenfalls beliebig genutzt werden, insbesondere nicht nur für Investitionen. Insgesamt ist demnach bei den schuldenfinanzierten 10 Milliarden Euro Zuführung an den KTF fraglich, ob sie für zusätzliche Investitionen eingesetzt werden. Gleichzeitig wurden im KTF die nicht investiven Ausgaben erhöht, etwa durch einen Zuschuss für Übertragungsnetzentgelte in Höhe von 6,5 Milliarden Euro. Für 2026 ist ein Absinken der Investitionsausgaben des KTF auf 22 Milliarden Euro geplant.

Über die Bereichsausnahme für Verteidigung wird in den kommenden Jahren die größte Summe an zusätzlicher Verschuldung aufgenommen werden. Die Ausgabenkategorien, die in die Bereichsausnahme fallen, sind dabei relativ weit gefasst. Damit wächst die Möglichkeit, dass bisher bereits im Haushalt finanzierte oder geplante Ausgaben zukünftig über die Bereichsausnahme finanziert und damit Mittel für gänzlich andere Dinge freigemacht werden. Um dies nicht unbegrenzt zuzulassen, wurde bei der Grundgesetzänderung festgelegt, dass lediglich Verteidigungsausgaben, die ein Prozent des BIP überschreiten, in die Bereichsausnahme aufgenommen werden dürfen. Das ist jedoch eine bemerkenswert niedrige Schwelle. Bereits seit vielen Jahren gilt in der NATO der Richtwert von 2 Prozent des BIP für Verteidigungsausgaben. Dabei bezieht sich der Richtwert der NATO auf eine engere Definition der Verteidigungsausgaben; es werden also weniger und kleinere Ausgabenkategorien aufaddiert, die dann den Richtwert ergeben sollen. Die Bereichsausnahme nutzt eine breitere Definition, was es sogar leichter gemacht hätte, einen Wert von 2 Prozent zu erreichen.

Noch bemerkenswerter ist der Minimalwert vor dem Hintergrund, dass allein die Ausgaben des Bundesministeriums für Verteidigung plus die Ausgaben für Ertüchtigung der Partnerstaaten im Haushalt 2024 und in den Planungen der Ampelkoalition für 2025 bereits über 1,3 Prozent des BIP des vorangegangenen Jahres lagen. Allein damit konnten also beliebige andere Ausgaben im Umfang von mehr als 0,3 Prozent des BIP, was rund 14 Milliarden Euro ausmacht, zusätzlich über Verschuldung finanziert werden. Hinzu kommen die Ausgaben in anderen Kategorien der Bereichsausnahme und zusätzlich in die Kategorien der Bereichsausnahme umdefinierte Ausgaben. Die Deutsche Bundesbank hat berechnet, dass im Haushalt 2025 lediglich 11 Milliarden Euro von den 32 Milliarden Euro zusätzlicher Verschuldung über die Bereichsausnahme die Verteidigungsfähigkeit nach Definition der NATO steigern. Für den Haushalt 2026 berechnet sie einen Anstieg der NATO-Ausgaben von etwas über 30 Milliarden bei einer zusätzlichen Verschuldung durch die Bereichsausnahme von 58 Milliarden Euro.

SVIK in der Gesamtschau

Aus dem SVIK sind abzüglich der Zuführung an den KTF und der Transfers an die Länder Ausgaben im Jahr 2025 in Höhe von 19 Milliarden Euro geplant, die bis 2029 auf 41 Milliarden Euro ansteigen. Im Zusammenhang mit dem SVIK war die Gefahr der Zweckentfremdung von Anfang an offensichtlich. In den Verhandlungen mit den Grünen, die der Grundgesetzänderung vorangegangen waren, war die Frage der Zusätzlichkeit daher ein zentraler Punkt. Die dann gesetzlich umgesetzte Einigung definiert die Zusätzlichkeit als erfüllt, wenn die geplanten Investitionsausgaben ohne finanzielle Transaktionen im Kernhaushalt 10 Prozent der Ausgaben abzüglich finanzieller Transaktionen übersteigen.

Die Ausgaben im SVIK und im Kernhaushalt dürften den haushaltsrechtlichen Vorgaben und Definitionen genügen. Um jedoch die tatsächliche ökonomische Nutzung der zusätzlichen Verschuldung zu sehen, sind ein Blick auf den Kernhaushalt im Zusammenspiel mit den Sondervermögen und ein Vergleich mit vergangenen Zahlen und Planungen notwendig.

Für das Jahr 2025 plant die aktuelle Bundesregierung insgesamt Investitionen, d. h. Summe der Investitionen in Kernhaushalt, SVIK und KTF, in Höhe von 116 Milliarden Euro und für das Jahr 2026 in Höhe von 127 Milliarden Euro (siehe Abbildung 25). Folgt man dem von der Bundesregierung meist genutzten Vergleich mit den tatsächlichen Investitionen im Jahr 2024, ergibt sich ein Anstieg von 41 Milliarden Euro beziehungsweise 52 Milliarden Euro. Allerdings ist fraglich, ob das ein sinnvoller Vergleich ist. Denn von den aktuell von der Bundesregierung geplanten Investitionsausgaben werden nicht alle abfließen. Die tatsächlichen Investitionen dürften wie in den Vorjahren signifikant unter den geplanten Investitionen liegen. Daher ist eher ein Vergleich mit der geplanten Investitionssumme für 2024 oder den von der Ampelkoalition geplanten Investitionsausgaben für 2025 sinnvoll. Dann steigen die Investitionsausgaben im Jahr 2025 allerdings nur noch um 15 Milliarden Euro im Vergleich zu den geplanten Ausgaben in 2024 und um nur 8 Milliarden Euro im Vergleich zur Planung der Ampelkoalition für 2025. Der Haushaltsentwurf der Ampelkoalition hatte zwar noch eine Lücke, an deren Schließung die Koalition gescheitert ist. Die

Abbildung 25: Geplante Investitionen inkl. Sondervermögen KTF und SVIK (Milliarden Euro; Abgrenzung der Finanzstatistik) nach Finanzplan 2025 bis 2029

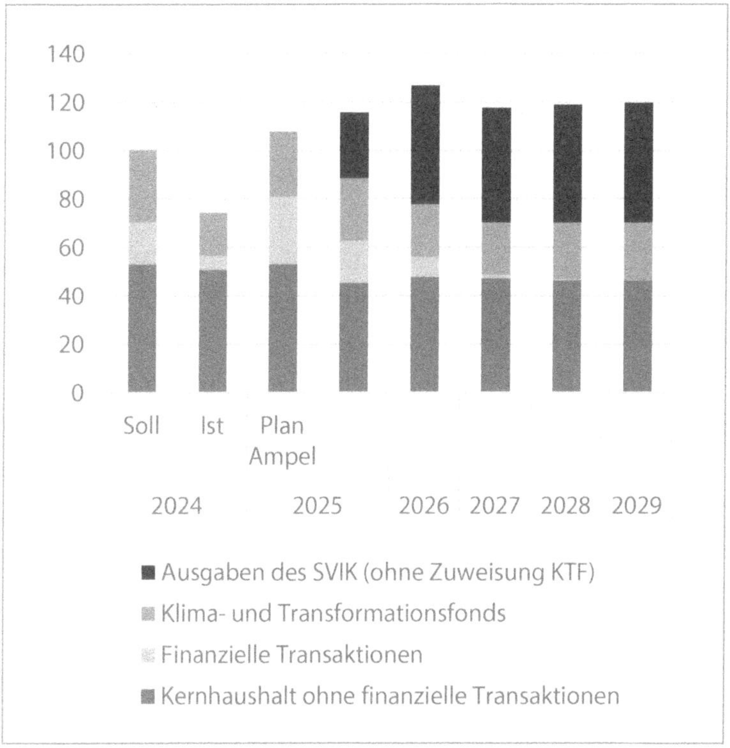

Quellen: BMF, Bundesregierung, eigene Berechnungen und Darstellung

öffentlich diskutierten Vorschläge aller Parteien zur Schließung der Lücke sahen jedoch keinerlei Kürzung bei den Investitionen vor, sodass besonders die geplanten Investitionsausgaben für einen Vergleich gut herangezogen werden können.

In all diesen Zahlen zum SVIK sind noch jeweils 8,3 Milliarden Euro an Zuweisungen an die Länder enthalten, die nicht notwendigerweise in Investitionen fließen dürften. Ohne diese ist die Höhe der Investitionen im Haushalt 2025 also gleich hoch wie in der Planung der Ampelkoalition, trotz der nun eingesetzten hohen zusätzlichen Verschuldung. Für das Jahr 2026 beträgt der Anstieg inklusive Zuweisung an die Länder 26 Milliarden Euro beziehungsweise 19 Milliarden Euro. Angesichts der umfangreichen zusätzlichen Verschuldung sind das nur sehr geringe Anstiege, die wohl bei einem entsprechenden politischen Willen innerhalb der Schuldenbremse in der alten Fassung ebenfalls möglich gewesen wären.

Die Deutsche Bundesbank kommt zu ähnlichen Ergebnissen. Von der zusätzlichen Verschuldung des SVIK von 37 Milliarden Euro in 2025 kommen nach deren Berechnungen lediglich 2,5 Milliarden Euro bei zusätzlichen investiven Infrastrukturausgaben im Vergleich zu 2024 an. Im Jahr 2026 schätzt sie etwas mehr als 15 Milliarden Euro zusätzliche Infrastrukturinvestitionen im Vergleich zu 2024 bei einer zusätzlichen Verschuldung von 58 Milliarden Euro.

Der geringe Aufwuchs der Investitionsausgaben wird noch deutlicher, wenn man die absoluten Investitionsausgaben ins Verhältnis setzt. So würde man davon ausgehen, dass die Investitionsausgaben bei höheren Gesamtausgaben eines Staates höher ausfallen, dass also der Anteil der Investitionen zumindest gleich bleibt. Bei einer zusätzlichen Verschuldung speziell für Investitionen würde man eigentlich sogar annehmen, dass der Anteil der Investitionen ansteigt. Das ist allerdings nur der Fall, wenn man die Ist-Ausgaben, also die tatsächlich abgeflossenen Ausgaben im Jahr 2024, zum Maßstab macht (der Anteil war dort 13,8 Prozent der Gesamtausgaben). Die geplanten Investitionsausgaben in 2024 hatten allerdings einen Anteil von 18,4 Prozent an den geplanten Gesamtausgaben (inklusive Sondervermögen KTF, SVIK und Bundeswehr) des Jahres 2024. Bei den geplanten Ausgaben der Ampelkoalition für 2025 lag der Anteil sogar bei 20,1 Prozent. Für 2025 wird nun trotz der umfangreichen zusätzlichen Verschuldung für Investitionen von der aktuellen Bundesregierung ein Anteil von 19,6 Prozent geplant, der bis 2029 auf 18,1 Prozent zurückgeht. Ähnliches zeigt sich, wenn man die Investitionsausgaben nicht zu den Gesamtausgaben ins Verhältnis setzt, sondern als Anteil an der Wirtschaftsleistung, des BIP, berechnet.

Die Bundesregierung nutzt in ihrer Kommunikation meist die Zahlen für Investitionsausgaben inklusive finanzieller Transaktionen. Bei den Letztgenannten kann aber durchaus die Frage gestellt werden, ob sie dem eigentlichen Ziel dienen. So war in den geplanten Investitionsausgaben der Ampelkoalition ein Darlehen in Höhe von 12 Milliarden an das geplante Generationenkapital als finanzielle Transaktion enthalten. Im Haushalt 2025 der aktuellen Bundesregierung sind in den finanziellen Transaktionen Posten enthalten wie ein Darlehen an die Bundesagentur für Arbeit (2,4 Milliarden Euro), ein Darlehen an den Gesundheitsfonds (2,3 Milliarden Euro) und ein Darlehen an den Ausgleichsfonds der Sozialen Pflegeversicherung (0,5 Milliarden Euro). In den finanziellen Transaktionen sind zudem Bürgschaften und Zuschüsse ins Ausland enthalten. Daher ist ein Blick auf die Investitionen ohne finanzielle Transaktionen wichtig. Diese sind im Jahr 2025 um 15 Milliarden Euro im Vergleich zu den geplanten Investitionen für 2024 und um 18 Milliarden Euro im Vergleich zum geplanten Haushalt 2025 der Ampelkoalition höher angesetzt. Der Anteil an den Gesamtausgaben ohne finanzielle Transaktionen steigt von 15,7 Prozent in beiden Fällen auf 17,1 Prozent. Diese Steigerungen sind vor dem Hintergrund der Höhe der zusätzlichen Verschuldung ebenfalls gering, zumal in den Investitionszahlen der aktuellen Planung für 2025 wieder der Zuschuss an die Länder von 8,3 Milliarden Euro enthalten ist.

Warum steigen die Investitionsausgaben trotz der hohen zusätzlichen Verschuldung nur so geringfügig? Zum einen nutzt die Bundesregierung die Spielräume, die eine relativ wenig ambitionierte Definition der Zusätzlichkeit zulässt. Für das SVIK ist diese lediglich mit der Bedingung für den Anteil der Investitionen (ohne finanzielle Transaktionen) von 10 Prozent der Ausgaben im Kernhaushalt definiert. Bei der Berechnung werden relativ willkürlich die Ausgaben für die Bereichsausnahme in der Berechnung der Ausgaben des Kernhaushalts nicht berücksichtigt; in der Berechnung der Investitionen sind diese Ausgaben jedoch enthalten. So berechnet, beträgt der Anteil der Investitionen im Haushalt 2025 der aktuellen Regierung genau 10 Prozent und ist in den Folgejahren nur leicht höher. Nun war jedoch sogar ohne Abzug der Ausgaben der Bereichsausnahme der Anteil in der Planung der Ampelkoalition und sogar im Ist des Jahres 2024 bereits signifikant höher, bei 11,5 Prozent beziehungsweise 10,8 Prozent. Bei Abzug einer fiktiven Bereichsausnahme wären die Anteile noch höher. Nimmt man bei den Plänen der aktuellen Regierung ebenfalls keinen Abzug der Ausgaben der Bereichsausnahme vor, wird die Differenz noch größer. Der Anteil der Investitionen (ohne finanzielle Transaktionen) an den Ausgaben des Kernhaushalts (ohne finanzielle Transaktionen) beträgt dann nur noch 9,4 Prozent in 2025 und 8,1 Prozent in 2029. Die Regierung plant zudem ohne Puffer für Investitionen, die nicht abfließen werden. So wird der Anteil voraussichtlich tatsächlich sogar noch niedriger liegen. Die Bundesregierung hätte den Anteil der Investitionen im Kernhaushalt gar nicht absenken müssen. Wenn sie die gesamte zusätzliche Verschuldung für zusätzliche Investitionen nutzen wollte, hätte sie die Investitionen im Kernhaushalt unverändert gelassen und die zusätzlichen Investitionen im SVIK geplant. Sie hat die Möglichkeit der Absenkung im Kernhaushalt aber genutzt.

Es wurden offensichtlich Investitionsausgaben, die vorher im Kernhaushalt veranschlagt oder geplant waren, in eines der Sondervermögen oder in die Bereichsausnahme verschoben. Dadurch werden diese nun über zusätzliche Verschuldung finanziert, und im Kernhaushalt können die Mittel beliebig anderweitig eingesetzt werden. Beispiele dafür gibt es reichlich. Tobias Hentze vom IW Köln weist etwa darauf hin, dass laut Planung im Jahr 2026 rund 2,5 Milliarden Euro für die Sanierung der Autobahnbrücken im SVIK eingeplant sind. Gleichzeitig werden im Kernhaushalt die Investitionen in Bundesfernstraßen um 1,7 Milliarden Euro gegenüber 2024 gekürzt. Laut Planung fließen 2026 aus dem SVIK 18,8 Milliarden Euro an die Deutsche Bahn, dafür werden die Investitionen in Bundesschienenwege im Kernhaushalt um 8,2 Milliarden Euro gegenüber 2024 abgesenkt. Für den Breitbandausbau sollen aus dem SVIK 2,5 Milliarden Euro fließen, den entsprechenden Posten im Kernhaushalt, der im Jahr 2024 noch 1,8 Milliarden Euro betragen hatte, gibt es im Jahr 2026 nicht mehr. Emilie Höslinger vom ifo Institut kommt auf ähnliche Ergebnisse und zeigt, dass Infrastruktur- und Digitalisierungsprojekte aus dem Kernhaushalt ins schuldenfinanzierte Sondervermögen verschoben und stattdessen die Sozialausgaben erhöht wurden. Der Sachverständigenrat zur Begutachtung der gesamtwirtschaftlichen Entwicklung bestätigt die hier diskutierte Größenordnung in seiner Analyse des »Verschiebebahnhofs« im aktuellen Jahresgutachten in etwa ebenfalls.

Investitionen wurden aber nicht nur vom Kernhaushalt ins SVIK verschoben. Es wurden außerdem Investitionsausgaben in die Bereichsausnahme genommen und darüber schuldenfinanziert. In der Planung des Verteidigungsministeriums findet sich für 2025 die Titelgruppe »Ausgaben und Investitionen für verteidigungsrelevante Verkehrsinfrastruktur des Bundes« mit Zuschüssen für die Autobahn GmbH, Bundesfernstraßen und Schienen. Im Jahr 2024 wurde hierfür noch kein Geld eingeplant. Es wird zudem nicht nur der Kernhaushalt entlastet. Ein anderes Beispiel ist die Finanzierung der Modernisierung der Krankenhausinfrastruktur. Ursprünglich sollten dafür Krankenkassen und Länder jeweils hälftig aufkommen. Im SVIK gibt es jetzt jedoch für das Jahr 2026 einen Posten über 6 Milliarden Euro dafür, wodurch keine zusätzliche Investition finanziert wird, sondern Krankenkassen und Länder entlastet werden.

Die Aufweichung der Schuldenbremse birgt hohe Risiken

Mit der Grundgesetzänderung wurden große Verschuldungsspielräume eröffnet. In der Praxis werden diese in erheblichem Ausmaß nicht für die eigentlich vorgesehenen Zwecke eingesetzt, sondern um Spielräume für ganz andere Ausgaben zu schaffen. Die Schuldenbremse hat damit erheblich an Bindungswirkung verloren und wurde an manchen Stellen de facto abgeschafft. Der starke Anstieg der Verschuldung birgt hohe Risiken. Diese werden noch höher, wenn die Verschuldung nicht zielgerichtet eingesetzt und nicht von den notwendigen ambitionierten Strukturreformen begleitet wird.

Die zu beobachtende Ausnutzung von Interpretations- und Umbuchungsmöglichkeiten bestätigt lange vorgebrachte Vorbehalte gegenüber zusätzlichen Ausnahmen von Fiskalregeln und gegenüber der (Wieder-)Einführung von Goldenen Regeln. Eine umgehungssichere Definition der von der Ausnahme erfassten Ausgaben ist nicht möglich. Die Politik nutzt dies aus, wodurch die Verschuldung ansteigt, ohne dem von der Ausnahme verfolgten Ziel zu dienen.

Literatur und Datenquellen

Zu den Details der Lockerung der Schuldenbremse vom März 2025 siehe Wissenschaftlicher Beirat beim Bundesministerium der Finanzen (2025), *Zur Notwendigkeit einer wirksamen Schuldenbremse*, Gutachten 02/25, BMF, Berlin.

Für die Zahlen zu den Haushalten 2025 bis 2029 beziehen wir uns auf die Finanzplanung 2025 bis 2029 der Bundesregierung vom September 2025 und die Regierungsentwürfe I und II des Haushalts 2025 sowie den Regierungsentwurf des Haushalts 2026. Im parlamentarischen Verfahren wurden dabei noch Änderungen vorgenommen. Diese verändern jedoch das Bild nur geringfügig. Die Zahlen zum Jahr 2024 stammen aus der Haushaltsrechnung des Bundes für das Haushaltsjahr 2024.

Das Statistische Bundesamt veröffentlicht monatliche Daten zur Verschuldung des Bundes und seiner Sondervermögen, die wir linear interpoliert jeweils mit der jährlichen gesamten geplanten Neuverschuldung in der Finanzplanung 2025 bis 2029 fortgeschrieben haben.

Zur Zusätzlichkeit der Investitionen gibt es eine Reihe von Studien. Wir nehmen insbesondere Bezug auf den IW Kurzbericht von Tobias Hentze (2025), Sondervermögen Infrastruktur und Klimaneutralität: Ein Verschiebebahnhof mit vielen Gleisen, *IW Kurzbericht* Br. 92, Institut der deutschen

Wirtschaft (IW), Köln, und die Studie von Emilie Höslinger (2025), Bundeshaushalt 2025: Sondervermögen und Sozialausgaben statt Strukturreformen, *ifo Schnelldienst digital*, 6. Jg., 16/2025, ifo Institut, München. Der Sachverständigenrat zur Begutachtung der gesamtwirtschaftlichen Entwicklung (2025), *Perspektiven für morgen schaffen – Chancen nicht verspielen*, Jahresgutachten 2025/26, Kap. 2, Statistisches Bundesamt, Wiesbaden, kommt bei seiner Analyse der Zusätzlichkeit auf ähnliche Ergebnisse.

Die Deutsche Bundesbank hat in ihren Monatsberichten von August und November 2025 im Abschnitt zu Öffentlichen Finanzen jeweils Berechnungen veröffentlicht, die der zusätzlichen Kreditaufnahme die Ausgabensteigerung in den Bereichen Verteidigung und Infrastruktur in den Haushalten 2025 und 2026 gegenüberstellen.

Vergleiche zur Abgrenzungsproblematik öffentlicher Investitionen bereits Wissenschaftlicher Beirat beim BMF (1980), *Gutachten zum Begriff der öffentlichen Investitionen – Abgrenzungen und Folgerungen im Hinblick auf Artikel 115 Grundgesetz*, Schriftenreihe Nr. 29 des BMF, Berlin.

Daten zum Abfluss der Mittel im KTF 2024 haben wir dem Bericht des Bundesrechnungshofs zu den Beratungen zum zweiten Entwurf des Wirtschaftsplans 2025 des Klima- und Transformationsfonds entnommen.

KAPITEL 8

EIN KONJUNKTURELLES STROHFEUER OHNE LANGFRISTIGE WIRKUNG

Die Ziele, die mit der Öffnung der Schuldenbremse verknüpft wurden, waren insbesondere die Steigerung der Verteidigungsfähigkeit und ein Abbau der Investitionsrückstände. Dass es eine ganze Reihe von Hemmnissen für den Infrastrukturausbau gibt, haben wir in früheren Kapiteln bereits beleuchtet. Ein weiteres im Zusammenhang mit der Ausweitung der Verschuldung von der damals in der Entstehung befindlichen Bundesregierung genanntes Ziel war die Steigerung des Wirtschaftswachstums und der langfristigen Leistungsfähigkeit der deutschen Volkswirtschaft. In der Kommunikation rund um die Grundgesetzänderung wurde dies zudem als prominenter Grund angeführt, weshalb die hohen zusätzlichen Schulden nachhaltig und für die nächsten Generationen vertretbar seien – da das langfristige Produktionspotenzial entsprechend stark ansteigen würde.

Im vorangegangenen Kapitel haben wir festgestellt, dass der Anstieg der öffentlichen Investitionen im Vergleich zum Anstieg der Verschuldung relativ gering ausfällt. Über das Ausmaß der Ausweitung der Summe der Investitionsausgaben kann also kein starker Wirtschaftsimpuls entstehen. Dieser könnte dafür über die Zusammensetzung der Investitionsausgaben entstehen, wenn sich also verändert, wofür die Investitionsausgaben eingesetzt werden, und wenn Ausgaben in wachstumsstärkende Bereiche verschoben werden. Ob und in welchem Ausmaß dies der Fall ist, werden wir im Folgenden genauer analysieren. Anders als bei den Investitionsausgaben ist eindeutig, dass für die Verteidigungsausgaben ein starker Anstieg vorgesehen ist. Hier ist jedoch ebenfalls ein Blick darauf notwendig, wofür die Ausgaben eingesetzt werden und ob dadurch eine Steigerung des wirtschaftlichen Potenzials entstehen kann.

Die neue Ausgabenstruktur bei Investitionen und Verteidigung

Bei einer genaueren Betrachtung, wofür die gesamten Investitionen in Kernhaushalt, SVIK und KTF zusammengerechnet ausgegeben werden (siehe Abbildung 26), fällt auf, dass größere Differenzen im Vergleich zu 2024 und zu der Planung der Ampelkoalition für 2025 besonders in einer Kategorie zu beobachten ist. Die Zahlungen an die Länder, Gemeinden und Sozialversicherungen steigen von 1 bis 3 Milliarden in 2024 und im Vergleich zu den Plänen der Ampelkoalition für 2025 auf 28 Milliarden Euro im Plan für den Haushalt 2026. Hierzu zählen die Zuweisungen an die Länder aus dem SVIK und die Übernahme der Investitionskosten in die Krankenhausinfrastruktur, ebenso

Abbildung 26: Investitionsausgaben (Kernhaushalt, SVIK, KTF) nach Bereichen (eigene Zuordnung und Klassifikation; Milliarden Euro)

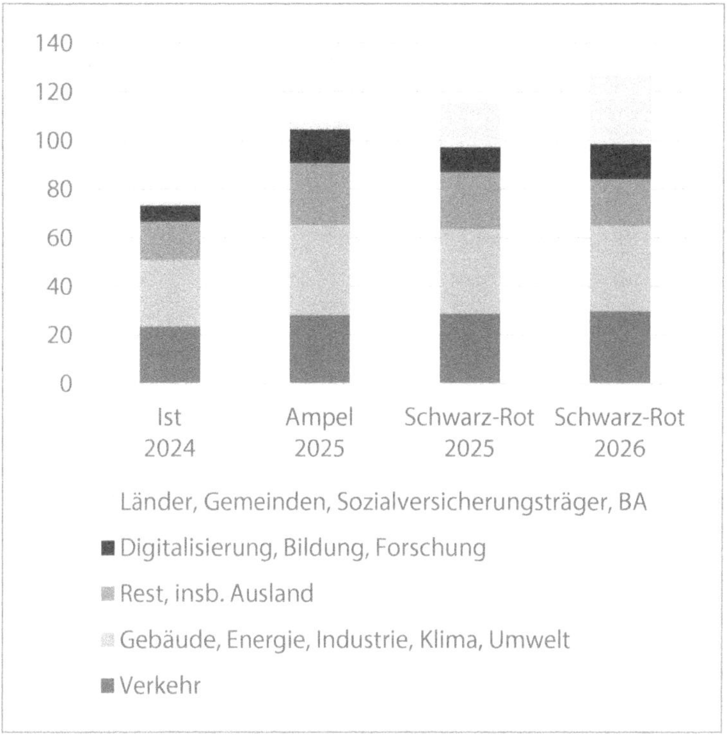

Quellen: Bundesregierung, eigene Berechnungen und Darstellung

wie die Darlehen an die Sozialversicherungen und die Bundesagentur für Arbeit. Dafür sind in den Entwürfen der neuen Bundesregierung Darlehen an die Bundesagentur für Arbeit, den Gesundheitsfonds und die Soziale Pflegeversicherung über zusammen 7,6 Milliarden Euro im Jahr 2026 eingeplant.

Alle anderen Investitionsausgaben zusammen sinken in den Planungen für 2025 und 2026 im Vergleich mit der Planung der

Ampelkoalition für 2025 in der Summe. Selbst die Zusammensetzung verändert sich kaum. Die Investitionen in die Verkehrsinfrastruktur steigen bis zum Jahr 2026 um 2 Milliarden Euro im Vergleich zur Planung der Ampelkoalition und sogar zum tatsächlichen Abfluss (Ist) in 2024 nur um 6 Milliarden Euro. Die Planungen für 2025 unterscheiden sich ansonsten vor allem nur dahingehend, dass in den Plänen der neuen Bundesregierung 4 Milliarden Euro weniger für die Digitalisierung, Bildung und Forschung eingeplant sind. Im Jahr 2026 wird dies aber wieder umgedreht, sodass sie wieder ungefähr auf dem Niveau der Planungen der Ampelregierung sind. Eine große Verschiebung hin zu Maßnahmen, die das langfristige Wachstum positiver beeinflussen, kann insgesamt nicht beobachtet werden.

Geht man noch etwas stärker ins Detail, so wird der positive Wachstumseffekt selbst in Bereichen fraglich, bei denen die Überschriften noch für zukunfts- und wachstumssteigernde Investitionen stehen. Als Beispiel findet sich unter der Überschrift »Investitionen in Digitalisierung« im SVIK ein Titel zur Modernisierung der Registerlandschaft (194 Millionen Euro in 2026), ein Projekt, das bestehende Register wie Melderegister, Grundbuch oder Handelsregister verknüpfen und digitalisieren soll. Dieser Titel finanziert jedoch im Grunde laufende Personal- und IT-Kosten und keine Investition im eigentlichen Sinne. Ein weiteres Beispiel ist der Titel »Strategisches Forschungsfeld Sozialpolitikforschung – Stärkung Forschungsinfrastruktur« (5,6 Millionen Euro) unter der Überschrift »Investitionen in Forschung und Entwicklung«. Hiermit soll ein neues Forschungszentrum finanziert werden, das die sozialen Auswirkungen von Technologien und Megatrends erforschen soll. Ebenso finden sich unter der Überschrift Investitionen in Wohnungsbau Programme wie »Gewerbe zu Wohnen« (3,2 Millionen Euro) oder »Jung kauft alt« (27,8 Millionen Euro). Beides sind Programme, die den Kauf bestehender Immobilien fördern. Dies sind alles Beispiele für Ausgaben, bei denen die langfristige Wachstumswirkung und der investive Charakter trotz der Überschriften Digitalisierung, Forschung und Entwicklung oder Wohnungsbau sehr fraglich sind.

Dass von einigen geplanten Investitionen keine direkte Wachstumswirkung in Deutschland ausgeht, wird noch deutlicher bei den Zahlungen ins Ausland. So fallen unter die Investitionen im Kernhaushalt im Jahr 2026 rund 7 Milliarden Euro Zahlungen ans Ausland. Darunter befinden sich unter anderem die bilaterale technische und finanzielle Zusammenarbeit, multilaterale Hilfen für Klima- und Umweltschutz, die Entwicklungshilfe sowie Zahlungen an internationale Organisationen und Initiativen. Diese Maßnahmen können aus unterschiedlichen politischen Gründen sinnvoll und wichtig sein. Sie dürften jedoch nur begrenzt unmittelbare langfristige Wachstumswirkung in Deutschland entfalten.

Insgesamt ist also sehr fraglich, ob aus den geringfügigen Verschiebungen innerhalb der Investitionsausgaben und dem geringen Anstieg ein Wachstumsimpuls entstehen kann. Die großen Zuwächse sind bei den Transfers an die Länder und Gemeinden und den Darlehen an die Sozialversicherungen zu finden. Beides dürfte nur unter sehr speziellen Bedingungen einen Wachstumsimpuls entfalten. Die Länder können die Mittel frei einsetzen, denn es gibt keine Regelungen zur Zusätzlichkeit. Es dürften daher viele konsumtive Ausgaben finanziert werden, die das langfristige Potenzial der Volkswirtschaft nur sehr begrenzt positiv beeinflussen.

Der weitaus stärkste Ausgabenzuwachs in den Planungen der neuen Bundesregierung findet im Bereich Verteidigung statt – finanziert über die zusätzliche Verschuldung durch die Bereichsausnahme. Für die Ausgabenkategorien, die unter die Bereichsausnahme fallen, sind im Jahr 2025 rund 32 Milliarden Euro zusätzliche Verschuldung eingeplant, die bis zum Jahr 2029 auf 122 Milliarden Euro anwächst. In 2026 geht mehr als die Hälfte der Gesamtausgaben in diesen Kategorien, also inklusive derjenigen, die unter der Ein-Prozent-BIP-Grenze liegen, in militärische Beschaffungen (siehe Abbildung 27). Davon ist wiederum ein großer Teil, nämlich 15 Milliarden Euro, für die Beschaffung

Abbildung 27: Gesamtausgaben (Kernhaushalt und Sondervermögen Bundeswehr) 2026 in Kategorien, die unter die Bereichsausnahme fallen

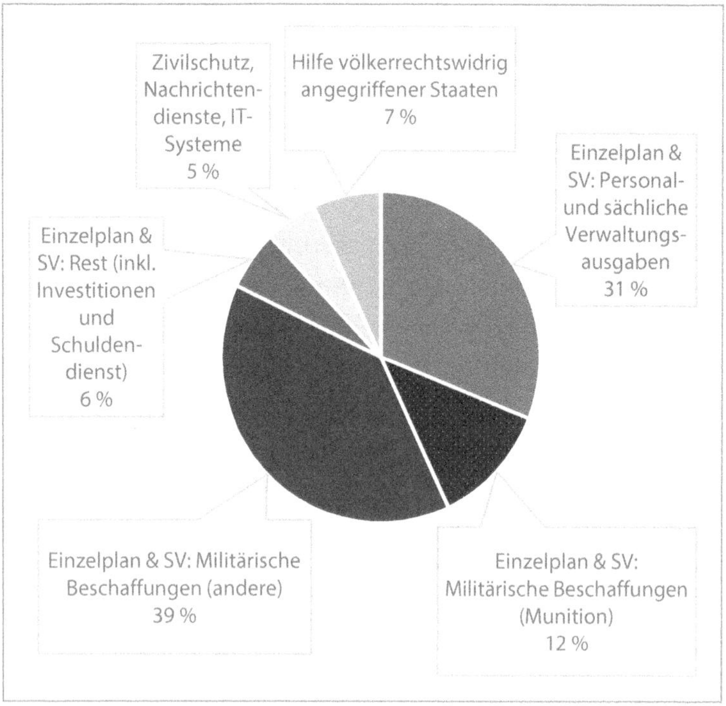

Quellen: Bundesregierung, eigene Berechnungen und Darstellung

von Munition vorgesehen. Die Personalausgaben machen 20 Prozent der Gesamtausgaben in der Bereichsausnahme aus.

Während eine Steigerung der militärischen Beschaffungen und Personalausgaben für die Verteidigungsfähigkeit zweifelsfrei wichtig ist, bleibt fraglich, ob davon ein starker Effekt für das Wachstum und die Leistungsfähigkeit der Volkswirtschaft ausgeht. Im Moment der Produktion oder des Kaufs der militärischen Systeme entsteht ein Effekt auf die Wirtschaftsleistung, jedoch dürfte dieser bei militärischen Beschaffungen nur selten längerfristig anhalten. Das militärische Gerät kann nur begrenzt produktiv im Wirtschaftsprozess genutzt werden. Selbst für die kurzfristigen Effekte wird entscheidend sein, welcher Anteil im Inland und welcher im Ausland beschafft wird sowie wie schnell und in welchem Umfang Kapazitäten im Inland aufgebaut werden können (siehe Kapitel 3). Große Teile der restlichen Ausgaben in der Bereichsausnahme sind konsumtive Ausgaben ohne nennenswerte längerfristige Effekte auf das deutsche Produktionspotenzial.

Kein stärkerer Wachstumskurs im Gesamthaushalt

Eine weitere Möglichkeit, wie durch die zusätzliche Verschuldung Wachstum entstehen könnte, ist eine Steigerung und andere Zusammensetzung des *Gesamt*haushalts. Werden beispielsweise Mittel insgesamt stärker in Forschung und Bildung umgeschichtet, so könnte dies positive langfristige Effekte haben. Ein Blick auf die Planung der Gesamtausgaben zeigt jedoch eher eine gegenteilige Entwicklung (siehe Abbildung 28).

Nach Planung der Bundesregierung werden neben den Ausgaben für Verteidigung vor allem die Ausgaben für soziale Siche-

Abbildung 28: Gesamtausgaben (Kernhaushalt und Sondervermögen SVIK, KTF, Bundeswehr; Milliarden Euro)

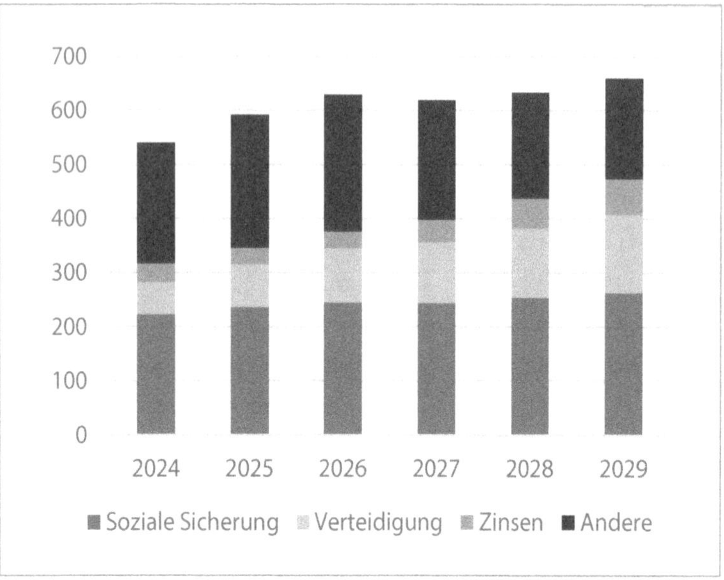

Quellen: Bundesregierung, eigene Berechnungen und Darstellung

rung und Zinsen stark ansteigen. Den Anstieg der Verteidigungsausgaben haben wir bereits diskutiert. Die Ausgaben für soziale Sicherung sollen laut Planung bis 2029 im Vergleich zu 2024 um 40 Milliarden Euro auf 263 Milliarden Euro ansteigen. Dabei sind in diesen Zahlen die Auswirkungen des Rentenpakets der aktuellen Bundesregierung zwar bereits enthalten. Insbesondere die Verlängerung der Haltelinie in der Gesetzlichen Rentenversicherung dürfte in Zukunft nach 2029 aber nochmal weitere Ausgaben in Höhe von mehreren Milliarden Euro hinzufügen. Die Steigerung der Ausgaben ist eine Folge des demografischen Wandels, sie ist aber ebenfalls eine Folge immer weiterer Leistungsversprechen in den vergangenen Jahren. Und selbst die neue Bundesregierung fügt trotz der besorgniserregenden Zahlen weitere Steigerungen der Sozialleistungen hinzu.

Die Zinsausgaben verdoppeln sich im Vergleich zu 2024 bis zum Jahr 2029 nahezu und steigen auf 67 Milliarden Euro an. Das ist eine Folge des Endes der Niedrigzinsphase, es ist aber vor allem eine Folge des starken Anstiegs der Verschuldung. Wird der Anstieg der Verschuldung so beibehalten, werden die Zinsausgaben immer weiter ansteigen, und das selbst ohne eine Erhöhung der Risikoprämien der Finanzmärkte aufgrund der gesteigerten Verschuldung. Bereits ab dem Jahr 2028 übersteigen die geplanten Zinsausgaben die Ausgaben für Investitionen (ohne finanzielle Transaktionen) im Kernhaushalt. Die hohen Zinsausgaben werden auf viele Jahrzehnte die fiskalische Handlungsfähigkeit zukünftiger Generationen einschränken.

Die Ausgabenbereiche soziale Sicherung, Verteidigung und Zinsen steigen so stark an, dass die Spielräume für alle anderen Ausgaben des Bundes kontinuierlich kleiner werden. Im Jahr 2029 werden die drei Ausgabenkategorien zusammen bereits über 70 Prozent der Gesamtausgaben (bei Auflösung der noch bestehenden Handlungsbedarfe durch Absenkung der Ausgaben) ausmachen – trotz der außergewöhnlich hohen Kreditaufnahme. Im Jahr 2024 waren es noch nur rund 55 Prozent, was bereits ein sehr hoher Wert war. Von den verbleibenden Anteilen müssen alle weiteren Ausgaben getätigt werden, seien es die Bezahlung der Beamten, Innere Sicherheit, Investitionen in Infrastruktur, Forschung und Bildung, Umweltschutz, Wirtschaftsförderung und vieles mehr. Ein großer Wachstumsimpuls dürfte vom Anstieg der sozialen Sicherung, der Verteidigung und der Zinsen nicht ausgehen, vielmehr dürfte die immer schwieriger werdende Zusammensetzung der Gesamtausgaben negative Effekte auf die Handlungsfähigkeit und das Wachstum nach sich ziehen.

In der Planung der Bundesregierung sollen also – abgesehen von den noch aufzulösenden Handlungsbedarfen – 28 Prozent der Ausgaben im Jahr 2029 über Verschuldung finanziert werden (siehe Abbildung 24 in Kapitel 7). Gleichzeitig werden Zinsen, Verteidigung und soziale Sicherung 70 Prozent der Gesamtausgaben ausmachen. Diese Ausgabenstruktur ist nicht nachhaltig. Sie ist nur über eine umfangreiche Steuererhöhung oder eine immer weiter steigende Verschuldung noch für ein paar Jahre aufrechtzuerhalten. Anschließend steigen die Zinsausgaben so stark an, dass selbst das nicht mehr möglich ist. Es sind ambitionierte und grundlegende Strukturreformen notwendig, die wieder zu einem nachhaltigen Haushalt führen.

Ohne die weitreichende Öffnung durch die neue Bundesregierung hätte die Schuldenbremse in ihrer ursprünglichen Form zum einen dafür gesorgt, dass eine so wenig nachhaltige Struktur der Ausgaben nie entsteht. Es wird eine immense Herausforderung werden, den Anteil der Verschuldung wieder zurückzufahren, wenn die Ausgaben mittels Verschuldung erst mal so stark ausgeweitet wurden und Ansprüche entstanden sind. Die Schuldenbremse hätte zum anderen dafür gesorgt, dass tiefgreifende Reformen bereits heute angegangen werden müssen. Wirksame Fiskalregeln zwingen die Politik dazu, Probleme und Zielkonflikte nicht aufzuschieben und strukturelle Reformen kurzfristig anzugehen. Die zusätzliche Verschuldung wirkt wie eine Art Druckventil und ermöglicht der Bundesregierung kurzfristig, die Reformen aufzuschieben. Je länger die Reformen jedoch ausbleiben, umso größer wird die Herausforderung, die diese bewältigen müssen. Gerade zur Stärkung der Verteidigungsfähigkeit, zum Abbau des Investitionsstaus und zur Stärkung des Wirtschaftsstandorts und des Wachstums in Deutschland sind weitreichende Strukturreformen notwendig, ohne die die zusätzlich verfügbaren Mittel nur suboptimal, wenn überhaupt, eingesetzt werden können.

Keine signifikant besseren Wachstumsprognosen

In den Prognosen der Wirtschaftsforschungsinstitute und der Bundesregierung selbst zeigt sich ebenfalls, dass von den zusätzlichen Ausgaben durch die höhere Verschuldung keine größere Steigerung der wirtschaftlichen Leistungsfähigkeit der deutschen Volkswirtschaft ausgehen dürfte. Zwar wurden die kurzfristigen Prognosen des BIP für 2025, 2026 und 2027 angehoben, die längerfristigen Prognosen blieben aber weitgehend unverändert. Zwischen Frühjahrs- und Herbstprojektion des Wirtschaftsministeriums – in Letztere wurden die kreditfinanzierten zusätzlichen Ausgaben miteinbezogen – wurde die Prognose des realen BIP um 0,2 Prozentpunkte, 0,3 Prozentpunkte beziehungsweise 0,4 Prozentpunkte für 2025, 2026 und 2027 angehoben. Bei den Wirtschaftsforschungsinstituten in der Gemeinschaftsdiagnose kamen zwischen Frühjahr und Herbst lediglich 0,1 Prozentpunkte in 2025 hinzu, und die Prognose für 2026 blieb unverändert – auch zur Prognose im Herbst 2024.

Für die langfristige Entwicklung der Volkswirtschaft ist das Wachstum des Produktionspotenzials wichtig. Dieses liegt seit einigen Jahren auf einem historischen Tiefstand (siehe Abbildung 29). Die schuldenfinanzierten Ausgabensteigerungen führen selbst in der eigenen Projektion der Bundesregierung zu keinen großen Verbesserungen. Weiterhin liegt das Potenzialwachstum in der Projektion des Wirtschaftsministeriums in 2029 und 2030 bei lediglich 0,6 Prozent. Die Gemeinschaftsdia-

Abbildung 29: Entwicklung und Prognosen des Wachstums des preisbereinigten Produktionspotenzials (Prozent)

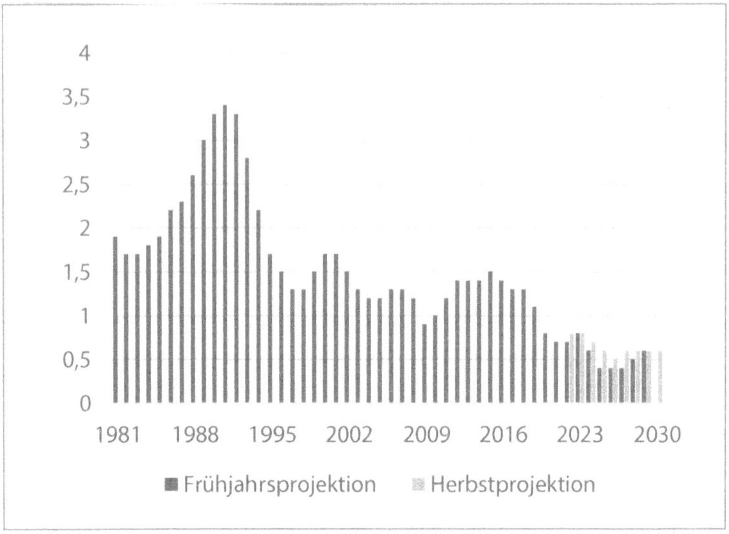

Quellen: BMWE, eigene Darstellung

gnose kommt zu ähnlichen Ergebnissen und schätzt das Potenzialwachstum von 2025 bis 2030 durchschnittlich je nach Methode sogar nur noch auf 0,5 Prozent bzw. 0,3 Prozent.

Es zeigt sich, dass es möglich ist, schuldenfinanziert ein konjunkturelles Strohfeuer anzufachen. Die kurzfristigen Prognosen können durch eine so starke Ausweitung der Kreditaufnahme angehoben werden. Für den längerfristigen Effekt kommt es zum einen darauf an, wie die Mittel verwendet werden und ob die Rahmenbedingungen ebenfalls dynamisiert wurden. Zum anderen kommt es auf die gesamtwirtschaftliche Einbettung an. Die höhere Verschuldung kann zu höheren Zinsen führen, die private Aktivitäten bremsen. Die höhere Nachfrage insbesondere in sehr speziellen Bereichen wie militärischen Gütern oder Tiefbau führt ohne Ausweitung der Kapazitäten zu höheren Preisen. All dies reduziert einen möglichen positiven Effekt der schuldenfinanzierten Ausgabenausweitung. Für die aktuelle Planung der neuen Bundesregierung scheinen sich in den Prognosen die positiven und negativen Effekte auf die langfristige Konjunktur ungefähr die Waage zu halten. Die negativen Nebenwirkungen massiv höherer Verschuldung bleiben aber.

Stark steigende Staatsschuldenquote

Was bedeuten diese unterschiedlichen Daten für die Entwicklung der Staatsschuldenquote? In den vergangenen Jahren und auch noch rund um die Grundgesetzänderung gab es einige Ökonominnen und Ökonomen, die öffentlich sogar vertreten haben, dass die Staatsschuldenquote durch eine Öffnung der Schuldenbremse sinken würde. Sie argumentierten, dass die Auswirkungen auf das Wachstum so viel stärker sein würden, dass schlussendlich das BIP viel stärker steigt als der Schuldenstand und dadurch die Schuldenquote sinkt.

Die nach Beschluss des Haushalts und des Finanzplans veröffentlichten Prognosen zeigen in eine ganz andere Richtung. Die oben diskutierten Prognosen des Wirtschaftswachstums für die nächsten Jahre und des Wachstums des Produktionspotenzials berücksichtigen in großen Teilen bereits die Auswirkungen der schuldenfinanzierten Ausgabensteigerungen. Gleichzeitig sind längerfristige Prognosen der Schuldenquote veröffentlicht worden, welche die Auswirkungen der Ausgabensteigerung ebenfalls bereits enthalten.

Der Unabhängige Beirat beim Stabilitätsrat schätzt im Oktober 2025, dass die Schuldenquote bereits 2029 über 80 Prozent ansteigen wird. Der Beirat ist bei seinen Annahmen zu den Ausgaben am nächsten an den Planungen der Bundesregierung. Der IWF prognostiziert im Oktober 2025 einen Anstieg auf 74 Prozent bis 2030. Eine grobe Abschätzung, wie sich die Schuldenquote darüber hinaus entwickeln dürfte, ist mit einigen Annahmen möglich. Der Sachverständigenrat zur Begutachtung der gesamtwirtschaftlichen Entwicklung errechnet einen Anstieg der Staatsschuldenquote auf rund 88 Prozent im Jahr 2035, wenn die schuldenfinanzierten Mehrausgaben weiterhin in zu geringem Umfang in öffentliche Investitionen fließen und die Politik des »Verschiebebahnhofs« fortgeführt wird. Die Deutsche Bundesbank rechnet in Szenarien bei Beibehaltung der geänderten Schuldenbremse mit einem Anstieg der Staatsschuldenquote auf knapp 90 Prozent bis 2040.

Wir übernehmen für unsere Szenariorechnung den Bruttoschuldenstand bis 2029 vom Unabhängigen Beirat beim Stabilitätsrat. Für das Wirtschaftswachstum nehmen wir an, dass sich das BIP bis 2029 so entwickelt, wie vom Wirtschaftsministerium (BMWE) projiziert wird. Anschließend wächst es über das Jahr 2030 hinaus mit der Rate des vom BMWE geschätzten nominalen Potenzialwachstums von 2,6 Prozent. Die dahinterliegende Annahme ist, dass sich die Wirtschaft auf dem Produktionspotenzial befindet, also weder in einem Aufschwung noch einem Abschwung. Das heißt für die Kreditaufnahme, dass in diesen Jahren weder beim Bund noch in den Ländern eine konjunkturell bedingte zusätzliche Schuldenaufnahme erlaubt ist. In einem alternativen Szenario gehen wir von dem niedrigeren Potenzialwachstum aus, das die Gemeinschaftsdiagnose geschätzt hat. Wir nehmen zudem an, dass ab dem Jahr 2030 Bund und Länder jeweils ihren strukturellen Verschuldungsspielraum von 0,35 Prozent des BIP ausnutzen. Bis 2029 kann die Nettokreditaufnahme des Kernhaushalts, der Bereichsausnahme, des SVIK und des SV Bundeswehr dem von der Bundesregierung beschlossenen Finanzplan entnommen werden. Für die Jahre danach nehmen wir an, dass die Verteidigungsausgaben wie im Jahr 2029 bei 3,5 Prozent des BIP bleiben und weiterhin 2,5 Prozentpunkte davon durch die Bereichsausnahme über Verschuldung finanziert werden. Beim SVIK verteilen wir die von den 500 Milliarden Euro ab 2030 noch verfügbare Verschuldungsmöglichkeit gleichmäßig auf die verbleibenden sieben Jahre – das SVIK ist auf zwölf Jahre angelegt. Das SV Bundeswehr läuft 2027 aus, und Gemeinden und Sozialversicherungen verschulden sich annahmegemäß nicht mehr ab 2029.

Auf Basis dieser Annahmen ergibt sich eine stark steigende Staatsschuldenquote, die bereits im Jahr 2030 höher liegen würde als im bisherigen Höhepunkt nach der Finanzkrise (siehe Abbildung 32). Nach Auslaufen des SVIK im Jahr 2036 läge die Schuldenquote bei über 90 Prozent und im Jahr 2040 je nach Wachstumsannahme bei um die 95 Prozent des BIP. Dabei ist zu beachten, dass hier keine zusätzliche Verschuldung durch finanzielle Transaktionen, Stock-Flow-Adjustments oder Notlagen berücksichtigt wurde. Die Wahrscheinlichkeit dürfte allerdings sehr hoch sein, dass in einem Zeitraum bis 2040 noch eine weitere Verschuldung aus allen drei Gründen hinzukommt. Insbesondere dürfte es unvermeidbar sein, dass bis dahin weitere außergewöhnliche Notlagen eintreten, die eine umfangreiche fiskalische Reaktion erfordern. Im Zuge der Finanzkrise oder der Coronakrise sprang die Schuldenquote um mehr als 10 Prozentpunkte nach oben.

Abbildung 30: Szenarien für die Entwicklung der Staatsschuldenquote (Prozent des BIP)

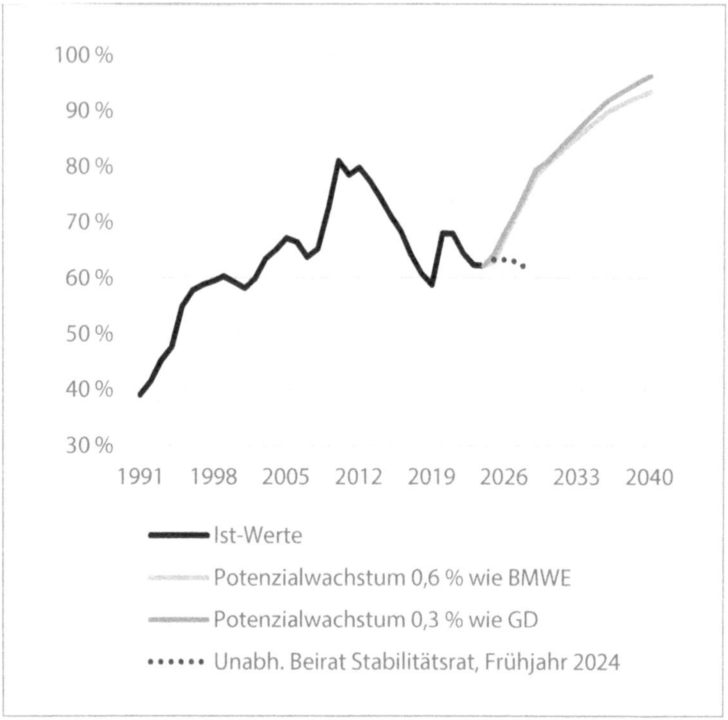

Quellen: Bundesregierung, BMWE, Deutsche Bundesbank, Gemeinschaftsdiagnose, Unabhängiger Beirat beim Stabilitätsrat, eigene Berechnungen und Darstellung

Fehlende ambitionierte Reformen

Bei genauerer Betrachtung werden die schuldenfinanzierten Ausgaben Deutschland nicht aus der Wachstumsschwäche holen. Sie machen die Aufgabe sogar noch schwieriger. Am schwersten wiegt dabei, dass die zusätzliche Verschuldung den Reformdruck kurzfristig senkt. Dabei wären ambitionierte und weitreichende

Strukturreformen schon in den letzten Legislaturperioden notwendig gewesen, um den Wirtschaftsstandort zu stärken sowie die Staatsfinanzen zu konsolidieren und gesünder aufzustellen.

Die Beschlüsse der neuen Bundesregierung zeigen, wie die Lockerung von Fiskalregeln den notwendigen Reformdruck vermindert. Es ist viel Geld vorhanden, um über Schulden teure und ineffiziente Subventionen, hohe Sozialausgaben oder eine überbordende Bürokratie weiter zu finanzieren und sogar noch auszuweiten. Dringend notwendige Strukturreformen werden dafür vertagt oder in Kommissionen verschoben. Eine Konsolidierung geschieht, wenn überhaupt, nur in sehr geringem Ausmaß oder wird vertagt.

Literatur und Datenquellen

Wie im vorangegangenen Kapitel beziehen wir uns bei den Zahlen zu den Haushalten 2025 bis 2029 auf die Finanzplanung 2025 bis 2029 der Bundesregierung vom September 2025 und die Regierungsentwürfe I und II des Haushalts 2025 sowie den Regierungsentwurf des Haushalts 2026. Im parlamentarischen Verfahren wurden dabei noch Änderungen vorgenommen. Diese verändern jedoch das Bild nur geringfügig. Die Zahlen für das Jahr 2024 stammen aus der Haushaltsrechnung des Bundes für das Haushaltsjahr 2024.

Der Unabhängige Beirat beim Stabilitätsrat ist Deutschlands Fiskalrat. Er veröffentlicht regelmäßige Stellungnahmen, die unter anderem die Entwicklung wichtiger finanzpolitischer Kennzahlen prognostizieren.

Das Bundeswirtschaftsministerium (BMWE) veröffentlicht dreimal im Jahr die Projektion der Bundesregierung mit der

Einschätzung zur kurz- und mittelfristigen Entwicklung volkswirtschaftlicher Kennzahlen, insbesondere das BIP, die Inflation, aber ebenso das Produktionspotenzial. Im Rahmen der Gemeinschaftsdiagnose machen dies führende Wirtschaftsforschungsinstitute gemeinsam ebenso.

Der Sachverständigenrat zur Begutachtung der gesamtwirtschaftlichen Entwicklung (2025), *Perspektiven für morgen schaffen – Chancen nicht verspielen*, Jahresgutachten 2025/26, Kap. 2, Statistisches Bundesamt, Wiesbaden, legt eine alternative Rechnung für den Anstieg der Staatsschuldenquote vor.

Zu den positiven Wachstumswirkungen einer Lockerung der Schuldenbremse siehe Achim Truger (2021), Schuldenbremse oder: Die Abkehr von einem Dogma?, *Blätter für deutsche und internationale Politik* 3/2021, S. 5–8.

KAPITEL 9

WIE DEUTSCHLANDS SCHULDENKURS EUROPA VERÄNDERT

Läge die Staatsschuldenquote bereits bei 80 Prozent, wie sie vom Unabhängigen Beirat beim Stabilitätsrat für 2029 prognostiziert wird, hätte Deutschland im Jahr 2024 die neunthöchste Verschuldung unter den 27 EU-Mitgliedstaaten gehabt; läge sie knapp unter 100 Prozent, wie sie in den Szenarien im vorangegangenen Kapitel für die Jahre nach 2040 eintreten würde, hätte es nach Griechenland, Italien, Frankreich, Belgien und Spanien die sechsthöchste gehabt (siehe Abbildung 31). Doch schwerer als die hohe Schuldenquote dürften im europäischen Kontext die Vorbildwirkung und der Umgang mit den Fiskalregeln wiegen. Entgegen seiner Rolle in den vergangenen Jahren dürfte Deutschland es zukünftig schwer haben, eine höhere Verschuldung anderer Mitgliedstaaten zu kritisieren und die europäischen Fiskalregeln durchzusetzen. Die Folgen schwächerer Fiskalregeln sind eine noch höhere Verschuldung in der ganzen EU und das Risiko einer Staatsschuldenkrise oder die erneute Verabredung gemeinsamer europäischer Verschuldung und erhöhte Inflationsrisiken.

Fiskalregeln in Europa unter Druck

Im Euroraum, also den EU-Mitgliedstaaten, die den Euro als Währung haben, wird die Geldpolitik zentral von der Europäischen Zentralbank (EZB) gestaltet. Die Fiskalpolitik liegt hingegen dezentral in den Händen der jeweiligen nationalen Regierungen. In einer solchen Konstellation sind strenge Fiskalregeln essenziell, um die Unabhängigkeit der Geldpolitik zu wahren und negative Ansteckungseffekte innerhalb der Währungsunion zu verhindern.

Ohne eine Beschränkung der nationalen Schulden(-aufnahme) können in den Mitgliedstaaten eines Währungsraums starke politische Anreize zur übermäßigen Verschuldung entstehen. Die Regierungen könnten, ähnlich wie wir es in Kapitel 5 für die Länder in Deutschland beschrieben haben, darauf setzen, dass andere Mitgliedstaaten oder die EZB ihnen helfen, sollten sie in fiskalische Schwierigkeiten geraten. Die Zinsen, die sie auf ihre Staatsanleihen bezahlen müssen, sind niedriger, als sie außerhalb des Währungsraums wären, und die disziplinierende Wirkung der Zinsen auf die Politik ist daher geringer. In einem eng verflochtenen Finanzsystem können krisenhafte oder abrupte Veränderungen in einem Staat schnell zu Ansteckungseffekten in anderen Staaten führen.

Insgesamt kann eine dezentrale Fiskalpolitik ohne entsprechende Grenzen damit zu höheren Zinsen für alle Mitgliedstaaten, höheren Inflationsrisiken für alle, höheren Haftungsrisiken für alle und höheren Ansteckungseffekten führen. Es besteht die Gefahr, dass am Ende nur noch die EZB einspringen kann, um

Zinsanstiege zu dämpfen oder eine Zahlungsunfähigkeit abzuwenden. Die EZB steht dann unter Druck, einem Staat in einer Schuldenkrise zu helfen und Staatsanleihen des Staates zu kaufen. Sie kann in einem solchen Fall allerdings ihrem Mandat, das in der Sicherstellung der Preisstabilität besteht, nicht mehr uneingeschränkt nachkommen. Bereits die Gefahr einer solchen Entwicklung kann die Unabhängigkeit der Geldpolitik infrage stellen und damit die erwartete und tatsächliche Inflation erhöhen.

Um diesen negativen Effekten entgegenzuwirken, gilt im Euroraum, dass jeder Staat für seine eigenen Schulden haftet und dass es gemeinsame Fiskalregeln gibt, die der nationalen Fiskalpolitik Grenzen setzen. Zuerst wurden diese im Stabilitäts- und Wachstumspakt (SWP) festgelegt und dann über die Jahre immer wieder reformiert und erweitert. Der SWP implementierte im Jahr 1997 die in den Verträgen von Maastricht festgelegten Grenzen für das Defizit von 3 Prozent des BIP und für die Staatsschuldenquote von 60 Prozent des BIP.

Der SWP wurde gerade erst ein weiteres Mal reformiert und trat in reformierter Form im Jahr 2024 in Kraft. Die Grenzen für Defizit- und Schuldenquote gelten weiterhin. Zentrale Elemente des präventiven Teils des SWP sind nun jedoch eine länderspezifische Schuldentragfähigkeitsanalyse und daraus abgeleitete individuelle Grenzen für die Entwicklung der Ausgaben jedes Mitgliedstaates.

Durchsetzung und Glaubwürdigkeit der europäischen Fiskalregeln

Das Kernproblem der europäischen Fiskalregeln in jeder Form ist deren Durchsetzung. Es gibt keine glaubhaften Sanktionsmöglichkeiten bei Nichteinhaltung der Regeln. Sanktionen sind zwar als letztes Mittel in den Vertragstexten festgelegt, deren Anwendung ist jedoch unter den Mitgliedstaaten nur beschränkt glaubwürdig. Denn am Ende müssten Regierungen politische und wirtschaftliche Kosten gegen andere Regierungen durchsetzen, von deren Kooperation sie selbst abhängig sind. Das Anreizproblem zeigt sich unter anderem daran, dass bisher lediglich für zwei Staaten Sanktionen beschlossen wurden, für beide jedoch in Höhe von null Euro. Dabei ist die Historie der Einhaltung der Fiskalregeln durchwachsen.

Das European Fiscal Board (EFB), der europäische Fiskalrat, veröffentlicht Statistiken zur statistischen (nicht juristischen) Einhaltung der europäischen Fiskalregeln über die Zeit. Von 1998 bis 2024 wurde die Defizitgrenze nur in etwas über 60 Prozent der Jahre und Staaten eingehalten, die Schuldengrenze nur in etwas über 70 Prozent. Bei den später hinzugekommenen Regeln zum strukturellen Defizit und dem Ausgabenwachstum ist die Einhaltung mit 47 Prozent und 41 Prozent noch geringer. Dass es bei so geringen Quoten der Einhaltung der Regeln noch nie zu Konsequenzen für einen Mitgliedstaat kam, macht das Problem der Durchsetzung deutlich. Fiskalregeln können zwar ebenfalls eine Wirkung entfalten, wenn sie nicht immer eingehalten werden. Dann sind deren Glaubwürdigkeit und politische Bedeutung jedoch zentral für deren Effektivität.

Vor dem Hintergrund, dass Sanktionen nicht glaubwürdig durchgesetzt werden können und es keine zentrale Instanz gibt, die Staaten zur Durchsetzung zwingen kann, und dass die Regeln nicht immer eingehalten werden, sind Glaubwürdigkeit, politischer Stellenwert, Ownership, Gruppendruck und öffentliche Sichtbarkeit der Regeln die wichtigsten Faktoren für deren Wirkung. Werden die Regeln von allen Staaten anerkannt, kann die Öffentlichkeit deren Einhaltung und Nichteinhaltung beurteilen, versuchen die Regierungen, sich an die Regeln zu halten oder diese als Eigeninteresse des Mitgliedstaates anzuerkennen, oder entsteht ein Gruppenzwang unter den Mitgliedstaaten, dann können die Regeln ohne tatsächliche Sanktionen eine starke Wirkung entfalten und die übermäßige Verschuldung eindämmen.

Problematisch für die Wirkung der Regeln ist, wenn sich insbesondere große Mitgliedstaaten nicht daran halten, sie ignorieren oder kreative Umwege finden. Dann wird es sehr schwer, andere Staaten von der Einhaltung und einer allfälligen Konsolidierung zu überzeugen. Es ist nahezu unmöglich, anderen Staaten dann nicht die gleichen Freiheiten zu gewähren. Dadurch wird das gesamte System stark geschwächt. Gut zu beobachten war dies im Jahr 2003, als Deutschland und Frankreich beide wiederholt die Regeln verletzt hatten. Statt Sanktionen zu verhängen, hat man in der Folge die Regeln reformiert und damit flexibler gemacht. Ein Gegenbeispiel ist die Zeit nach der Euro-Staatsschuldenkrise. In den Jahren danach wurde von Öffentlichkeit und Politik sehr genau auf die Einhaltung der Regeln geachtet. Selbst kleinere Abweichungen wurden in der Öffentlichkeit und an den Finanzmärkten diskutiert. Die Regeln hatten damit eine starke Stellung und dadurch eine Wirkung. Die Einhaltung der strukturellen Defizit- und der Ausgabenregel war zwischen 2011 und 2013 laut den Daten des EFB fast doppelt so hoch wie im Durchschnitt der anderen Jahre.

Es ist nicht ersichtlich, dass bei der Grundgesetzänderung und der Planung höherer Verschuldung der neuen Bundesregierung die europäischen Regeln angemessen mitbedacht wurden. Sie scheinen keine Rolle in diesen Überlegungen gespielt zu haben. Das Signal, das davon für die EU-Regeln ausgeht, ist problematisch. Wenn Deutschland seine Fiskalpolitik unabhängig von den europäischen Regeln plant und hohe zusätzliche Verschuldung an den Regeln vorbei beschließt, warum sollten dann andere Staaten bei ihren fiskalpolitischen Entscheidungen die Regeln beachten?

Die aktuelle Finanzpolitik und die EU-Fiskalregeln

Aber hält die Bundesregierung die EU-Fiskalregeln wirklich nicht ein? Auf dem Papier hat die Bundesregierung einen Weg gefunden, die Regeln in der kurzen Frist formell zu respektieren. Dieser Weg kommt aber einer starken Verwässerung der Regeln gleich, die deren Effektivität stark einschränken dürfte. Andere Mitgliedstaaten werden zukünftig genauso jede Annahme und Stellschraube nutzen, um möglichst große Verschuldungsspielräume zu schaffen.

Bereits im Herbst 2024 hätte Deutschland nach den neuen Regeln den ersten mittelfristigen finanzpolitisch-strukturellen Plan (FSP) einreichen müssen. Dieser soll insbesondere in Verhandlungen mit der Europäischen Kommission einen Nettoausgabenpfad festlegen, der so ausgestaltet ist, dass die deutsche Fiskalpolitik die europäischen Regeln einhält. Nachdem der Europäische Rat dem FSP zugestimmt hat, wird der Nettoausgabenpfad im neuen SWP zur Obergrenze für die Nettoausgaben.

Die neue Bundesregierung hat nun im August 2025 den ersten FSP Deutschlands eingereicht. Darin werden durch die Nutzung folgender Stellschrauben formal die Regeln eingehalten:

1. Der Plan nutzt einen längeren Anpassungszeitraum von sieben statt von vier Jahren. Das ist nach den Regeln möglich, wenn gleichzeitig ambitionierte Reformen durchge-

führt werden. Bei strenger Auslegung müsste die Bundesregierung dafür allerdings erst noch weitreichende Reformen beschließen. Das hat sie bisher nicht getan.

2. In der EU gilt zurzeit eine Ausnahme für Verteidigungsausgaben. Diese wird genutzt. Die Ausnahme in der EU gilt allerdings anders als die Grundgesetzänderung nur befristet bis Ende 2028 und im Umfang begrenzt. Zudem ist der Verteidigungsbegriff enger abgegrenzt als bei der Grundgesetzänderung.

3. Das Potenzialwachstum wird im FSP per technischer Annahme, also nicht auf Basis von gesamtwirtschaftlichen Prognosen, sondern als politische Festlegung, auf 0,9 Prozent festgelegt. Wir hatten im vorangegangenen Kapitel bereits verschiedene Prognosen diskutiert. Selbst die Herbstprojektion des Wirtschaftsministeriums kommt nur auf ein Potenzialwachstum von 0,6 Prozent, die Gemeinschaftsdiagnose und der Sachverständigenrat kommen auf niedrigere Werte, ganz zu schweigen von den aktuellen Berechnungen des ifo Instituts.

4. Die Inflation, genauer der BIP-Deflator, wird außergewöhnlich hoch auf über 2,6 Prozent in den meisten Jahren festgelegt. Die Europäische Kommission und die Deutsche Bundesbank schätzen diesen eher auf 2 Prozent.

5. Es wird im FSP keine gleichmäßige Konsolidierung geplant, sondern zuerst ein starker Anstieg des Defizits und dann ein Absinken ab dem Jahr 2027. Die Konsolidierung wird also auf später vertagt, teilweise sogar in die nächste Legislaturperiode.

6. Die neuen Regeln enthalten Schutzklauseln, die insbesondere einen Mindestrückgang der Schuldenquote sicherstellen sollen. Diese werden nicht beachtet. Das ist in Kombination mit der Ausnahme für Verteidigung erlaubt, untergräbt jedoch deren Funktion.

Die Deutsche Bundesbank zeigt, dass auf Basis dieser Anpassungen Defizite von über 6 Prozent für 2026 und 2027 möglich sind und die Schuldenquote innerhalb von fünf Jahren bis 2029 um rund 15 Prozentpunkte auf über 80 Prozent des BIP ansteigen könnte. Es zeigt sich, dass die neuen Regeln sehr komplex sind und die Europäische Kommission viele intransparente Anpassungen zulässt, die schlussendlich hohe Defizite und Schuldenanstiege ermöglichen. Dadurch, dass sie zudem zulässt, dass die Konsolidierung erst in der Zukunft einsetzt, ist die Bindungswirkung der Regeln sehr gering. Ein Ansatz, der diese Werte für Defizit und Schuldenanstieg im FSP für Deutschland, immerhin einem Land mit einer Schuldenquote über dem Grenzwert, zulässt, dürfte das Schuldenproblem in der EU nicht lösen.

Schwierige Schuldensituation in Europa

Eine Reihe von Mitgliedstaaten im Euroraum hat mittlerweile Staatsschuldenquoten von über 100 Prozent oder ist auf dem Weg dorthin (siehe Abbildung 31). Die hohe Verschuldung hat dabei bereits in den vergangenen Jahren dazu geführt, dass die Handlungsmöglichkeiten der Staaten eingeschränkt waren. In der Corona- und der Energiekrise konnten einzelne Mitgliedstaaten ihre Mittel, mit denen sie auf die Krisen reagieren wollten, nicht mehr eigenständig zu vertretbaren Zinsen an den

Abbildung 31: Staatsschuldenquote in der EU in 2024 (Prozent des BIP)

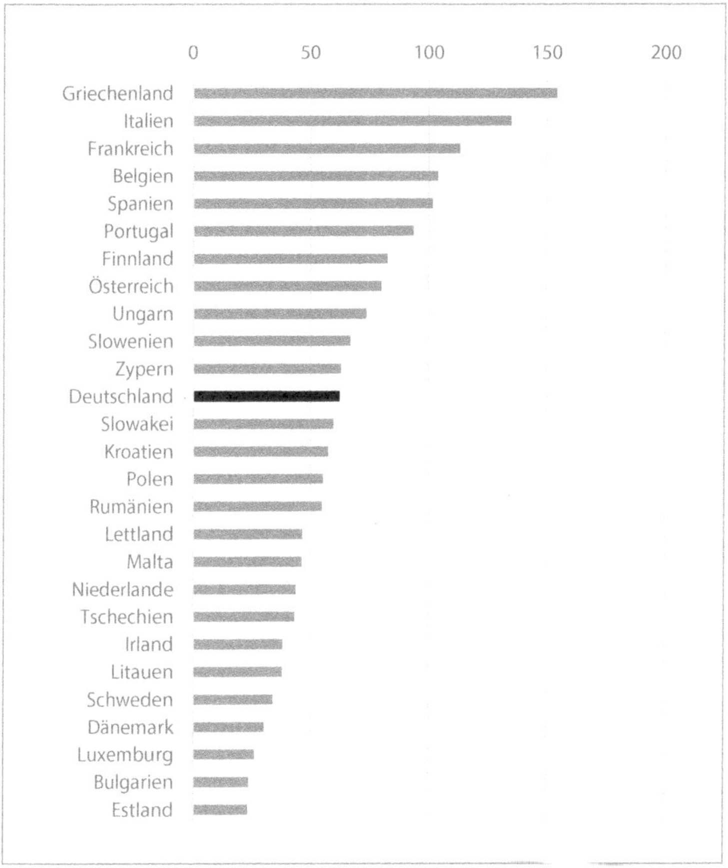

Quelle: Europäische Kommission, eigene Darstellung

Anleihemärkten finanzieren. Schlussendlich wurden ein europäischer Fonds mit gemeinsamer Verschuldung und neue Instrumente der EZB eingerichtet. Beides birgt große Risiken für die Entwicklung der Verschuldung, deren Tragfähigkeit und damit für die Inflation im Euroraum.

Die Entwicklung der Zinsen auf Staatsanleihen im Euroraum zeigt die Gefahren bereits. Deutschland wird von den Finanzmärkten als Anker gesehen. Steigen die Zinsen auf deutsche Staatsanleihen, so steigen in der Regel die Zinsen aller anderen Mitgliedstaaten (siehe Abbildung 32). Würden die deutschen Zinsen aufgrund der höheren Verschuldung ansteigen, wären höhere Zinsausgaben in ganz Europa die Folge, und immer grö-

Abbildung 32: Renditen für 10-jährige Staatsanleihen im Jahr 2025 (Prozent)

Quelle: Investing.com, eigene Darstellung (Datenlücken werden durch eine Linie verbunden. Zuletzt aktualisiert: 14.10.2025)

ßere Teile der öffentlichen Haushalte der Mitgliedstaaten müssten dafür aufgewendet werden. Die Handlungsfähigkeit würde noch weiter eingeschränkt werden.

Untergräbt Deutschland die Bindungswirkung der europäischen Fiskalregeln, dürfte diese Entwicklung nur schwer einzudämmen sein. Die Grundgesetzänderung und die darauf basierenden Planungen erhöhen die Fragilität und Krisenanfälligkeit der europäischen Staatsfinanzen. Dabei wären mit Blick auf die notwendige Sicherstellung der Verteidigungsfähigkeit und ein geoökonomisch unsicheres Umfeld die gegenteiligen Anstrengungen angezeigt. Es sollten in den Mitgliedstaaten fiskalische Handlungsspielräume aufgebaut und die Krisenanfälligkeit sollte reduziert werden. Dafür sind die Stärkung der europäischen Fiskalregeln und deren Durchsetzung wesentliche Bausteine.

Literatur und Datenquellen

Der Europäische Fiskalrat, European Fiscal Board, veröffentlicht Zahlen zur Einhaltung der europäischen Fiskalregeln (EFB Compliance Tracker). Dabei geht es allerdings nicht um die formale De-jure-Einhaltung der Regeln, sondern um den statistisch-ökonomischen Vergleich der Grenzwerte mit den tatsächlich realisierten fiskalpolitischen Zahlen.

Die Deutsche Bundesbank hat den FSP Deutschlands in ihrem Monatsbericht vom August 2025 genau analysiert und die verschiedenen Annahmen und Stellschrauben diskutiert. Sie hat zudem Schätzungen vorgelegt, was diese für die Entwicklung von Defizit und Schuldenstand bedeuten.

Neuere Potenzialschätzungen finden sich in Sachverständigenrat zur Begutachtung der gesamtwirtschaftlichen Entwicklung (2025), *Perspektiven für morgen schaffen – Chancen nicht verspielen*, Jahresgutachten 2025/26, Statistisches Bundesamt, Wiesbaden sowie ifo Institut (2025), ifo Konjunkturprognose Winter 2025: Der Strukturwandel hat Deutschland fest im Griff, *ifo Schnelldienst digital*, 6. Jg., 24/2025, S. 1–84.

TEIL IV

NACH DER SCHULDENWENDE

KAPITEL 10

ZEHN WEICHENSTELLUNGEN FÜR EINE ZUKUNFTSFÄHIGE FINANZ- UND WIRTSCHAFTSPOLITIK

Wir haben in den vorangegangenen Kapiteln diskutiert, weshalb Fiskalregeln wichtig sind, was die größten Herausforderungen für die deutsche Volkswirtschaft und die Finanz- und Wirtschaftspolitik sind und weshalb die beschlossenen Grundgesetzänderungen diese voraussichtlich nicht lösen werden. Was sollte die deutsche Wirtschafts- und Finanzpolitik jedoch stattdessen tun, und wie könnte es nun weitergehen? Im Folgenden stellen wir zehn Maßnahmen zur Diskussion, die jeweils an den zugrunde liegenden Problemen ansetzen und eine umfassende Antwort auf diese bieten sollen. Sie entsprechen in ihrer Ambition der Größe der Herausforderungen und wären entscheidende Kurswechsel in ihrem jeweiligen Bereich. Diese Weichenstellungen würden Deutschland in der Finanz- und Wirtschaftspolitik wieder zukunftsfähig machen und wären besser bereits gestern umgesetzt worden. Je länger gewartet wird, umso mehr Zeit geht verloren und umso einschneidender werden die Auswirkungen der Reformen sein.

Abbildung 33: Überblick

Zehn Weichenstellungen für eine zukunftsfähige Finanz- und Wirtschaftspolitik

1	Einschränkung der Ausnahmen für Verteidigungs- und Investitionsausgaben
2	Föderalismusreform und angemessene Ausstattung der Gemeinden
3	Einführung der doppischen Rechnungslegung und wirkungsorientierten Haushaltsführung
4	Erhöhung der Transparenz in der Finanzpolitik
5	Stärkung fester Kennzahlen in den EU-Fiskalregeln
6	Effizienter Einsatz der Verteidigungsausgaben
7	Schaffung eigenständiger staatlicher Infrastrukturgesellschaften
8	Schaffung von Spielräumen für zukunftsorientierte Ausgaben im Haushalt
9	Langfristiges Wachstum durch ambitionierte Strukturreformen
10	Nutzung europäischer Skaleneffekte

Quelle: eigene Darstellung

1. Einschränkung der Ausnahmen für Verteidigungs- und Investitionsausgaben

Es kann sinnvoll sein, einen kurzfristig starken Anstieg der Verteidigungsausgaben über zusätzliche Verschuldung zu finanzieren. Mittelfristig gehören Verteidigungsausgaben aber zu den Kernaufgaben des Staates und entfalten nur relativ geringe langfristige Wachstumswirkungen. Die Verteidigungsausgaben sollten daher mittelfristig vollständig aus Steuereinnahmen finanziert werden. Entsprechend lassen die europäischen Fiskalregeln eine höhere Verschuldung für Verteidigungsausgaben nur zeitlich befristet zu. Die Bereichsausnahme der Schuldenbremse sollte somit zurückgenommen werden.

Stattdessen könnten die Verschuldungsmöglichkeiten des Sondervermögens Bundeswehr erhöht werden. Damit wäre zum einen sichergestellt, dass die Verschuldung für die Verteidigung zeitlich und im Umfang begrenzt bleibt. Denn eine festgelegte Summe an Verschuldungsmöglichkeiten wird irgendwann aufgebraucht sein. Anschließend müssen die Verteidigungsausgaben vollständig aus dem Kernhaushalt finanziert werden. Bei der Einrichtung können bereits sinkende jährliche Beträge für die zusätzlichen Kreditermächtigungen beschlossen werden, sodass ein klarer Ausstiegspfad aus der zusätzlichen Verschuldung festgelegt ist.

Zum anderen wurden bei der Einführung des Sondervermögens Bundeswehr eine engere Abgrenzung der damit finanzierbaren Ausgaben sowie eine Regelung zur Zusätzlichkeit beschlossen. Somit wäre mit einer Aufstockung des Sondervermögens sichergestellt, dass die zusätzlichen Mittel direkter als bei der Bereichsausnahme zur Steigerung der Verteidigungsfähigkeit eingesetzt werden. Konkret wird im Gesetz zur Finanzierung der

Bundeswehr und zur Errichtung eines »Sondervermögens Bundeswehr« als Ziel benannt, »die Bündnis- und Verteidigungsfähigkeit zu stärken und dazu ab dem Jahr 2022 die Fähigkeitslücken der Bundeswehr zu schließen, um damit auch den deutschen Beitrag zu den geltenden NATO-Fähigkeitszielen gewährleisten zu können«. Die Zusätzlichkeit wurde dadurch sichergestellt, dass Verteidigungsausgaben inklusive der Ausgaben des Sondervermögens »im mehrjährigen Durchschnitt von maximal fünf Jahren [in Höhe von] zwei Prozent des Bruttoinlandsprodukts auf Basis der aktuellen Regierungsprognose für Verteidigungsausgaben nach NATO-Kriterien bereitgestellt« werden. Dies müsste bei einer Aufstockung entsprechend für eine höhere Quote, die jährlich absinkende Summe an Kreditermächtigungen und einen längeren Zeitraum angepasst werden. Damit kann sichergestellt werden, dass keine ursprünglich im Verteidigungshaushalt vorgesehenen Mittel durch Verschuldung ersetzt und dann für andere Zwecke eingesetzt werden.

Eine zusätzliche Verschuldungsmöglichkeit zur Finanzierung von Infrastrukturausgaben über die Regelgrenze der Schuldenbremse hinaus ist nicht notwendig. Die zusätzlichen Kreditermächtigungen für das Sondervermögen Infrastruktur und Klimaschutz sollten noch in diesem Jahr wieder abgeschafft werden. Stattdessen ist ein stetiger Aufwuchs der Investitionsausgaben ohne finanzielle Transaktionen des Bundes im Kernhaushalt erforderlich. Dieser war in den vergangenen Haushalten bereits beobachtbar, in Planungen früherer Regierungen angelegt und könnte durch konsequente Priorisierung fortgeführt werden. Die von der aktuellen Regierung geplanten zusätzlichen Investitionsausgaben sind trotz der hohen zusätzlichen Verschuldung im Vergleich zur Planung 2024 oder zur Planung der Ampelkoalition für 2025 gering. Allein die Rücknahme teurer Wahlgeschenke wie die Mütterrente, der Netzentgeltzuschuss oder die Mehrwertsteuersenkung für die Gastronomie könnten ohne zusätzliche Verschuldung einen ähnlich starken Anstieg der Investitionsausgaben finanzieren.

Um die Investitionsrückstände Deutschlands zu beheben, sind zudem institutionelle Veränderungen, Maßnahmen auf Länder- und Gemeindeebene sowie strukturelle Reformen notwendig. Zusätzliche Verschuldungsmöglichkeiten, die sogar noch zu großen Teilen für nicht investive Maßnahmen eingesetzt werden, verzögern diese Reformen eher noch.

Es ist absehbar, dass es kurzfristig im Bundestag keine Mehrheit für eine zur Umsetzung dieser Maßnahmen notwendige Grundgesetzänderung gibt. Dann könnte geprüft werden, ob Änderungen mit dem gleichen Effekt innerhalb des bestehenden grundgesetzlichen Rahmens umgesetzt werden können. Insbesondere muss die Bundesregierung die vom Grundgesetz geschaffenen Verschuldungsmöglichkeiten nicht voll ausnutzen. Es könnte geprüft werden, ob statt einer Aufstockung des bestehenden Sondervermögens Bundeswehr im Ausführungsgesetz für die Bereichsausnahme ähnliche Kriterien hinsichtlich der Ausgabenkategorien und der Zusätzlichkeit festgeschrieben werden können. Außerdem könnte die Regierung sich – bis zu einer Grundgesetzänderung – selbst binden, indem sie die Bereichsausnahme nur zeitlich und im Umfang begrenzt nutzt. Wenn eine Abschaffung des Sondervermögens Infrastruktur und Klimaneutralität (SVIK) kurzfristig nicht möglich ist, könnte so lange auf die Nutzung seiner Kreditermächtigungen verzichtet werden.

Um einen Missbrauch der Ausnahme für finanzielle Transaktionen in der Schuldenbremse, beispielsweise für Darlehen an die Sozialversicherungen, zu verhindern, sollten außerdem die Regelungen zu deren Nutzung konkretisiert werden. Derzeit reicht schon die theoretische Möglichkeit, dass ein Darlehen zurückgezahlt wird, um es als finanzielle Transaktion zu kategorisieren. Es sollte verhindert werden, dass zusätzliche Verschuldung für Darlehen genutzt werden kann, die nie zurückgezahlt werden oder unter Kriterien einer privatwirtschaftlichen Kreditvergabe nie vergeben würden. Es handelt sich dabei lediglich um einen versteckten Transfer an der Schuldenbremse vorbei. Ebenso sollten Kreditermächtigungen für finanzielle Transaktionen künftig separat von anderen Kreditermächtigungen geführt werden, um deren Umwidmung im Laufe eines Jahres zu verhindern. Derzeit wird lediglich eine gesammelte Obergrenze für Kreditermächtigungen festgelegt, was dazu führen kann, dass ursprünglich beim Beschluss des Haushalts für finanzielle Transaktionen vorgesehene Kreditermächtigungen im Haushaltsvollzug für andere Ausgaben genutzt werden.

2. Föderalismusreform und angemessene Ausstattung der Gemeinden

Im Zuge der Grundgesetzänderung vom März 2025 wurde den Ländern ein größerer Verschuldungsspielraum (sowie ein Teil des SVIK) gewährt. Dieser Spielraum sollte nur bestehen bleiben, wenn es im Gegenzug zu einer Entflechtung der Aufgaben der föderalen Ebenen und einer entsprechenden Finanzierung kommt. Insbesondere müssen die Länder ihre Gemeinden angemessen mit finanziellen Mitteln ausstatten, sodass diese ihren Aufgaben nachkommen können.

In Kapitel 5 haben wir dargelegt, dass der deutsche Föderalismus an einer massiven Verzerrung leidet. Der stärksten Dezentralisierung der Verwaltungskompetenzen unter allen Bundesstaaten entsprechen keine ähnlich stark dezentralisierten Finanzkompetenzen. Dies gilt insbesondere für die Einnahmeseite. Die Länder besitzen zwar die Einnahmekompetenz für die Ländersteuern, mit der Grunderwerbsteuer und der Erbschaft- und Schenkungsteuer als den beiden aufkommensstärksten Steuerarten. Sie können aber lediglich bei der Grunderwerbsteuer die Steuersätze selbst festsetzen.

Für Gemeinden ist es besonders problematisch, dass Bund und Länder ihnen wiederkehrend neue Aufgaben auferlegen, die zu Ausgaben mit hoher Dynamik führen, eine entsprechende Finanzierung aber nicht gewähren. Da der Bund in aller Regel den Gemeinden nicht direkt finanzielle Mittel zukommen lassen darf, fließen diese an die Länder. Obwohl diese Finanzzuweisungen also eigentlich für die Gemeinden gedacht sind, nutzen die Länder diese regelmäßig für den eigenen Landeshaushalt. Zusammengenommen sorgt dies für Schieflagen in den Haushalten von Bund, Ländern und Gemeinden.

Eine echte Föderalismusreform würde eine Entflechtung der Finanzkompetenzen vorsehen, auf der Ausgabenseite Mischkompetenzen abbauen und Ländern und Gemeinden nennenswerte Besteuerungskompetenzen zuerkennen. Länder und Gemeinden sind am Aufkommen der Lohn- und Einkommensteuer beteiligt, die Länder zudem am Aufkommen der Körperschaftsteuer. Diese Einnahmekompetenz könnte so umgewandelt werden, dass die Länder und Gemeinden wie beim Solidaritätszuschlag Zuschläge auf die Einkommen- und Körperschaftsteuern erheben dürfen. Entsprechend müsste die Belastung mit diesen Steuern auf Bundesebene sinken. Eine solche Reform würde die Anreize, sich über übermäßige Ausgaben und Schulden bei der Wählerschaft zu profilieren, deutlich reduzieren.

Im Zuge einer Neuregelung der föderalen Finanzen sollte zudem ein Mechanismus beschlossen werden, der bei Bedarf die

Beiträge der einzelnen föderalen Ebenen für eine gesamtstaatliche Konsolidierung sicherstellt. So setzen etwa die neuen europäischen Fiskalregeln eine Grenze für das Wachstum der Nettoausgaben des Gesamtstaates. Nachdem der Bund lediglich für rund 30 Prozent der Ausgaben des Gesamtstaates verantwortlich ist, kann er die Einhaltung der Grenze nur schwer alleine gewährleisten. Es braucht einen belastbaren Mechanismus, der alle föderalen Ebenen verpflichtet. Ähnliches gilt für eine etwaige notwendige Konsolidierung über die europäischen Regeln hinaus, etwa zur Reduzierung der gesamtstaatlichen Staatsschuldenquote.

3. Einführung der doppischen Rechnungslegung und wirkungsorientierten Haushaltsführung

Der Bundeshaushalt wird durch ein System von Ein- und Auszahlungen geführt. In der sogenannten Kameralistik ist der Zahlungszeitpunkt entscheidend, es werden im Bundeshaushalt also lediglich die Kassenflüsse verfolgt. Dieses System gibt es bereits seit Hunderten von Jahren. Es führt jedoch an vielen Stellen zu tiefgreifenden Problemen, wie an Beispielen deutlich wird: Bestellt der Bund heute eine neue Fregatte für die Bundeswehr, so werden die Zahlungen häufig erst in einigen Jahren fällig. Die Anschaffung kann zwar heute beschlossen werden, der heutige Haushalt wird damit jedoch nicht belastet; erst zukünftige, eventuell sogar in der nächsten Legislaturperiode liegende Haushalte sind berührt. Tätigt der Bund heute eine Investition und muss diese heute bezahlen, so muss der volle Betrag im heutigen Haushalt finanziert werden, obwohl die Investition über mehrere Jahre umgesetzt wird und wirkt. Kurz gesagt: In der Kameralistik kann es dazu kommen, dass neue Gesetze keine Auswirkung im aktuellen Haushalt haben, obwohl sie hohe zusätzliche Belastungen für die Zukunft bedeuten. Entscheidend sind lediglich die Zahlungsflüsse.

Die Alternative ist eine doppelte Buchführung, wie sie Unternehmen und mittlerweile viele Staaten weltweit vornehmen. Dabei wird nicht nach Kasse, sondern gemäß Aufwand und Ertrag gebucht. Der sogenannte doppische Haushalt macht die Auswirkungen von Investitionen ebenso sichtbar wie implizite Verpflichtungen in der Zukunft. Zudem werden implizite Schulden und der Wertverfall von Vermögen in Form von Abschreibungen ausgewiesen. Die finanzielle Lage und die Nachhaltigkeit der öffentlichen Finanzen werden unmittelbarer deutlich. In der EU nutzen mittlerweile fast alle Mitgliedstaaten eine doppische oder ihr nachempfundene Rechnungslegung. In Deutschland gibt es die Doppik bereits fast überall auf Gemeinde- und teilweise auf Länderebene (Hamburg und Hessen). Auf Bundesebene ist die Einführung jedoch bisher gescheitert. Die Bundesregierung hat zwar die Kraft gefunden, weitreichende Grundgesetzänderungen rund um den Haushalt umzusetzen, und hat sich die Modernisierung des Staates zum Ziel gesetzt, hier aber keine Fortschritte gemacht. Zur Stärkung der Zukunftsfähigkeit der öffentlichen Finanzen sollte sie die doppische Rechnungslegung nun für den Bund umsetzen.

Eng verbunden mit der Doppik – aber nicht abhängig davon – ist die ambitionierte Umsetzung einer ziel- und wirkungsorientierten Haushaltsführung. Dabei soll die Perspektive auf den Haushalt verändert werden. Aktuell sind die Debatten und die Steuerung des Haushalts auf Inputs konzentriert, also etwa wie viel Geld für eine bestimmte Maßnahme oder in einem bestimmten Bereich ausgegeben werden soll. Ziel muss es jedoch sein, stattdessen die öffentliche Leistungserbringung, also Ergebnisse und Auswirkungen, in den Vordergrund zu rücken. Denn es geht nicht darum, dass der Staat seine Leistungen möglichst teuer erbringt, sondern wie er mit den eingesetzten Mitteln die besten Ergebnisse erzielt. Optimalerweise würden für jede Ausgabe im Bundeshaushalt quantitative Ziele und Konsequenzen bei deren Nichterreichung definiert. Ausgaben würden automatisch gestrichen, wenn sie ihre Ziele nicht erreichen oder wenn andere Maßnahmen die Ziele kostengünstiger erreichen.

Beispielhaft veranschaulichen kann man dies anhand der Ausgaben im Klimabereich. Das Ziel der Klimapolitik ist die Reduktion von Treibhausgasemissionen. Würde jede Ausgabe mit quantifizierbaren Zielen verbunden, so könnte berechnet werden, mit welchen Maßnahmen je eingesetztem Euro am meisten Treibhausgasemissionen reduziert werden. Mittel sollten anschließend von den weniger effizienten Maßnahmen zu den effizienteren Maßnahmen umgeschichtet werden. Ginge man so mit allen Ausgaben und Zielen vor, würde der Haushalt effizienter und auf seine Wirkung ausgerichtet, und es müssten weniger Mittel zur Zielerreichung eingesetzt werden.

Bereits seit vielen Jahren wird die ziel- und wirkungsorientierte Haushaltsführung gefordert und in mehreren Koalitionsverträgen erwähnt. Jedoch ist die Umsetzung bisher auf Pilotversuche und wissenschaftliche Studien beschränkt. Im Jahr 2024 haben das Leibniz-Zentrum für Europäische Wirtschaftsforschung (ZEW) und das Beratungsunternehmen Deloitte in einer Studie für das Bundesfinanzministerium aufgelistet, was die nächsten Schritte wären. Sie haben gezeigt, dass andere Staaten weltweit bereits eine Vielzahl an Elementen der ziel- und wirkungsorientierten Haushaltsführung erfolgreich einsetzen.

Die weitergehende Umsetzung in Deutschland dürfte bisher an der fehlenden Motivation der Ministerien liegen, sich einer derart detaillierten Evaluierung ihrer Ausgaben zu unterziehen. Die ziel- und wirkungsorientierte Haushaltsführung müsste also zentral beschlossen, gleichzeitig breitflächig ausgerollt und anschließend konsequent durchgesetzt werden. Damit dürften erhebliche Effizienzpotenziale im Haushalt einhergehen.

4. Erhöhung der Transparenz in der Finanzpolitik

Die Effektivität von Fiskalregeln und die Anreize für die Politik, eine zukunftsorientierte und nachhaltige Finanzpolitik zu verfolgen, hängen von der Transparenz und der Überwachung der Finanzpolitik sowie den Möglichkeiten für die Bevölkerung ab, diese nachzuvollziehen. Um die Transparenz zu erhöhen, können die Doppik und die ziel- und wirkungsorientierte Haushaltsführung wichtige Beiträge leisten. Zudem sollten Sondervermögen und andere außerbudgetäre Finanzinstrumente reduziert oder vermieden werden. Die öffentlichen Finanzen sind durch die vielen Sonderregelungen mittlerweile zu einem verstrickten und intransparenten System geworden. Dabei sollte es Bürgerinnen und Bürgern eigentlich möglichst einfach gemacht werden, die gesamten Ausgaben und Einnahmen zu überblicken. Ebenso sollten versteckte Verbindlichkeiten und bereits feststehende Ausgaben in der Finanzplanung besser berücksichtigt werden. Ist etwa bereits absehbar, dass zukünftig Mittel für die Rückzahlung der europäischen Schulden oder für die Finanzierung höherer Rentenansprüche zur Verfügung gestellt werden müssen, sollte dies transparent gemacht und eingeplant werden.

Eine wichtige Rolle bei der Erhöhung der Transparenz der Finanzpolitik können unabhängige Institutionen spielen. Sie helfen, die Informationsasymmetrie zwischen Politik und Bevölkerung abzubauen. So gibt es laut der Datenbank des Internationalen Währungsfonds (IWF) weltweit 54 Fiskalräte, die als eine Art Wachhund die Finanzpolitik überwachen und für die Öffentlichkeit zugänglich machen sollen. Die Fiskalräte sind dabei jedoch sehr unterschiedlich aufgesetzt und ausgestattet. In Deutschland gilt der Unabhängige Beirat beim Stabilitätsrat als der deutsche Fiskalrat. Dessen institutionelle Ausgestaltung und Unabhängigkeit ist jedoch schwächer ausgeprägt als in anderen Staaten und als von internationalen Organisationen gefordert. So fehlen ihm beispielsweise die personelle Ausstattung für umfassendere Analysen der Finanzlage von Bund, Ländern und Gemeinden sowie das unabweisbare Recht zur Anforderung umfangreicher Informationen und Daten der Gebietskörperschaften.

Notwendig wäre eine unabhängige, öffentlich sichtbare, gesetzlich abgesicherte und ausreichend ausgestattete Institution. Die OECD hat im Jahr 2025 Prinzipien für unabhängige fiskalpolitische Institutionen veröffentlicht. Demnach sollten diese Institutionen gesetzlich verankert und mit Informationszugang und Ressourcen ausgestattet sein, die es ihnen erlauben, tiefergehende Analysen durchzuführen und regelmäßige Kommunikation zu betreiben. Die Experten des Fiskalrats sollten politisch unabhängig sein, und die Ausgestaltung des Mandats sollte dies ebenso während dessen Ausübung sicherstellen. Die Analysen und Empfehlungen des Fiskalrats sollten direkt in den Haushaltsprozess einfließen und Folgen für die Bundesregierung und das Parlament haben, etwa in Form einer Pflicht, auf den Fiskalrat öffentlich zu antworten. Der Fiskalrat muss die Möglichkeit haben, breit in die Öffentlichkeit zu kommunizieren, um seine Ergebnisse umfassend zugänglich zu machen. Der deutsche Fiskalrat erfüllt diese Kriterien aktuell nicht. Eine Umsetzung all dieser Punkte und eine Stärkung der Institution kämen vermutlich einer Neugründung des deutschen Fiskalrats gleich. Dies könnte jedoch ein wichtiger Schritt zu mehr Transparenz der öffentlichen Finanzen in Deutschland sein.

Zusätzlich haben einige Staaten unabhängige Institutionen, die Maßnahmen im Haushalt prüfen und die Auswirkungen geplanter Gesetzesvorhaben analysieren. Die bekanntesten dieser Institutionen sind das Congressional Budget Office in den Vereinigten Staaten oder das Office for Budget Responsibility im Vereinigten Königreich. Diese Institutionen erstellen mittel- und längerfristige Prognosen des Haushalts. Sie evaluieren haushaltspolitische Maßnahmen und prüfen deren Zielerreichung und Wirkung. Zudem weisen sie auf fiskalische Risiken hin. Die Analysen beziehen sich dabei auf die staatlichen Haushalte, aber ebenso auf die Auswirkungen von Gesetzesvorhaben oder teilweise sogar von Plänen im Wahlkampf. Eine solche Institution existiert in Deutschland nicht, könnte jedoch in Kombination mit der Doppik und der ziel- und wirkungsorientierten Haushaltsführung signifikant dazu beitragen, mehr Transparenz in der Fiskalpolitik zu schaffen und Effizienzpotenziale zu heben.

Schlussendlich sind das Wissen und die Fähigkeit der Bevölkerung, fiskalpolitische Entscheidungen sowie die von unterschiedlichen Institutionen bereitgestellten Informationen nachzuvollziehen, ein wichtiges Element. In der vergangenen Legislaturperiode wurde vom Finanz- und Bildungsministerium in Zusammenarbeit mit der OECD eine Finanzbildungsstrategie für Deutschland erarbeitet. Diese gilt es umzusetzen und damit die fiskalpolitische Bildung zu stärken.

5. Stärkung fester Kennzahlen in den EU-Fiskalregeln

Eine zentrale Schwäche der reformierten Fiskalregeln auf europäischer Ebene ist das Zurückdrängen einfacher und fester Grenzwerte. Die Reform hat einige bisher wichtige Kennzahlen in den Hintergrund gerückt und dafür komplexen Schuldentragfähigkeitsanalysen eine zentrale Rolle gegeben. Diese hängen von einer Vielzahl an Variablen und Festlegungen ab. Dadurch werden die daraus abgeleiteten Grenzwerte für die Öffentlichkeit nicht mehr nachvollziehbar und selbst für Experten nur schwer handhabbar. In vielen bilateralen Gesprächen zwischen Regierung und Europäischer Kommission werden die verschiedenen Stellschrauben festgelegt. Der Prozess ist intransparent und gibt den Mitgliedstaaten viele Möglichkeiten, um die Regeln möglichst weit auszulegen. Das konnte bei der Entstehung des deutschen mittelfristigen finanzpolitisch-strukturellen Plans (FSP) 2025 anschaulich beobachtet werden.

Fiskalregeln funktionieren dann gut, wenn die Öffentlichkeit leicht nachvollziehen kann, ob sie eingehalten werden oder nicht. Eine Regel, die in der EU daher besonders viel Beachtung findet, ist die Drei-Prozent-Defizitregel für den Haushalt. Sie entfaltet Bindungswirkung vor allem über die von ihr ausgehenden Signale an die Öffentlichkeit und die Finanzmärkte. Regierungen unternehmen Anstrengungen, um das Defizit wieder unter diese Grenze zu bringen und die öffentlich diskutierte Abweichung zu reduzieren. Wenn der von den Regeln festgelegte Grenzwert und die von den Mitgliedstaaten diesem gegenübergestellten Werte nicht nachvollziehbar sind, kann keine öffentliche Debatte über die bestehenden Abweichungen entstehen. Das aus einer Schuldentragfähigkeitsanalyse und den Verhandlungen mit der Europäischen Kommission abgeleitete Nettoausgabenwachstum für den Gesamtstaat ist so eine öffentlich schwer nachvollziehbare Grenze.

Es dürfte jedoch unrealistisch sein, die europäischen Fiskalregeln zeitnah erneut zu reformieren. Der Fokus sollte daher im aktuellen Rahmenwerk auf der Reduktion der Spielräume und auf einfach kommunizierbaren Zahlen liegen. So könnten für alle Variablen und Stellschrauben der Schuldentragfähigkeitsanalyse feste unabhängige Quellen, etwa die Prognosen der Europäischen Kommission, festgelegt werden. Damit würde die zu optimistische Festlegung von Potenzialwachstums- oder Inflationsraten, wie im deutschen FSP von 2025 geschehen, unterbunden werden. Der politische Einfluss auf die Analysen, die zu den Ausgabenpfaden führen, sollte minimiert werden.

Das reformierte europäische Regelwerk hat noch feste Grenzwerte. So wurden im Zuge der Reform sogenannte Safeguards eingeführt. Ein solcher Schutzmechanismus besagt, dass die Staatsschuldenquote durchschnittlich um 0,5 Prozentpunkte pro Jahr sinken soll, wenn sie zwischen 60 und 90 Prozent liegt; um einen Prozentpunkt pro Jahr, wenn sie darüberliegt. Das Hauptaugenmerk sollte wieder auf diese festen Werte gelenkt werden. Das widerspricht dem bisherigen Vorgehen in der EU, bei dem die Safeguards nach Aktivierung der Ausnahmeklausel für Verteidigung ganz ausgeschaltet wurden, könnte jedoch die Bindungswirkung der Regeln wieder erhöhen. Die Safeguards, insbesondere ein Grenzwert für die Veränderung der Staatsschuldenquote, sind für die Öffentlichkeit einfach nachvollziehbar.

Zusätzlich zur Stärkung fester Kennzahlen sollten zur besseren Durchsetzung der Regeln alle Instrumente genutzt werden, die das reformierte Regelwerk zur Verfügung stellt. In der Vergangenheit hat die Europäische Kommission selten alle Möglichkeiten genutzt, um die Regeln in den Mitgliedstaaten durchzusetzen. Zudem sollte die Europäische Kommission die Sichtbarkeit der Regeleinhaltung oder -verfehlung in den Mitgliedstaaten erhöhen. Es braucht in den Mitgliedstaaten, die Gefahr laufen, die Regeln zu verletzen, eine öffentliche Diskussion, um die Politik zu Veränderungen zu veranlassen.

6. Effizienter Einsatz der Verteidigungsausgaben

Eine signifikante Erhöhung der Verteidigungsausgaben in Deutschland ist für die Verteidigungsfähigkeit unumgänglich. Mittelfristig sollten diese aus den Steuereinnahmen finanziert werden. Unabhängig von der Finanzierung sollten die großen Summen so eingesetzt werden, dass möglichst große Effekte auf die langfristige Leistungsfähigkeit der Volkswirtschaft und möglichst geringe Effekte auf die Preise zu erwarten sind.

Die höheren Verteidigungsausgaben entfalten vor allem dann nachhaltige Wachstumseffekte, wenn sie an der Schnittstelle zu Forschung und Entwicklung eingesetzt werden und dadurch zu Innovationen führen, die zugleich zivile Nutzungen ermöglichen. Vor allem wenn sie über Dual-Use-Güter zu Spillover-Effekten in andere Wirtschaftsbereiche führen, dürfte das langfristige Wachstum gesteigert werden. Um diese Potenziale zu heben, sollten die an einigen Universitäten und Hochschulen bestehenden Zivilklauseln überprüft werden, die selbst eine duale Nutzung von Forschungsergebnissen behindern. Zudem sollten Hindernisse abgebaut werden, die es privaten Unternehmen erschweren, im Bereich Verteidigung aktiv zu werden. Dazu zählen insbesondere solche, die für Unternehmensbereiche entstehen, wenn das Unternehmen gleichzeitig im Verteidigungsbereich aktiv ist. Dies gilt nicht zuletzt für die EU-Taxonomie zur Bankenregulierung und ihre Kriterien für Umwelt, Soziales und Governance, die zu einem Zeitpunkt geschaffen wurden, als die Rüstungsindustrie noch moralisch anfechtbar erschien.

Um technischen Fortschritt und Produktivitätsgewinne zu fördern, sollten die Verteidigungsausgaben nicht auf die großen deutschen Hersteller beschränkt werden. Die Vergabe der Aufträge sollte Wettbewerb unter den Herstellern fördern und insbesondere für neue Unternehmen in diesem Bereich zugänglich sein. Dabei sollten zu starre Vorgaben vermieden werden und eher Fähigkeiten und Ziele der Beschaffung im Vordergrund stehen, die über verschiedene Technologien und Wege erreichbar sind. Die Beschaffung sollte zudem europäisch koordiniert erfolgen, um Skaleneffekte auf der Nachfrage- und Angebotsseite nutzen zu können.

Um zu verhindern, dass der starke Anstieg der Nachfrage nach Verteidigungsgütern deren Preise in die Höhe treibt, muss die Steigerung der Ausgaben mit Strukturreformen und einem gewissen Vorlauf einhergehen. Der Anstieg der Ausgaben sollte nicht sprunghaft, sondern im Einklang mit dem Aufbau der Kapazitäten der Verteidigungsindustrie geschehen. Damit die Verteidigungsindustrie entsprechende Kapazitäten aufbauen und Skaleneffekte nutzen kann, sind gleichzeitig strukturelle Reformen notwendig. Dies betrifft etwa die Beschleunigung von Planungs- und Genehmigungsverfahren oder die Verfügbarkeit von Arbeitskräften.

7. Schaffung eigenständiger staatlicher Infrastrukturgesellschaften

Die Planung, Organisation und Durchführung der Instandhaltung sowie der Ausbau der öffentlichen Infrastruktur sollten unabhängig vom Bundeshaushalt und organisatorisch effizient in staatlichen Infrastrukturgesellschaften organisiert werden. Solche Gesellschaften gibt es bereits mit der Autobahn GmbH und der DB InfraGO AG, sie bleiben allerdings in ihrer Ausgestaltung weit hinter den Möglichkeiten zurück. Für die Straßen-, Eisenbahn-, Energie- sowie kommunale Infrastruktur könnten Körperschaften privaten Rechts auf- oder ausgebaut werden, die auf eine eigenständige und überjährige Finanzierung zurückgreifen. Bei entsprechender Ausgestaltung können diese Gesellschaften interessante Anlageobjekte für private Investoren darstellen und so privates Kapital für Investitionen in die öffentliche Infrastruktur mobilisieren.

Als Beispiel, wie ein solches privatrechtliches Modell erfolgreich funktionieren kann, kann die ASFINAG in Österreich dienen. Seit 1997 hat diese staatliche Infrastrukturgesellschaft die Gesamtverantwortung für das Autobahn- und Schnellstraßennetz in Österreich. Das bedeutet, dass Planung, Finanzierung, Ausbau, Erhaltung und Betrieb der Straßen in die Zuständigkeit der ASFINAG fallen. Sie finanziert sich vollständig aus den selbst erhobenen Mauteinnahmen und erhält keine finanzielle Unterstützung aus dem Staatshaushalt. Es gibt jedoch von der hundertprozentigen Eigentümerin, der Republik Österreich, eine Garantie für die Schulden der ASFINAG. Private Mittel werden in Form von Fremdkapital, etwa durch die Begebung von Anleihen, eingebunden.

In Deutschland könnte die Autobahn GmbH eine ähnliche Aufgabe für die Straßeninfrastruktur des Bundes übernehmen.

Die LKW-Maut leistet bereits einen wesentlichen Beitrag zur Finanzierung der Straßeninfrastruktur. Ein beträchtlicher Teil der Mauteinnahmen wird jedoch für die Bahninfrastruktur aufgewendet, sodass weitere Mittel aus dem Bundeshaushalt notwendig sind, um die Investitionsbedarfe für die Straße zu decken. Zur Umgestaltung der Autobahn GmbH in Anlehnung an die ASFINAG könnte der Bund ihr das Nießbrauchrecht an Autobahnen und Bundesfernstraßen übertragen. Der Bund bliebe dabei zu hundert Prozent Eigentümer der Autobahnen und Fernstraßen. Die Autobahn GmbH würde zudem mit einer eigenen Einnahmekompetenz sowie mit eigener Kreditfähigkeit ausgestattet. Dadurch könnte die Autobahn GmbH Investitionen in die Straßeninfrastruktur über privates Fremdkapital finanzieren, das sie mithilfe der eigenen Einnahmen bedient. Die Finanzierung der Infrastruktur würde direkter mit deren Nutzung verknüpft. Es wären große Effizienzpotenziale zu heben, und die Finanzierung, Planung und Umsetzung wären unabhängig vom Bundeshaushalt und den Prozessen der öffentlichen Verwaltung organisiert.

Für die Eisenbahninfrastruktur gibt es seit dem Jahr 2024 die DB InfraGo AG als staatliche Infrastrukturgesellschaft. Diese betreibt das deutsche Schienennetz und erhebt dafür Entgelte für die Nutzung der Trassen und Stationen. Die Einnahmen reichen jedoch nicht aus, um den Investitionsbedarf zu decken. Daher wird die DB InfraGo über ein Cash Pooling der Deutschen Bahn AG, d. h. durch den Bund, kofinanziert. Ähnlich den oben beschriebenen Modellen könnte die DB InfraGO aus dem Bahnkonzern herausgelöst und mit einer eigenen Kreditermächtigung ausgestattet werden. Damit würde ebenfalls eine staatliche Infrastrukturgesellschaft entstehen, die Investitionsprojekte über Fremdkapital finanzieren und dieses durch eigene Einnahmen aus Trassen- und Stationsgebühren refinanzieren kann.

Ähnlich wie bei der Straßen- und Schieneninfrastruktur könnte in anderen Infrastrukturbereichen verfahren werden. Bei den Übertragungsnetzen könnten die staatlichen Beteiligungen gebündelt und einer staatlichen Infrastrukturgesellschaft zugeführt werden. Bei der kommunalen Infrastruktur bieten sich ebenfalls viele Möglichkeiten zu Effizienzsteigerungen durch staatliche Infrastrukturgesellschaften. Überall muss dabei auf eine angemessene Risikoteilung zwischen privaten Investoren und der öffentlichen Hand geachtet werden. Ebenso müssen der öffentlichen Hand weiterhin ausreichende Governance- und Kontrollmöglichkeiten eingeräumt werden.

Das Ziel der Schaffung solcher Gesellschaften darf insgesamt nicht darin bestehen, die Grenzen der Schuldenbremse zu umgehen. Dies sollte durch entsprechende Regelungen verhindert werden. Vielmehr geht es darum, durch die Bündelung, Auslagerung und Hinzuziehung von privaten Geldgebern eine Effizienzsteigerung zu erreichen. Die stärkere direkte Finanzierung der Infrastruktur durch deren Nutzung führt ebenfalls zu Effizienzgewinnen. Schlussendlich können die staatlichen Infrastrukturgesellschaften eine Reihe von Hürden beseitigen, die aktuell für den Abfluss und effizienten Einsatz der Investitionsmittel des Staates bestehen.

8. Schaffung von Spielräumen für zukunftsorientierte Ausgaben im Haushalt

In den kommenden Jahren stehen dem Bund keine Spielräume mehr für eine Erhöhung oder gar Fortschreibung einmal erhöhter zukunftsorientierter Ausgaben zur Verfügung, also etwa Ausgaben für Bildung, Forschung und Entwicklung oder Investitionen.

Ohne signifikante Reformen werden künftige Regierungen einen Haushalt vorfinden, der ihnen keine Möglichkeiten zur Umsetzung ihrer politischen Prioritäten lässt. Um dies zu verhindern, müssen neben einer signifikanten Erhöhung des Wirtschaftswachstums (siehe Punkt 9) der Anstieg der Zinskosten und der Anstieg der Ausgaben für soziale Sicherung eingedämmt werden. Für die Steigerung der Leistungsfähigkeit der Volkswirtschaft und damit der Einnahmen des Staates sind zudem ambitionierte Strukturreformen notwendig. Für die Eindämmung der Zinskosten sind eine Reduktion der Schuldenaufnahme und eine glaubwürdige Beschränkung der öffentlichen Finanzen zentral. Die hohe zusätzliche Neuverschuldung der aktuellen Bundesregierung wird über viele Jahrzehnte zu höheren Zinsausgaben führen. Mit jedem Jahr, in dem die Neuverschuldung in diesen Dimensionen fortgeführt wird, werden die zukünftigen Belastungen größer. Dieser Anstieg kann nur eingedämmt werden, wenn – wie oben beschrieben (Punkt 1) – wieder eine effektive Begrenzung der Neuverschuldung in Kraft gesetzt ist. Eine solche wirkt zudem auf die Finanzmärkte, sodass die Zinssätze durch die höhere Gesamtverschuldung nicht stärker ansteigen.

Durch den demografischen Wandel ist ein Anstieg der Ausgaben für Rente, Gesundheit und Pflege angelegt. Hinzu kommt jedoch, dass in den vergangenen Jahren immer wieder eine Ausweitung der Sozialleistungen beschlossen wurde. Für eine Eindämmung des Ausgabenanstiegs braucht es eine Rücknahme vieler dieser Ausweitungen sowie die Umsetzung grundlegender Reformen. Neben einer stärker kapitalgedeckten Finanzierung der Altersvorsorge gehören dazu die Überprüfung der Leistungen und Anspruchsvoraussetzungen in allen Sozialversicherungssystemen.

Die Abschläge bei vorzeitigem Renteneintritt und die Zuschläge bei Arbeit über das Renteneintrittsalter hinaus sind volkswirtschaftlich zu niedrig. Sie sollten angepasst werden. Gleichzeitig sollten Ausnahmeregelungen, wie etwa die Rente für besonders langjährig Versicherte (Rente mit 63), abgeschafft werden. Damit könnte ein flexibles System geschaffen werden, bei dem das Renteneintrittsalter nach den persönlichen Präferenzen im Einklang mit den volkswirtschaftlichen Kosten gewählt werden kann. Heute Anreize für einen frühen Renteneintritt, etwa durch die Rente mit 63 für langjährig Versicherte oder versicherungsmathematisch unzureichende Abschläge bei frühzeitigem Renteneintritt, und gleichzeitig, etwa mit der Aktivrente, Anreize für ein längeres Arbeiten zu setzen, ist wenig effizient und teuer. Bei der Berechnung des Rentenniveaus (Eckrentner) sollte die bereits erfolgte Erhöhung des Renteneintrittsalters nachvollzogen werden; der Nachhaltigkeitsfaktor sollte wieder aktiviert werden.

Bei Gesundheit und Pflege müssen die Leistungen überprüft und Effizienzpotenziale gehoben werden, etwa durch mehr Wettbewerb, Konsolidierung und Eigenverantwortung. Der jüngste Anstieg der Beitragssätze zu den Sozialversicherungen geht vor allem auf die Zusatzbeiträge für die Gesetzliche Krankenversicherung und die Beiträge für die Soziale Pflegeversicherung zurück. In der Sozialen Pflegeversicherung ist dies vor allem das Ergebnis eines dezidierten Ausbaus der Leistungen in den vergangenen zehn Jahren. Die demografischen Effekte, die den Ausgaben der Pflegeversicherung eine hohe Dynamik verleihen, stehen sogar noch aus. Bevor diese in voller Breite wirken, sollten frühere Leistungsausweitungen zurückgenommen werden. Im Übergang zu den Pflegegraden wurden beispielsweise mit dem Pflegegrad 1 Zuschüsse für Haushalts- und weitere Hilfen für noch wenig pflegebedürftige Menschen geschaffen. Die Leistungen sollten vor dem Hintergrund der Schieflage überprüft werden, insbesondere mit Blick darauf, was in der Verantwortung der Familien belassen werden kann.

Reformen des Gesundheitssystems sind notorisch schwierig, nicht nur wegen der verfestigten Interessen wirkmächtiger Interessengruppen, sondern auch wegen des medizinisch-technischen Fortschritts, an dem die ganze Breite der Bevölkerung teilhaben sollte. Gleichwohl lässt sich feststellen, dass im Gesundheitswesen nebeneinander Unter-, Über- und Fehlversorgungen bestehen. Dies deutet auf erhebliche Effizienzverluste im System hin. Ein erster Schritt zur Reduktion dieser Ineffizienzen stellt die Krankenhausreform der Ampelkoalition dar. Dass diese nun durch die Bundesregierung verzögert wird, ist ein Fehler. Sie sollte vielmehr noch ambitionierter ausfallen. Die ebenfalls in der letzten Legislaturperiode zurückgenommene Budgetierung für Hausärzte sollte wieder eingeführt werden. Das bestehende freiwillige Hausarztmodell sollte, wie im Koalitionsvertrag festgehalten, möglichst zügig zu einem verpflichtenden Primärarztsystem werden. Ebenfalls dürften Einsparungen im Arzneimittelbereich und anderen medizinischen Produkten möglich sein. Unterbleiben sollte die Einführung ermäßigter Umsatzsteuersätze für medizinische Produkte und Leistungen jeder Art.

Diese beispielhaft aufgeführten Maßnahmen zur Konsolidierung des Gesundheitsbereichs werden nicht ausreichen, um die Finanzierung der Gesetzlichen Krankenversicherung angesichts der im Zuge des medizinisch-technischen Fortschritts zu erwartenden Mehrkosten sicherzustellen. Die Bundesregierung wird nicht um die Entscheidung herumkommen, mehr Eigenbeiträge derjenigen zu verlangen, die Gesundheitsleistungen in Anspruch nehmen. Ein geeignetes Instrument sind Selbstbehalte, die von den gesetzlichen und privaten Krankenkassen erhoben werden könnten. In anderen Staaten, etwa der Schweiz, zeigen sich diese als sehr wirksam, um mehr Effizienz im System zu schaffen und den Kostendruck etwas zu dämpfen.

Im Bürgergeld gilt es, die Anreize für die Arbeitsaufnahme und -ausweitung zu stärken. Die Reform des Bürgergeldes zur neuen Grundsicherung geht in die richtige Richtung. Ohne die Möglichkeit zur Sanktionierung sind die Anreize zur Arbeitsaufnahme zu gering. Die Verschonungsregeln zur Nutzung eigenen Vermögens, bevor die neue Grundsicherung ausgezahlt werden kann, bleiben jedoch noch zu stark. Besonders wichtig ist zudem eine bessere Abstimmung zwischen den unterschiedlichen Sozialleistungen. Gemäß einer Analyse des ifo Instituts verfügt alleine der Bund über 502 unterschiedliche Sozialleistungen, die von unterschiedlichen staatlichen Einrichtungen administriert werden und in der Regel nicht aufeinander abgestimmt sind. Hinzu kommen weitere Sozialleistungen der Länder und Gemeinden. Es bestehen dadurch Möglichkeiten zur Kumulation verschiedener Leistungen, die es nicht lohnend erscheinen lassen, im offiziellen Arbeitsmarkt nach einer Beschäftigung zu suchen. Ein erster wichtiger Schritt zur Reduktion dieser Fehlanreize ergäbe sich durch die Zusammenlegung von Bürgergeld (neuer Grundsicherung), Kosten der Unterkunft, Wohngeld und Kinderzuschlag.

9. Langfristiges Wachstum durch ambitionierte Strukturreformen

Die langfristige Wirtschaftsleistung einer Volkswirtschaft hängt vom verfügbaren Arbeitsvolumen, vom Kapitalstock und von der mit dem technischen Fortschritt verbundenen Produktivität ab. Alle drei Faktoren stehen in Deutschland seit einigen Jahren unter Druck. Die Vorausschau auf die Entwicklung der nächsten Jahre ist noch düsterer. Das Arbeitsvolumen sinkt durch den demografischen Wandel und durch Fehlanreize für die Arbeitsaufnahme, -ausweitung und -fortsetzung. Die Belastung der Arbeitseinkommen durch Steuer- und Beitragssätze ist insbesondere vor dem Hintergrund der Größe der Herausforderungen im internationalen Vergleich zu hoch, wodurch Arbeit sich weniger lohnt. Sie sollten gesenkt werden. Das erfordert angesichts des demografischen Wandels eine grundlegende Wende in der Wirtschafts- und Sozialpolitik. Eine Senkung von Steuern und Beiträgen ist zudem notwendig, um hoch qualifizierte Personen aus dem Ausland anzuziehen oder zumindest im Inland zu halten. Neben besseren Kinderbetreuungsmöglichkeiten und flexiblerem Arbeitsrecht dürfte dies eine entscheidende Stellschraube sein, um das Arbeitsvolumen der zahlreichen Arbeitnehmerinnen und Arbeitnehmer in Teilzeit zu erhöhen.

Das Fehlen von Arbeitsanreizen ist ganz besonders im Niedrigeinkommensbereich zu beobachten. Steigen die Bruttoeinkommen, so fallen Sozialleistungen weg, während Steuern und Sozialversicherungsbeiträge gleichzeitig ansteigen. Dies führt dazu, dass in manchen Bereichen nahezu keine Anreize mehr bestehen, überhaupt zu arbeiten oder die Arbeitsstunden zu erhöhen. Arbeitsanreize müssen, wie zuvor dargelegt, durch eine breit angelegte Reform des Sozialstaats erhöht werden. Für ältere Arbeitnehmerinnen und Arbeitnehmer existieren signifikante Fehlanreize zum früheren Renteneintritt, obwohl diese in der Volkswirtschaft weiterhin gebraucht werden. Nicht zuletzt gilt es, die im internationalen Vergleich hohe Anzahl an Krankheitstagen zu reduzieren. Angesichts der Herausforderungen für die deutsche Volkswirtschaft sollten die Honorierung von Leistungsbereitschaft sowie eine gesellschaftliche Anerkennung für Erfolg selbstverständlich sein.

Die deutsche Wirtschaft leidet außerdem an einer Investitionsschwäche, weniger der öffentlichen als der privaten Investitionstätigkeit. Unternehmen investieren kaum mehr in Deutschland, sondern lieber im Ausland. Sie sehen sich hierzulande mit überhöhten Kosten konfrontiert. Die zu hohen Arbeitskosten ließen sich reduzieren, indem die Arbeitsmarktregulierung gelockert wird. Dies könnte insbesondere günstige Effekte auf die Innovationstätigkeit haben. Mehr Markt in der Energiewirtschaft und eine Reduktion der hohen Subventionierung und Regulierungsdichte können die zu hohen Energiekosten senken. Zudem zahlen die Unternehmen relativ hohe Steuern im internationalen Vergleich. Eine signifikante Reduktion der Körperschaftsteuer sollte die Steuerbelastung für Unternehmen reduzieren. Die Kosten der Bürokratie sind für die Unternehmen in Deutschland zu hoch. Die Regulierungsintensität ist so stark und Planungs- und Genehmigungsverfahren sind so langwierig, dass sie den Unternehmen den Atem abschnüren und neue Investitionsprojekte oftmals unattraktiv machen. Zur weiteren Deregulierung müsste es vor allem im Datenschutz, im Arbeitsrecht, im Baurecht und im Umweltrecht, insbesondere im Arten- und Klimaschutz, kommen.

Das Produktivitätswachstum Deutschlands ist auf historisch niedrigem Niveau. Innovationen werden im Dickicht aus Regulierungen, Bürokratie, langen Verfahren und hohen Kosten erstickt. Für eine Trendumkehr sollten Regulierungen und Bürokratie breitflächig, systematisch und drastisch reduziert werden. Zudem kommt in Zeiten des schnell voranschreitenden technologischen Wandels der Bildung und Weiterbildung eine zentrale Rolle zu. Hier braucht es fundamentale Verbesserungen in der föderalen Organisation, dem Stellenwert und der Ausstattung von Bildungseinrichtungen. In der Forschung liegt der Fokus aktuell stark auf der flächendeckenden Anwendungsförderung. Stattdessen sollte sich die Förderung wieder stark auf Grundlagenforschung und Hochrisikoforschung konzentrieren. Einen Beitrag zur Steigerung des Produktivitätswachstums können gesellschaftliche Fehlerkultur und Risikobereitschaft sowie eine gesellschaftlich positive Einstellung zum Unternehmertum leisten. Es braucht einen fundamentalen Wandel, um den über die vergangenen Jahre beobachteten Rückgang der Anzahl der Unternehmensgründungen umzukehren. Das Wirtschaftsgeschehen in Deutschland muss dynamischer werden. Dafür sollten Staatseingriffe und Subventionen, die dem kurzzeitigen Erhalt bestehender Industrien oder Unternehmen dienen, zurückgefahren werden. Es muss der Volkswirtschaft gelingen, sich möglichst gut an neue Rahmenbedingungen anzupassen und Arbeit und Kapital in die produktiveren und zukunftsfähigen Bereiche zu verschieben. Nicht zuletzt ist die Stärkung des Wettbewerbs ein Schlüssel zu höherem Produktivitätswachstum.

In manchen der genannten Bereiche nimmt die aktuelle Bundesregierung Änderungen vor. Angesichts der Größe der Herausforderungen agiert sie in vielen Bereichen jedoch zu zaghaft und vernachlässigt andere wichtige Stellschrauben gänzlich. In manchen Bereichen gehen ihre Änderungen sogar in die falsche Richtung, etwa in der Rentenpolitik oder bei der Arbeitsmarktregulierung. Es dürfte für die deutsche Volkswirtschaft jedoch essenziell sein, dass große Reformen besser gestern als heute umgesetzt werden und dann schnellstmöglich wirken können. Statt in den ersten Wochen der Regierungszeit eine fundamentale Schuldenwende zu beschließen, hätte sich die neue Koalition mit ähnlich großer Ambition einer Wirtschaftswende annehmen sollen.

10. Nutzung europäischer Skaleneffekte

Die deutsche Volkswirtschaft ist im Vergleich zu den USA oder zu China zu klein, um angesichts der geoökonomischen Veränderungen auf Augenhöhe konkurrieren zu können. Die Mitgliedstaaten der EU müssen daher die gemeinsamen Möglichkeiten stärker nutzen. Dies gilt insbesondere für den Binnenmarkt. Dieser sollte weiter geöffnet und die Vorteile der Arbeitsteilung sollten noch stärker genutzt werden, insbesondere bei Dienstleistungen. Gemäß einer Analyse des IWF bestehen erhebliche nichttarifäre Handelshemmnisse im europäischen Binnenmarkt, die auf Unterschiede in Regulierungen und Standards zwischen den EU-Mitgliedstaaten zurückgehen. Diese Handelshemmnisse belaufen sich nach den Berechnungen des IWF auf ein Zolläquivalent von rund 40 Prozent bei Gütern und bis zu 100 Prozent bei Dienstleistungen. Prominente Beispiele für solche Hemmnisse finden sich im europäischen Kapitalmarkt oder bei der Arbeitnehmerüberlassung, etwa wenn ein Unternehmen in Deutschland Arbeitnehmerinnen und Arbeitnehmer in seiner Tochtergesellschaft in Frankreich einsetzen will. Während die EU auf die Schaffung einer Kapitalmarktunion drängt, zeigt sie jedoch keinerlei Ambition zur Lockerung der Entsenderichtlinie.

Eine europäische Koordination könnte insbesondere in der Verteidigung große Skaleneffekte bewirken. Die Bündelung von 27 nationalen Beschaffungssystemen und Förderungen von Forschung und Entwicklung könnte zu weitreichenden Kosteneinsparungen und signifikant schnellerer Stärkung der Verteidigungsfähigkeit führen. In anderen Bereichen kann eine stärkere Integration ebenfalls große Vorteile bringen, insbesondere im Zuge einer Kapitalmarktunion oder der Integration der Energiemärkte und der Arbeitsmärkte. Trotz der geoökonomischen Veränderungen sollte die EU an der internationalen Arbeitsteilung festhalten und deren Vorteile nutzen. Dazu können weitere bilaterale Freihandelsabkommen und Partnerschaften mit anderen Staaten genutzt werden.

Literatur und Datenquellen

Lars P. Feld, Hanno Kube und Jan Schnellenbach (2013), *Optionen für eine Reform des bundesdeutschen Finanzausgleichs*, Gutachten im Auftrag der FDP-Landtagsfraktionen der Länder Baden-Württemberg, Bayern und Hessen, Freiburg i. Br. legen Berechnungen für eine Reform des geltenden Finanzausgleichs durch Zuschlagsrechte der Länder auf die Einkommen- und Körperschaftsteuer vor.

Zur Doppik siehe Désirée I. Christofzik (2019), Does Accrual Accounting Alter Fiscal Policy Decisions? Evidence from Germany, *European Journal of Political Economy* 60, Artikel 101805, und Désirée I. Christofzik und Sebastian G. Kessing (2018), Does Fiscal Oversight Matter?, *Journal of Urban Economics* 105, S. 70–87.

Zur wirkungsorientierten Haushaltsführung siehe den Bericht von Deloitte und Zentrum für Europäische Wirtschaftsforschung (2024), *Abschlussbericht für das Bundesministerium der Finanzen, Erstellung eines Konzepts zur Einführung einer ziel- und wirkungsorientierten Haushaltsführung*, Mannheim, sowie Friedrich Heinemann (2025), Der Weg zu mehr Wirkungsorientierung im Bundeshaushalt, *Wirtschaftsdienst* 105(2), S. 112–117.

Zur Rolle von Fiskalräten siehe Roel Beetsma, Xavier Debrun, Xiangming Fang, Young Kim, Victor Lledó, Samba Mbaye und Xiaoxiao Zhang (2019), Independent Fiscal Councils: Recent Trends and Performance, *European Journal of Political Economy* 57, S. 53–69, sowie die Richtlinien für Fiskalräte der OECD (2025), *Recommendation of the Council on OECD Legal Instruments Principles for Independent Fiscal Institutions*, OECD, Paris.

Zu staatlichen Infrastrukturgesellschaften siehe Lars P. Feld und Julia Braun (2024), *Öffentlicher Investitionsbedarf in Deutschland: Standortbestimmung und Potenziale privater Infrastrukturfinanzierung*, Studie im Auftrag der Union Asset Management Holding AG, Walter Eucken Institut, Freiburg.

Das ifo Institut publiziert ein Inventar der Sozialleistungen unter Maximilian Joseph Blömer, Lilly Fischer, Paul Klaeren und Andreas Peichl (2025), *Eine Inventur im »Haus der sozialen Hilfe und Förderung«*, ifo Forschungsbericht 160, ifo Institut, München.

Zur Zusammenlegung der Sozialleistungen siehe Wissenschaftlicher Beirat beim BMF (2023), *Reform der Grundsicherung*, Stellungnahme 05/23 des Wissenschaftlichen Beirats beim Bundesministerium der Finanzen, Berlin.

Der Internationale Währungsfonds IWF (2024), *A Recovery Short of Europe's Full Potential*, Regional Economic Outlook Europe, IWF, Washington, D. C., veröffentlicht eine Schätzung der Zolläquivalente nicht-tarifärer Handelshemmnisse in der EU.

Für Vorschläge zur Reform des Sozialsystems, insbesondere der Altersvorsorge, siehe die Jahresgutachten und Expertisen des Sachverständigenrats zur Begutachtung der gesamtwirtschaftlichen Entwicklung.

KAPITEL 11

WIRTSCHAFTSWENDE STATT SCHULDENWENDE

Deutschland steht vor historisch großen strukturellen Herausforderungen. Die geoökonomischen und geopolitischen Veränderungen, der demografische und technologische Wandel, das fehlende Wachstum von Produktivität und Produktionspotenzial, die klimapolitischen Ziele, die erdrückende Bürokratie und Regulierung sowie die schwindende Attraktivität des Wirtschafts- und Investitionsstandorts Deutschland werden unsere Volkswirtschaft und Gesellschaft verändern. Die Politik muss darauf mit tiefgreifenden Reformen reagieren und zeigen, dass die Volkswirtschaft und die Wirtschaftspolitik sich anpassen können. Nur mit vorausschauender und mutiger Politik wird es möglich sein, den Herausforderungen zu begegnen und die Chancen zu nutzen, die diesen innewohnen. In den seltensten Fällen sind dafür kurzfristig zusätzliche fiskalische Ressourcen notwendig. Es braucht vor allem strukturelle Veränderungen, welche die Rahmenbedingungen fundamental verändern und eine neue Dynamik entfalten können. Diese kann nicht herbeisubventioniert werden. Statt der im März 2025 beschlossenen Schuldenwende bräuchte Deutschland eine ambitionierte Wirtschaftswende.

Die Reduktion des Reformdrucks ist in diesem Zusammenhang die größte Gefahr, die von der hastigen Grundgesetzänderung vom März 2025 ausgeht. Die zusätzlichen Verschuldungsmöglichkeiten eröffnen der Politik die Möglichkeit, einen vermeintlich bequemen Weg zu gehen und die tiefgreifenden Reformen zu meiden. Es wird versucht, die Auswirkungen der fundamentalen Veränderungen zunehmend über Schulden finanzierte öffentliche Ausgaben zu überdecken oder abzumildern. Es werden sogar Maßnahmen beschlossen, welche die Herausforderungen noch größer machen. Mit jedem Tag, der so vergeht, werden die zukünftig zu bewältigenden Herausforderungen schwieriger und die notwendigen Reformen tiefgreifender. Die Schuldenbremse in ihrer ursprünglichen Form hätte die Politik hingegen gezwungen, diese bereits heute umzusetzen.

Neben dem Reformdruck hat die Schuldenbremse vor der Grundgesetzänderung die Nachhaltigkeit der öffentlichen Finanzen sichergestellt. Eine Fortsetzung der durch die Grundgesetzänderung ermöglichten Finanzpolitik dürfte langfristig daran Zweifel aufkommen lassen. Es braucht keine komplexen Berechnungen, um festzustellen, dass es nicht möglich ist, ein Viertel oder mehr der gesamten Bundesausgaben über einen längeren Zeitraum durch Verschuldung zu finanzieren. Bereits ab dem Jahr 2028 werden die Zinsausgaben höher sein als die Investitionsausgaben im Kernhaushalt. Je länger eine so hohe Verschuldung anhält, umso mehr wird jede schuldenfinanzierte Ausgabe bei Unternehmen oder Bürgerinnen und Bürgern die Erwartung schaffen, dass zukünftig ähnliche Ausgaben folgen. Es wird immer schwerer werden, die Höhe der Ausgaben wieder zu reduzieren. Je schneller die Grundgesetzänderung korrigiert wird, umso geringer sind die zukünftig zusätzlich abzubauenden Lasten.

Die strukturellen Herausforderungen betreffen größtenteils nicht nur Deutschland, sondern genauso die anderen Mitgliedstaaten des Euroraums und der EU. Mit der Schuldenbremse in ihrer ursprünglichen Form hat Deutschland dazu beigetragen, dass das Risiko einer krisenhaften Entwicklung im Zusammenhang mit der Verschuldung der Mitgliedstaaten möglichst gering bleibt. Findet Deutschland keine strukturellen Antworten auf die Herausforderungen und keinen Weg, seine Verschuldung wieder einzudämmen, wäre dies für den gesamten Euroraum und die Europäische Union keine gute Nachricht. Vielmehr sollte Deutschland als größte Volkswirtschaft und Stabilitätsanker bei den Reformen und der Solidität öffentlicher Finanzen vorangehen.

Oberste Priorität müssen die Strukturreformen zur Steigerung der langfristigen Wachstumsaussichten und der Stabilität der sozialen Sicherungssysteme haben. Dabei reichen keine kleineren Reformen in ausgewählten Bereichen; vielmehr sind in der aktuellen Lage tiefgreifende Reformen in vielen Bereichen notwendig. Die fundamentalen Ursachen für das niedrige Wachstum müssen angegangen und Wachstum, Innovation und Eigenverantwortung in den Mittelpunkt gestellt werden.

Gleichzeitig sollten die fiskalpolitischen Institutionen, insbesondere die Schuldenbremse, so gestärkt werden, dass sie ihrem intendierten Zweck wieder nachkommen können. Es braucht eine generelle Beschränkung der Aufnahme neuer Kredite. Jede Ausnahmeregelung wird durch kreative Buchführung, Verschiebungen und Umetikettierungen ausgenutzt. Im Extremfall ist die generelle Beschränkung damit ausgehebelt. Ausnahmen sollte es demnach nur zeitlich und im Umfang begrenzt sowie in gut begründeten Sondersituationen geben.

Für die Verbesserung der Qualität öffentlicher Finanzen, also insbesondere zur Beantwortung der Frage, welcher Anteil in Investitionen und zukunftsorientierte Bereiche fließt, sind generelle Ausnahmen von der Schuldenbremse ungeeignet. Schlussendlich ist die Zusammensetzung des Haushalts eine Kernaufgabe des Parlaments. Keine Ausgabenkategorie ist ganz generell anderen vorzuziehen. Um jedoch der Kurzsichtigkeit der Politik entgegenzuwirken, etwa wenn sie Investitionen zur Ertüchtigung der Infrastruktur unterlässt, bedarf es weiterer institutioneller Vorkehrungen. Dazu zählt die Erhöhung der Transparenz und Nachvollziehbarkeit der Finanzpolitik für die Bevölkerung, etwa durch die Einführung der Doppik und der ziel- und wirkungsorientierten Haushaltsführung oder durch den Aufbau eines unabhängigen und starken Fiskalrats. Ebenso gehören dazu eine Föderalismusreform zur Entflechtung von Aufgaben und Finanzierung der föderalen Ebenen sowie die Übertragung von Investitionsaufgaben an ausgegliederte staatliche Infrastrukturgesellschaften.

Die Herausforderungen sind groß. In der Vergangenheit hat Deutschland es jedoch immer wieder geschafft, aus tiefen strukturellen Krisen herauszukommen. Die dafür notwendigen Reformen erfordern Mut und Durchsetzungswillen. Die gewaltigen Herausforderungen, vor denen Deutschland steht, bieten zugleich eine historische Chance. Mit den richtigen Reformen verfügt Deutschland über die Ressourcen, das Know-how und die Innovationskraft, um wieder global führend und finanzpolitisch zukunftsfähig zu werden. Den Irrweg der Schuldenwende vom März 2025 muss die Politik dafür wieder verlassen.

SACH- UND PERSONENREGISTER